JAMES ASHTON

QUE TIPO DE LÍDER VOCÊ É?

NOVE TIPOS DE LÍDERES PARA VOCÊ SE INSPIRAR (ou não)

Tradução
UBK Publishing House

ubook UBK Publishing House

Publicado mediante acordo com Kogan Page. Edição original do livro *The Nine Types of Leader: How the leaders of tomorrow can learn from the leaders of today* publicada por Kogan Page.

ubook UBK Publishing House

COORDENAÇÃO Alessandra Brito
EDIÇÃO Nikita Sigrist
COPIDESQUE Vivian Sbravatti
REVISÃO Brenda Yoshioka e Fernanda Lufti
CAPA Clarissa Duarte
DIAGRAMAÇÃO Cristiano Marques
IMAGEM DE CAPA SirVectorr | iStock

Dados Internacionais de Catalogação na Publicação (CIP)
(Câmara Brasileira do Livro, SP, Brasil)

Ashton, James
Que tipo de líder você é? : nove tipo de líderes para você se inspirar (ou não) / James Ashton ; [tradução UBK Publishing House]. -- Rio de Janeiro : Ubook Editora, 2022.

Título original: The nine types of leader

ISBN 978-65-5875-301-8

1. Administração 2. Executivos - Psicologia 3. Liderança I. Título.

22-115871 CDD-658.4092

Índices para catálogo sistemático:
1. Liderança : Administração 658.4092
Cibele Maria Dias - Bibliotecária - CRB-8/9427

Ubook Editora S.A
Av. das Américas, 500, Bloco 12, Salas 303/304,
Barra da Tijuca, Rio de Janeiro/RJ.
Cep.: 22.640-100
Tel.: (21) 3570-8150

Para Viveka e Alice, minhas maiores apoiadoras, e para Oscar, que está sempre conosco

Sumário

Prólogo

Quando me propus a escrever este livro, estava determinado a não publicar outro simples estudo acadêmico sobre liderança. Já existem muitas publicações sobre esse tema, escritas por mentes mais brilhantes do que a minha. Além disso, em vez de uma análise de resultados, gráficos, pautas de reuniões de diretoria ou décadas de teoria de administração para chegar a algo novo e inspirador, minha principal fonte é, em grande parte, o meu próprio trabalho.

Ao longo de mais de vinte anos de jornalismo, acumulei horas e horas na companhia de diretores executivos. Às vezes de forma breve, durante uma reunião de diretoria, em um estúdio de gravação ou em um palco de conferência; às vezes também socialmente, conhecendo-os melhor nas festas, cafés da manhã e jantares proporcionados pela vida corporativa em Londres e em outros lugares. Espero que essa vivência se traduza em um entendimento detalhado do que move a classe executiva, quais são suas ambições e medos, como esses empresários chegaram aonde estão e, principalmente, como permanecem lá.

No jornalismo, o poder está na opinião. Foi por isso que a populista Fox News prosperou nos EUA mesmo antes da era Trump, e o tema controverso do Brexit deixou a BBC um pouco sem voz na busca pelo equilíbrio editorial. Nos jornais, são os colunistas que se destacam, provocando reflexões, às vezes pungentes. Eu também gosto de escrever esse tipo de artigo, mas devo admitir que minha paixão sempre foi conduzir entrevistas, nas quais o entrevistado deve, obviamente, ser a estrela e receber bastante espaço para falar.

Logo no início da minha carreira, lembro-me de ter viajado para a nada glamourosa Luton, a norte de Londres, para entrevistar Sir Stelios Haji-Ioannou, cujo espaço de trabalho era a ponta de uma mesa que ficava em um hangar de aeronaves, de onde ele planejou a expansão europeia da linha aérea de baixo custo EasyJet e onde, naquele momento, voltava sua atenção para o investimento em outros empreendimentos. Outro encontro que me ensinou muito foi com Howard Schultz, o magnata da Starbucks, logo após a aquisição da Seattle Coffee Company, que deu a Schultz uma oportunidade de chegar ao Reino Unido. Naquele dia, ele parecia aprisionado à grande poltrona nos fundos de uma de suas cafeterias enquanto uma fila de jornalistas passava por ele. Isso me fez pensar sobre a natureza dos negócios, o que impulsiona os líderes por trás dessas marcas e por que eles queriam me contar sobre isso.

Jornalistas esportivos têm seus jogadores e atletas olímpicos; escritores políticos são obcecados com as atividades de ministros, senadores, chefes de Estado e com as ideias de gestores de políticas públicas; para mim, o fascínio sempre foi por diretores executivos, líderes de imensas forças de trabalho — muitas vezes maiores do que um estádio cheio de torcedores ou do que a população de um país — que geram grandes riquezas e marcas famosas ou dão destaque a causas importantes.

Logo compreendi meu papel. Se eu não perguntasse o que queria saber, ninguém perguntaria. Quando tinha 18 anos, conduzi uma entrevista à noite para a estação de rádio do hospital local em West Yorkshire, e ainda me arrependo de não ter tido a bravura de perguntar ao comediante Sir Ken Dodd sobre assuntos fiscais quando tive a oportunidade. Era preciso ser mais incisivo e mais bem preparado. Vários anos depois, resolvi nunca mais parecer tão despreparado quanto o jornalista com quem certa vez compartilhei espaço em uma entrevista conjunta (que em si já é um formato desastroso). Ele iniciou a entrevista com um diretor executivo dizendo "Então, o que você faz?", o tipo de conversa fiada que desperdiça o tempo de todos.

A alegria de uma entrevista ocorre em três etapas. Há o antes: separar um currículo embelezado, lotado de superlativos e presunções que, junto com leituras de artigos a respeito da pessoa e algumas ligações, atua como um guia útil para saber qual é o caminho da verdadeira história. Há o depois: elaborar cerca de 1.300 palavras que resumem o assunto, enfatizando uma introdução atraente de três parágrafos para que os leitores continuem lendo. Mas é do recheio do sanduíche que eu mais gosto: parte conversa, parte competição. Os olhares, os sons, a descoberta: onde estou, quem é esta pessoa e por que ela merece destaque na minha publicação?

Os esforços para amenizar as entrevistas à maneira da imprensa moderna progrediram muito. Os encontros são programados para acontecer em salas sem-graça com diretores executivos altamente supervisionados, oferecendo respostas vazias adornadas com discursos prontos da diretoria. E, sim, às vezes são tão previsíveis que é possível produzir esboços do artigo antes mesmo do contato real. O jornalista se sente cúmplice de uma peça de teatro cuidadosamente coreografada, cujo tema é uma ilustre carreira executiva.

Mas só às vezes. As barricadas erguidas por quem cria as imagens corporativas são um convite para se aprofundar e procurar uma brecha, pela qual uma fenda de luz possa iluminar as reais motivações de um líder. Uma entrevista devidamente preparada e conduzida é uma oportunidade de descobrir muito sobre a experiência de um indivíduo por meio de suas respostas, de sua linguagem corporal, do local e até mesmo da hora do dia escolhida para o encontro. Os chefes que apareceram em meu escritório de forma voluntária queriam se mostrar úteis ou precisavam de um favor; o líder que relutantemente concordou com uma conversa durante um jantar barulhento e sobrecarregou meu ditafone claramente não estava nem aí. Somente uma vez eu tive que ligar de volta para uma segunda conversa quando percebi, tarde demais, que tinha sido enrolado. A entrevista tinha ficado muito entediante para ser publicada.

Muitos diretores executivos optam por não se submeter à provação. Para alguns, o relacionamento com a imprensa representa apenas risco, sem nenhum benefício. Quanta presunção estampar a própria foto e ocupar uma página inteira! Quanta vaidade contribuir com uma coluna detalhando seu filme preferido, relações familiares particulares, atividades de lazer e o que tomou no café da manhã!

Tal mentalidade sugeriria que as entrevistas que coletei transmitem uma visão unilateral da liderança. Em vez de uma ampla gama variada de chefes, não passaria de um subconjunto dos mais tagarelas, egocêntricos ou condescendentes.

Certamente, a exposição na mídia não é corolário do sucesso. Alguns péssimos diretores executivos falam de si mesmos com pompa na esperança de construir um legado luzidio, enquanto muitos dos bons optam por não dizer nada. "Não é sobre mim, eu sou apenas parte da equipe" é uma desculpa familiar e ilusória, dada por CEOs que não encontram tempo em sua agitada agenda.

É claro que os líderes que se projetam querem nos convencer de sua causa. Pode ser que também queiram corrigir mal-entendidos, apresentar uma imagem em particular, contribuir para algum debate ou, como muitas vezes tem sido o caso, mesmo em tempos de ultracautela, concordam em ser entrevistados simplesmente porque alguém ofereceu.

As entrevistas são mais que um mero mecanismo de autopromoção (embora algumas certamente sirvam a tal propósito): elas colocam a classe executiva sob os holofotes. Os empresários entendem que a comunicação é uma parte fundamental da liderança, seja dirigindo uma minúscula e discreta empresa de widgets ou uma corporação mundialmente famosa como a Coca-Cola. Dar uma entrevista é oferecer a chance de submeter a escrutínio seu desempenho, sua personalidade e seu estilo de liderança. Os três estão inextricavelmente ligados.

Tal exame pode ser feito à distância, estudando as métricas corporativas familiares — lucros subjacentes, retorno sobre o patrimônio líquido, retorno total para o acionista, pegada de carbono, satisfação dos clientes e dos funcionários — ou reunindo opiniões de partes interessadas e ex-colegas. Analistas, acadêmicos e historiadores já cobrem grande parte desse território. Os diretores executivos também podem transmitir seus pensamentos diretamente aos funcionários ou ao mundo por meio das mídias sociais ou da intranet da empresa, sem o risco de serem mal interpretados.

Mas esse caminho não proporciona o mesmo que uma mídia rigorosa ainda oferece. Em uma época em que a autenticidade é talvez o atributo de liderança mais valorizado, a mídia é um filtro de credibilidade que recompensa o sucesso, combate a desconfiança, destaca desafios e expõe falsificações e fracassos, muitas vezes com as próprias palavras de quem comete o deslize. Esse impulso de ter acesso ao que é real pode ser a razão pela qual meios de comunicação mais livres, não estruturados e às vezes desprotegidos, como os podcasts, estão em alta. É outro teste a ser feito, como uma entrevista de emprego sem compromisso no final.

Existem apenas nove tipos

Após quatrocentos encontros deste tipo, de São Francisco a Estocolmo e Cingapura, em salas de reuniões, lobbies de hotel, durante cafés da manhã, almoços e jantares, em aviões, trens e automóveis, percebi que as entrevistas são o meio ideal para identificar e analisar os Nove Tipos de Líderes.

Entrevistei tantos diretores executivos, presidentes e similares que comecei a identificar padrões na sabedoria. Não apenas na forma como os líderes responderam às minhas perguntas, o que se deve mais ao treinamento de mídia que alguns deles recebem, mas em sua abordagem dos negócios e da vida. Eu queria tentar agrupá-los como signos do zodíaco ou pares de um jogo da memória. No caso de alguns dos líderes, era mais óbvio; outros apresentavam misturas de habilidades, estilos e repertórios. Havia, ainda, aqueles que mudaram e se desenvolveram ao longo da sua carreira.

Para este livro, voltei no passado e estudei uma boa quantidade de entrevistas dos últimos vinte anos e atualizei algumas, entrando em contato para mais uma conversa. Realizei muitas outras, propus outros exemplos a partir de antecedentes ou padrões de comportamento semelhantes, e peguei emprestado trechos do meu podcast sobre liderança. Também incluí os líderes de organizações sem fins lucrativos que raramente são creditados, mesmo que enfrentem muitos desafios semelhantes aos que seus pares do mundo corporativo enfrentam. O critério de inclusão é gloriosamente subjetivo: entraram para o livro aqueles cuja visão de vida e de negócios se encaixa em um dos nove tipos delimitados por mim. Se um líder empresarial tiver tido uma carreira polivalente, melhor ainda.

Às vezes me perguntam qual foi minha melhor entrevista até agora. Se a resposta for baseada em quem foi entrevistado, poderia mencionar Sheryl Sandberg, do Facebook; Sir Richard Branson, da Virgin; ou Carl-Henric Svanberg, assim que ele assumiu a presidência da diretoria da BP, um dos cargos corporativos mais privilegiados do Reino Unido. Se a resposta for baseada no que foi dito, mencionaria Dave Lewis, da Tesco; Chris Anderson, da TED; ou o proprietário de jornais Richard Desmond, entediado e sincero, que entrevistei em uma época antes de sua aquisição da emissora britânica Channel 5.

O objetivo deste livro, porém, é avaliar quem são os melhores líderes. Rapidamente ficou claro para mim que existem alguns chefes excelentes e inspiradores, e outros que não mereciam ter sido colocados em posições de grande poder. Uma terceira categoria são aqueles que não se encaixam bem em seus cargos.

Para os futuros líderes, este livro é um guia para ajudá-los a identificar quem são e como podem melhorar seu desempenho. Avalia-se aqui os pontos fortes e fracos de cada tipo de liderança e onde e quando eles são mais bem empregados. E, enquanto o mundo procura se recuperar da pandemia da covid-19 de 2020 — o teste mais severo de liderança de que se tem lembrança na história recente —, também projeto como os futuros líderes podem aprender com o que passou.

A propósito, "Que tipo de líder você é?" constitui uma pergunta que sempre provoca certo incômodo. A verdade é que os líderes raramente gostam de externar o que pensam sobre si mesmos em palavras, e às vezes eles simplesmente não sabem. Ainda que saibam, a abordagem escolhida pode não ser o que ocorre na prática. Talvez este livro te ajude a responder melhor essa questão.

Agradecimentos

Eu não poderia ter escrito este livro sem as oportunidades que uma carreira no jornalismo financeiro apresenta. Muitas das entrevistas que citei aqui foram publicadas em jornais para os quais tive o prazer de trabalhar e para os quais contribuí durante muitos anos, incluindo o *Evening Standard*, os títulos *Independent*, *Daily* e *Sunday Telegraph*, *The Times* e *The Sunday Times*, *Daily Mail* e *Mail on Sunday*.

Agradeço aos colegas com os quais aprendi muito e que continuam a produzir dia após dia um trabalho pertinente, incisivo e divertido, apesar das dificuldades econômicas do setor. A qualquer pessoa que tenha lido até aqui, por favor compre um jornal — regularmente.

A ideia deste livro ficou no papel durante muitos anos, enquanto outros projetos passavam à frente. Estou em dívida com várias pessoas que me encorajaram a botá-lo em prática: Rita Clifton, Justine Solomons e Dambisa Moyo. Alex Brummer me disse uma vez para "escrever sobre o que sei", que é sempre um bom lugar para começar.

Agradeço aos muitos CEOs que reviveram a sua carreira comigo e compartilharam o que pensam sobre liderança. Os sábios conselhos de Martin Scicluna, Brian McBride, Paul Geddes e John Ainley melhoraram incrivelmente o texto. Houve comentários vitais feitos por Julia Hobsbawm e Rick Haythornthwaite, e Andrew Kakabadse e Stefan Stern foram generosos na leitura e na crítica do rascunho.

Toby Mundy e sua equipe da Aevitas Creative testaram minhas ideias antes de eu apertar o "enviar" e me ajudaram a decidir que nove era o número mágico.

Chris Cudmore e sua equipe na Kogan Page demonstraram grande dedicação profissional durante uma pandemia e garantiram que a publicação continuasse no caminho certo.

Aproximando-me do lar. Mãe e pai: não é notável a distância à qual o concurso de jornalista júnior do *Huddersfield Daily Examiner* pode levar?

E, finalmente, por seu infinito amor e apoio: Viveka, Alice e Oscar, que estão sempre conosco.

Introdução

Conheça a classe executiva

Durante um final de tarde em maio, quando o tempo em Londres ainda está se esforçando para sacudir os últimos ventinhos frios da primavera, uma fila se forma ao longo do Chelsea Embankment. Vestidos com ternos, exibindo seus cabelos grisalhos, reunidos de dois a dois ao longo das barreiras de ferro, aqueles sujeitos não estão acostumados a esperar em filas.

Embelezados pelo cenário floral, pelos sorrisos e pelos cumprimentos, muitos levam consigo um guarda-chuva, por via das dúvidas. Essa é a elite empresarial britânica e seus parceiros e parceiras.

Ano após ano, a estreia de gala do Chelsea Flower Show é um ímã que reúne as empresas britânicas em um só lugar por algumas horas como nenhuma outra data.

Após a Rainha inspecionar as flores e partir, o champanhe e os canapés são servidos e o networking começa. Em grupo, passam pelo Portão do Tâmisa do Royal Hospital Chelsea os principais diretores executivos do FTSE 100, presidentes, headhunters, diretores de gestão de fundos, políticos seniores, editores de jornais e gurus de relações públicas. Todos vêm como convidados dos bancos de investimento, gerentes de ativos e empresas de contabilidade que tipicamente patrocinam as mostras de horticultura exibidas no início da temporada de verão da hospitalidade corporativa de Londres.

Fora das páginas de negócios ou dos boletins especializados, esses líderes são regularmente considerados como vilões ou super-heróis em ascensão. A primeira imagem é pintada pelos efeitos da crise financeira de 2008 que lançaram uma longa sombra de disparidade econômica; a segunda, pela idolatria a empreendedores, inovadores e sujeitos que são lembrados pela opinião pública como homens e mulheres talentosos que conseguem fazer o bem enquanto se dão bem. Esses estereótipos são reforçados por negócios reimaginados, como na indústria do entretenimento, sejam os conflitos implacáveis ou a tomada de riscos como visto em *O Aprendiz*, *Shark Tank* ou *Dragons' Den*.

Os maiores estão ali. Qualquer pessoa interessada na realidade do mundo dos grandes negócios e das finanças deve montar um estudo semelhante ao de Sir David Attenborough sobre os espécimes em Chelsea. Não será possível encontrar muitos donos de pequenos negócios, cujas empresas formam as raízes da economia britânica. Estarão em exposição os capitães da indústria londrina, que estão no topo dos grandes negócios e das marcas bem conhecidas. Há encontros "leves" semelhantes que acontecem em todo o mundo, em conferências e eventos esportivos da mais alta categoria.

Onde os chefes executivos lideram, milhares seguem. Eles são a comunidade que mais potencializa a prosperidade global, mesmo se comparados com políticos ou reguladores. Esse clube exclusivo — e há, por definição, apenas um por empresa — dá a cartada final sobre as estratégias que gerarão e manterão empregos e investimentos para impulsionar o crescimento corporativo e o retorno para os acionistas.

No entanto, seu impacto é muito maior do que apenas números em uma folha de balanço ou a quantidade de funcionários estacionados ao longo da linha de produção. Eles também devem definir o tom e a cultura de sua organização multibilionária e, às vezes, de toda uma indústria. Essas empresas mudaram imensamente ao longo do tempo. Muitas contam ativos intangíveis, não concentração de fábricas e máquinas, como um indicador de riqueza. A tecnologia possibilita que elas não estejam encaixotadas por fronteiras nacionais. Ainda assim, todas elas ainda precisam de alguém que assuma a responsabilidade. Quer gostem ou não, os líderes empresariais são as figuras que servem como para-raios nas crises e os receptores de aplausos na bonança.

Parece ser uma vida encantada. Por um lado, eles são Mestres do Universo fenomenalmente bem pagos, mais do que nunca auxiliados diariamente por secretários e consultores de imagem que administram suas vidas. Os mais poderosos têm motoristas de limusine e jatos particulares à sua disposição para transportá-los de reunião em reunião por todo o mundo. Quando algo dá errado, eles frequentemente culpam os eventos que fogem ao seu controle.

Entretanto, muitos mantêm os pés no chão e vão para o trabalho de trem, em vez de serem transportados por motoristas em carros luxuosos. E esse é um trabalho que sem dúvida ficou mais difícil na última década. Até mesmo o nome do cargo mostra que o desafio aumentou: diretor geral, diretor executivo, *líder*. As expectativas são altíssimas quando bilhões de dólares de investimento estão em jogo.

É difícil acreditar que um homem ou uma mulher possa individualmente fazer uma grande diferença nos resultados. No entanto, eles são pagos para fazer exatamente isso. Os diretores executivos devem gerenciar inúmeros stakeholders: investidores, funcionários, fornecedores e a comunidade em geral. Eles devem equilibrar as demandas de desempenho a curto prazo com uma visão de longo prazo. Eles devem se preparar para um futuro centrado no poder tecnológico que todo dia apresenta novas startups concorrentes, ansiosas para romper com a velha ordem corporativa. E precisam fazer tudo isso em meio a cenários políticos e econômicos imprevisíveis e um rápido ciclo de notícias, no qual reputações podem ser destruídas em minutos. Não é à toa que se esforçam tanto para encontrar tempo para simplesmente pensar.

"Eu otimizo minha vida em prol do trabalho que tenho que fazer e peço ajuda de outras pessoas para conseguir qualquer informação de que eu precise", disse Hans Vestberg, cuja equipe tinha o hábito de resumir livros para que ele pudesse economizar tempo enquanto atuava como diretor executivo da Ericsson, fabricante sueca de equipamentos de telecomunicações, por seis anos, até 2016.[1] Ele foi indicado para liderar a Verizon Communications, gigante norte-americana das telecomunicações, em 2018.

Também é um problema do diretor executivo o fato de que a confiança do público nas grandes empresas continua teimosamente baixa. Os líderes devem levar em conta as pressões da diretoria, mas também se manter cientes da vida do lado de fora do escritório. Apesar dos grandes esforços, a ideia de os grandes negócios serem uma força em potencial para o bem da sociedade ainda é impopular. As iniciativas positivas de muitos são frequentemente canceladas por alguns malignos. E, quanto ao aspecto da remuneração, parece que a divergência nunca será resolvida.

Muita coisa os une. Antes de tudo, a um nível superficial, as aparências. A imagem é importante. Os principais executivos andam bem-vestidos, têm bons dentes e olhos brilhantes, são astutos e têm aparência saudável. Eles têm recursos para isso. Também adoram compartilhar uma ou outra fofoca simples, são firmes, mas justos, estão sempre ansiosos para demonstrar suas virtudes, dão ênfase ao positivo, exibem coragem quando os tempos são difíceis e oferecem pequenos conselhos quando alguém pede. Entretanto, a boa aparência e a simpatia não os levaram ao patamar em que estão hoje.

São sujeitos que exalam confiança em sua própria capacidade, podendo beirar a arrogância. Eles provavelmente não ouvem o suficiente e às vezes levam tempo demais para corrigir erros. Não aceitam que podem falhar, são excepcionalmente competitivos e têm desejo natural de dominar. No entanto, essa paixão inerente pode estar escondida. A questão de como chegaram aonde estão é muitas vezes descartada, por não ter sido uma escolha consciente.

Chegar a um auge na carreira que os coloca na lista de convidados para passar pelo Chelsea não acontece sem anos de trabalho árduo, sacrifício familiar e um parceiro tolerante. A sorte também é um fator: uma chance de brilhar que se apresentou cedo mesmo quando professaram que não estavam prontos, um destacamento fortuito no exterior que fez com que sua carreira avançasse, ou um mentor perspicaz que os impulsionou para além da camada da média gerência.

O traço mais comum compartilhado por aqueles que passam pelo estreito funil do Portão do Tâmisa é o sucesso.

Ao longo de sua trajetória, essas pessoas impressionaram seus pares e seus superiores para ter uma chance de liderar e encontraram a mistura certa de habilidades e personalidade para inspirar outros a segui-los — a nível de diretoria, de chão de fábrica e talvez da sociedade em termos mais amplos. Com o tempo, aprenderam a montar e capacitar uma equipe impressionante, não apenas a controlar seus membros.

Além destas pinceladas, este livro mostrará que as formas como os diretores executivos chegam aos cargos de liderança formam um mostruário diversificado de carreiras, bem como as maneiras como escolhem liderar, seguindo um dos nove tipos distintos, moldados por sua experiência inicial, por sua formação e pelo tipo de organização em que trabalham — às vezes, até mesmo pelo tipo de criação que tiveram.

Avançando

Alguns começaram vendendo sabão em pó ou comprimidos para dor de cabeça em gigantes de bens de consumo, como a Procter & Gamble ou a Reckitt Benckiser. Outros passaram a casa dos vinte anos de idade procurando seu caminho em auditorias, reestruturações ou projetos de consultoria em uma das firmas que compõem o chamado Big Four, ou fast-tracking em empresas como a McKinsey e a Goldman Sachs depois de estudar filosofia, política e economia em Oxford ou Cambridge. É bem provável que, no meio da carreira, tenham lustrado suas credenciais com um MBA ou uma passagem por Harvard ou alguma outra ilustre universidade.

Parece haver algumas rotas preestabelecidas para os líderes empresariais, tipicamente por meio de uma das fábricas de talentos famosas por construírem futuros diretores executivos com uma base completa em comum.

Há exceções, é claro. Dois tipos de liderança para os quais dedico capítulos separados, Fundadores e Herdeiros, são talentos descobertos por si mesmos ou por suas famílias. Ainda assim, é provável que até mesmo eles tenham sido aprendizes em algum lugar para aprender as regras de como uma grande empresa opera.

Existem técnicas para entrar nessas corporações e em seguida se destacar. Então, como em um jogo de cartas de alto risco, os futuros líderes devem decidir a melhor estratégia antes de dar sua cartada: esperar por uma chance em um alto cargo na companhia em que estão ou se demitir para buscar outra oportunidade em uma empresa rival. Quando chegam ao topo, devem agir como chefe, mantendo os pés no chão e entendendo que os colegas nunca mais vão querer simplesmente jogar conversa fora com eles.

Minha análise muito subjetiva sugere que cerca da metade dos líderes corporativos são prestadores de serviço de longa data, que passaram pouco ou nenhum tempo trabalhando em outro lugar em sua trajetória para se tornar o chefe. Esses incluem mais três tipos: os Alfas, que construíram uma base de poder durante um longo período; os Diplomatas, para os quais a longevidade é frequentemente um requisito para a liderança; e os Amantes, que não sonhariam em fazer outra coisa que não fosse o que já estão fazendo.

Por outro lado, três outros tipos de liderança — Vendedores, Ativistas e Restauradores — são mais propensos a ter um conhecimento mais amplo de campo, reunindo uma gama de experiências em cargos ascendentes em várias empresas antes de conseguirem empregos adequados às suas habilidades. Por fim, reuni os atributos que acredito que juntos podem ajudar a criar os líderes efetivos do futuro, ousados e familiarizados com as possibilidades da era digital, que aqui são batizados de Humanistas.

A trajetória profissional de um líder começa antes que eles percebam. O simples fato de nascer um homem branco privilegiado aumenta as chances de um indivíduo chegar lá. No Reino Unido, há um esforço acontecendo para que o recrutamento profissional seja feito com base em currículos que não identifiquem gênero, raça e origem, de modo a reduzir o preconceito contra as mulheres, as minorias étnicas e as classes trabalhadoras. Empregadores contratam por habilidades-chave em vez de nível acadêmico, e ampliaram sua busca para uma gama mais ampla de instituições de ensino, em vez de focar apenas nas mais prestigiadas. Esses esforços podem afetar a próxima geração de líderes, mas, por enquanto, as "boas" escolas e as universidades do Grupo Russell dominam os currículos dos líderes do Reino Unido.

Há evidências de que o Reino Unido se tornou mais meritocrático, de acordo com o conselheiro e coach corporativo John Ainley, especialmente em comparação com a Alemanha ou a França, com seu sistema de *grandes écoles* e duas importantes escolas de negócios, a Escola de Altos Estudos Comerciais de Paris e o Instituto Europeu de Administração de Empresas, por onde passam numerosos líderes corporativos.

É claro que poucos, no auge de seus vinte e poucos anos, estão se esforçando para chegar ao topo com uma compreensão genuína de como chegar lá. Quando se graduou e foi em busca de seu primeiro emprego na Índia, quarenta anos atrás, Ajay Banga, que se tornaria líder do grupo de serviços financeiros Mastercard, estava determinado a trabalhar para uma empresa que fosse "boa e global". Acabou entrando para a gigante dos bens de consumo Nestlé.

Os líderes que ainda não foram descobertos dão sinais de sua liderança, seja por sua trajetória educacional, seja por um senso empresarial de formação. Isso pode ser sinalizado por uma simples vontade de ganhar dinheiro na adolescência, ou por um pequeno negócio montado na universidade. O diretor-geral da BBC, Tim Davie, e John Vincent, cofundador da cadeia de fast-food saudável Leon, enquadram-se nessa categoria.

De fato, múltiplas experiências de vida moldam os líderes, assim como ocorre com todos nós. A morte precoce de um dos pais ou alguma dificuldade enfrentada cedo, como casos de dislexia, são ocorrências comuns entre os Fundadores, que precisam de muita determinação para alcançar o sucesso. Como uma das poucas garotas que estudaram na Culford School, Dame Jayne-Anne Gadhia estava inconscientemente sendo preparada para o mundo masculino com o qual teria que lidar em seus anos atuando no sistema bancário, antes de liderar o desafiador banco Virgin Money no mercado de ações.

Os futuros líderes devem ter um impulso pessoal e um apetite pelo trabalho. Mark Cutifani, diretor executivo do conglomerado de mineração Anglo American (que engloba a negociadora de diamantes De Beers), cursou engenharia na Universidade de Wollongong, em Nova Gales do Sul, enquanto trabalhava em uma mina durante o turno da noite.

O acaso também tem um papel a desempenhar. Richard Houston, sócio sênior e diretor executivo da Deloitte em treze países da Europa, poderia ter seguido os passos de seu pai na ciência se, ao conhecer aquela que seria sua futura esposa, não tivesse adiado os estudos no Instituto de Tecnologia de Massachusetts por um ano. Ele também queria uma carreira centrada em pessoas, em vez de ficar preso atrás de uma bancada de laboratório, e foi tal desejo que eventualmente o levou a trabalhar com consultoria.

Mais importante ainda, o que os futuros líderes têm a oferecer deve estar de acordo com o que as corporações estão procurando. A experiência empresarial geralmente necessária para impeli-los ao cargo de diretor executivo pode vir mais tarde. Os recrutadores estão desesperados para diversificar os tipos de graduados que se candidatam às vagas, aceitando pessoas que se destacam não necessariamente por uma excelência acadêmica, mas sim pela perspicácia, pela criatividade e por algo que fuja da norma.

Um antigo recrutador da Goldman Sachs, escrevendo anonimamente, disse que a financeira buscava graduados em história e em literatura para diversificar os conhecimentos dos novos funcionários. Ele ou ela também revelou que a Goldman buscava ambição nos candidatos, uma qualidade difícil de ser quantificada, mas certamente encontrada no alto número de adeptos a esportes competitivos contratados.[2]

Em uma época de calmaria, a Procter & Gamble atraiu graduados com formação empresarial para seus populares programas de vendas e marketing. No entanto, não havia nenhuma menção a sabão em pó ou xampu em seus portfólios de marketing. Uma campanha memorável prometia aos candidatos o seguinte: "Ensinaremos você a administrar um negócio aos 25 anos."

As corporações tentam defender o aperfeiçoamento contínuo, o que significa contratar pessoas que não tenham medo de desafiar seus superiores. A gigante digital Amazon usa *bar raisers* em seu processo de contratação,[3] que consiste em convidar entrevistadores de outras empresas para avaliar os candidatos em mãos, precisamente porque tais recrutadores externos não estão associados a equipes internas e, portanto, são despojados de preconceitos. O nome dado a essa prática ("elevadores de nível") é um lembrete de que todo contratado deve ser melhor do que 50% daqueles já empregados em funções similares. Em seu site, a Amazon lista quatorze habilidades de liderança que procura, incluindo a expectativa de que os recrutados vistam a camisa da empresa, continuem se especializando e pensem fora da caixa. "Os líderes têm obrigação de desafiar respeitosamente as decisões das quais discordam, mesmo quando isso é desconfortável ou cansativo", é o que afirma um dos trechos.[4]

Essa capacidade não está longe do que a McKinsey vem exigindo de seu pessoal há anos. A "obrigação de discordar" é um princípio essencial mencionado pela primeira vez por um dos sócios fundadores, Marvin Bower, que entendeu que a discordância, sem que se prejudique as relações profissionais, é uma ferramenta poderosa.[5]

Matérias-primas

As matérias-primas certas são importantes para se obter bons resultados, mas também é importante a vontade de buscar mais. "Aprendi muito cedo que eu tinha que aprender", disse David Sproul, predecessor de Houston no leme da Deloitte.[6] Marcado como uma promessa por ter se tornado sócio aos 30 anos, ele caiu em si quando o primeiro evento externo de equipe que liderou terminou em desastre.

Aprender de perto com os melhores pode ser vital. Presidente do conselho de diretores da Inter Ikea desde 2016, Anders Dahlvig foi assistente pessoal do fundador da Ikea, Ingvar Kamprad, no início de sua carreira; o diretor executivo da Bolsa de Valores de Londres, David Schwimmer, foi chefe de gabinete de Lloyd Blankfein durante sua ascensão de vinte anos na Goldman Sachs. Dara Khosrowshahi, diretor executivo da Uber, deve sua carreira de liderança ao investidor de tecnologia Barry Diller, que o colocou de supetão à frente do site de viagens Expedia em 2005. Como se fossem Herdeiros, porém sem linhagem, esse tipo de exposição pode turbinar o progresso sem sobrecarregar as estrelas em ascensão com o peso da expectativa que um histórico familiar de sucesso proporciona.

Outro atributo positivo é o fracasso motivador. "Se você tem a chance de trabalhar em um negócio que não funciona, provavelmente aprenderá mais do que com algumas de suas experiências mais bem-sucedidas", disse Evelyn Bourke, relembrando os esforços para construir uma empresa italiana de consultoria financeira no início de sua carreira.[7] Em 2016, Bourke tornou-se diretora executiva da Bupa, seguradora privada de saúde com 33 milhões de clientes nos principais mercados, incluindo Austrália, Espanha e Reino Unido.

A principal habilidade necessária para liderar pessoas, essencial à medida que futuros líderes ascendem dentro das organizações, surge muitas vezes em meio ao chão de fábrica. A formação em escolas de negócios está perdendo prestígio, especialmente entre os empreendedores autodidatas do ramo da tecnologia. Ainda assim, continua sendo um cartão de visita que agrada os recrutadores, pois esse tipo de instituição, além de ensinar os procedimentos tradicionais por meio de estudos de caso, aborda as soft skills necessárias. Elas podem ser esquecidas por aqueles ocupados demais na correria do dia a dia, que acabam não reparando no jeito como se relacionam com aqueles ao seu redor.

Empurrãozinho da diretoria

Poucos anúncios corporativos requerem mais preparação do que a revelação de um novo diretor executivo. Nos dias anteriores, muito esforço é dedicado à forma como o novo líder será revelado, para que a notícia seja bem recebida pelos acionistas e pelos funcionários. Nos meses anteriores, o trabalho é comunicar a saída do antecessor sem perder a confiança e a boa vontade dos envolvidos. Mas, para a maioria das empresas bem estabelecidas, essa declaração matinal para a bolsa de valores — presumindo que estejam publicamente cotadas — é o resultado de um processo contínuo de anos.

Qualquer grande empresa tem um planejamento para identificar talentos. Há sempre um plano B em mãos no caso de o diretor executivo em exercício sair com pressa ou ficar incapacitado. Se o chefe for atropelado por um ônibus, nenhuma empresa começa do zero na corrida para substituí-lo.

Mais abaixo na hierarquia, os trezentos principais gerentes, digamos, estão envolvidos em um planejamento sucessório para que os melhores candidatos estejam em constante aprendizado, com seus limites testados o tempo todo. É um lembrete para todos os futuros líderes de que, para que cresçam e atinjam seu objetivo final em uma organização, é necessário que haja uma mãozinha significativa que se estende de cima para baixo. Isso depende da avaliação de dois fatores: habilidades e personalidade.

A escolha do próximo diretor executivo de uma organização é uma decisão da diretoria, apoiada por pelo menos um consultor externo, como uma empresa de headhunting e, às vezes, levando em conta as opiniões dos acionistas. A situação ideal é ter um candidato interno forte para concorrer contra quem está disponível no mercado externo, de acordo com Brian McBride, veterano da Amazon, da T-Mobile e da ASOS, que já esteve envolvido em muitos processos de nomeação. Tudo depende, porém, do status da empresa. O presidente do conselho e outros diretores são influenciados pelo tipo de liderança que é necessário hoje, mas também estão focados nos desafios futuros que pensam que surgirão.

Às vezes, um candidato interno é digno e capaz no papel e a escolha mais segura, mas ele ou ela pode não se encaixar no cargo se a organização precisar de uma reestruturação. Um candidato externo que passou por várias organizações durante sua carreira mostra adaptabilidade e traz novas ideias, embora haja um risco associado.

A escolha começa com o currículo. Os candidatos internos tendem a sair de divisões como finanças ou marketing. O mais importante é que eles entendam o processo, que saibam como funcionam todas as partes de uma empresa. Essa amplitude de visão, somada com experiência no setor, é muito atraente.

Externamente, os recrutadores procuram alguém com relevância já estabelecida dentro do setor como ponto de partida, sem a exigência de conhecimento especializado. O QI — quociente de inteligência — é valioso como medida de inteligência, conhecimento de mundo e ritmo de aprendizado. Os líderes devem ser inteligentes.

O QE — quociente emocional — torna-se um fator igualmente importante. Abrange habilidades interpessoais, carisma, como eles lideram e como isso se encaixa na cultura da organização. Um presidente do conselho de diretores esclarecido fará sondagens sobre as experiências prévias antes que um candidato chegue perto da lista. Quando os candidatos são internos, é fácil verificar como são considerados pelos demais funcionários das hierarquias abaixo.

Os Nove Tipos

Três características se destacam para mim na liderança moderna: propósito, autenticidade e entrega. Em outras palavras: este diretor executivo representa algo confiável, é possível acreditar nele, e ele conseguirá concretizar aquilo a que se propôs? Cada tipo de liderança neste livro tem algumas dessas características de alguma forma. Alguns têm mais do que outros. Os melhores líderes exibem as três.

Somente depois de nomeados podem se inscrever nesta missão de três frentes. A maneira como fazem isso ajuda a definir seu tipo de liderança. Este livro tenta entender como cada um deles opera, as decisões que tomam, suas motivações e seus medos.

Pode ser difícil julgar o sucesso da liderança. Alguns fracassos são aumentados em excesso. Muitos passam despercebidos, sem nenhum comentário. Também não vale a pena estudar um legado antes que alguns anos tenham passado.

É evidente que o desafio empresarial está ficando maior e mais complexo, com empresas maiores, mais stakeholders e uma gama maior de metas de desempenho — incluindo ambientais e sociais — a serem cumpridas. Os líderes que podem obter o melhor das pessoas, desafiar seus concorrentes de forma eficaz e assumir riscos calculados são uma mercadoria valiosa.

Três outros pontos:

É claro que existem algumas sobreposições entre meus Nove Tipos. Identificar um Amante, um Fundador ou um Diplomata puro é como descobrir uma descendência pura

— algo muito raro. Os exemplos dados demonstram os atributos centrais de cada um.

Em segundo lugar, os líderes podem mudar. Na verdade, se não o fizerem, correm o risco de prejudicar suas carreiras. Mesmo assim, não creio que o tipo de liderança deles se altere tanto com o passar dos anos. Um Fundador será sempre um Fundador — que tem mais probabilidade de vender sua empresa e recomeçar em vez de ficar e trabalhar para o comprador — assim como um Herdeiro e um Vendedor estão vinculados, respectivamente, por seu nascimento e por sua formação.

Por fim, os líderes não gostam de ser rotulados, a menos que para os propósitos deste livro tenham sido colocados como um Ativista ou um Humanista, dois dos tipos mais inspiradores. Nem todos receberão bem ou concordarão com a sua classificação.

CAPÍTULO UM

Alfas

Construtores de impérios

Quando a cortina subiu e revelou um palco vermelho-sangue, um silêncio recaiu sobre o ansioso público de duas mil pessoas que estavam sentadas no Grosses Festspielhaus de Salzburg. Os austríacos levam a ópera a sério, e a apresentação naquela memorável noite de sábado, em agosto de 2015, prometia ser extremamente especial.

O ponto alto das seis semanas do Festival de Salzburgo daquele ano estava para começar: uma nova interpretação de *Il Trovatore*, obra-prima de Verdi, com coros tão épicos que os entusiastas de ópera mais apaixonados perdoavam a trama excessivamente permeada por bruxaria e vingança.

Multidões se aglomeraram do lado de fora do Grosses Festspielhaus logo cedo, ansiosas para vislumbrar na avenida os dignitários em seus smokings elegantes, que se aproximavam do local construído há mais de cinquenta anos, onde era o antigo estábulo da corte dos Príncipes-arcebispos de Salzburgo. Com apenas alguns minutos para se acomodar, os convidados subiram as escadas e entraram no auditório a fim de admirar o palco de cem metros de largura, um dos maiores do mundo. Ali, sentado em um dos melhores assentos da plateia e rodeado de uma grande comitiva, estava Peter Brabeck-Letmathe, o admirável presidente do conselho da Nestlé, a maior empresa de alimentos do mundo.

Ele já havia visitado Salzburgo muitas vezes antes. A cidade fica ao norte de sua cidade natal, Villach, a duas horas de carro. Esse evento também havia se tornado algo como um ponto de encontro para as principais marcas da empresa, como KitKat, Cheerios, Perrier e Stouffer's. A Nestlé iniciou seu patrocínio ao festival em 1991 e, desde 2010, concede um prêmio de Melhor Jovem Maestro. O concurso dá aos executivos uma pausa para respirar porque acontece, convenientemente, logo após a publicação dos resultados de meio de ano, geralmente no final de julho.

Brabeck-Letmathe, figura imponente da empresa, com seus olhos azuis penetrantes e semblante sério, não esconde que o Festival de Salzburgo foi um dos destaques de seu ano. Vários de seus chefes de equipe foram encorajados a participar do evento e a permanecer um dia a mais na cidade. Os clientes e a mídia também foram convidados a apreciar um pouco de cultura e ter notícias das últimas realizações da Nestlé em almoços e jantares que sempre terminavam com menus chiques de café Nespresso sendo distribuídos. Brabeck-Letmathe é um pianista perspicaz de habilidade modesta (segundo ele) que toca "só quando está sozinho". Porém, naquela noite, quando a Filarmônica de Viena tocou uma linda melodia, ficou claro que ele era o maestro de sua própria orquestra.

É fácil identificar os líderes Alfas. É preciso grande caráter para liderar grandes empresas multinacionais — pelo menos de acordo com décadas de teoria empresarial. São homens — raramente mulheres — que esperam ser a pessoa mais importante em qualquer sala, em qualquer lugar. Eles inspiram seguidores, e são até mesmo um pouco intimidantes. Seus funcionários mastigam cada palavra que dizem e se preocupam com a forma como os novos desenvolvimentos serão anunciados a eles. São severos e seguem a hierarquia tradicional, fazendo as coisas do jeito que sempre foram feitas: um ponto fixo em termos de estratégia e direcionamento. Nenhum outro tipo de liderança poderia ter entrado no primeiro capítulo deste livro.

Alfas exercem poder sobre as organizações ao canalizar sua forte personalidade em linhas claras de comando. Muitos negam que isso aconteça, mas a maneira como os Alfas operam desmente a ideia de que a liderança é de alguma forma uma atividade de grupo. As extensas responsabilidades que assumem são levadas com muita seriedade. Dotados de forte autoconfiança, Alfas são extremamente produtivos e se cobram com a mesma rigidez com que lideram. Eles também acumulam símbolos de poder, como ocupar o maior escritório da empresa ou comprar o iate mais brilhante.

A escala corporativa e a longevidade são duas medidas de status Alfa, e Brabeck-Letmathe tinha ambas em abundância. Quando se sentou para o concerto naquela noite, era um homem com 47 anos de empresa, a caminho de completar cinco décadas de serviço. A Nestlé alimentou e forneceu água ao mundo por anos e contou com 339 mil funcionários e vendas anuais de 60 bilhões de libras sob sua liderança. Tais números lhe deram grande poder e o colocaram em discussões sobre política, agricultura e sociedade em geral, indo à luta contra partes interessadas, empresas alimentícias rivais e legisladores para administrar sua empresa da maneira que ele achava conveniente.

Brabeck-Letmathe não teve medo de abraçar a controvérsia. A Nestlé ficou marcada por muitos anos pelo escândalo das fórmulas que substituem o leite materno. A questão teve início em 1977, quando um boicote à Nestlé foi lançado pela INFACT (Infant Formula Action Coalition) nos EUA para protestar contra o marketing antiético. A empresa foi acusada de impactar no desenvolvimento de milhões de bebês no mundo ao propositalmente incentivar novas mães a alimentar seus filhos com fórmula, mesmo quando o leite materno era uma opção mais saudável e barata.

Mais recentemente, Brabeck-Letmathe gerou debate ao insistir que o acesso à água não era um direito humano. Vindo de um líder de uma empresa que vende milhões de garrafas de Nestlé Pure Life e Buxton todos os anos, foi uma opinião e tanto, mas seu argumento era que o direito humano para a água diz respeito aos 25 a 50 litros necessários por dia para hidratação e higiene mínima. Isso representa 1,5% da água que está sendo retirada do sistema. Todo o resto, desde encher piscinas a irrigar campos de golfe, não deveria ser coberto por esse direito.

Escalando as alturas

A escala e a amplitude da Nestlé concederam a Brabeck-Letmathe o poder de se envolver com líderes mundiais e outros figurões do mais alto nível. Mas essa não era a única razão pela qual ele estava interessado em defender a companhia. “Acho que no fundo todos temos sempre esta ideia de que pequeno é bonito e grande é um pouco feio",[1] disse o empresário ao falar sobre como os consumidores estavam virando as costas para os produtos alimentícios produzidos em massa para dar preferência a opções de pequenos lotes, orgânicos, de origem local e sem glúten. Brabeck-Letmathe argumentou que o foco excessivo prejudicaria o crescimento a longo prazo da Nestlé porque tendia a fazer com que o investimento em novos mercados e produtos fosse insuficiente. As divisões de crescimento lento, como as massas secas, poderiam ser separadas, mas para crescer ao ritmo que os acionistas exigiam seria melhor ter um portfólio maior, ele acreditava.

Os números tendiam a apoiar essa teoria. Até 2008, após onze anos como diretor executivo, Brabeck-Letmathe apresentou um crescimento de pelo menos 5% e melhorou as margens de lucro da empresa. A Nestlé colecionava projetos de longo prazo que tinham sido bem-sucedidos, mas não do dia para a noite. Um exemplo é o sistema de cápsulas de café Nespresso, popularizado por uma campanha publicitária estrelada por George Clooney, mas que levou 25 anos para ser adequadamente desenvolvido.

Além dos alimentos, Brabeck-Letmathe também promoveu esforços para aumentar a pesquisa em nutrição e saúde com a Nestlé Health Science, que buscou descobrir tratamentos para condições gastrointestinais e combater os efeitos da quimioterapia. Outro empreendimento, a Nestlé Skin Health, desenvolvedora de cremes e tratamentos para acne, foi o produto de uma joint venture de trinta anos com a L'Oréal. Eis um bom exemplo de parceria com uma empresa forte e estável, capaz de fazer apostas de longo prazo e de esperar pelos frutos.

A manobra de Brabeck-Letmathe para manter a influência que tinha foi interessante. Quando abriu mão do cargo de diretor executivo em 2008, preferindo permanecer no papel de presidente do conselho, afirmou tê-lo feito para que seu colega próximo, Paul Bulcke, pudesse ter uma carreira mais longa naquele cargo. Os dois haviam trabalhado juntos na América Latina no início de suas carreiras e se conheciam tão bem que falavam espanhol um com o outro, embora um fosse belga e o outro austríaco.

Ao se retirar do cargo, Brabeck-Letmathe na verdade preservou sua própria base de poder, permanecendo como presidente do conselho por quase uma década, até 2017. Ele ainda é presidente emérito. "Eu sempre disse que um diretor executivo é bem-sucedido quando seu sucessor é tão bem-sucedido quanto ele foi",[2] disse.

Nos anos seguintes, a vida se tornou mais difícil para todas as empresas de produtos embalados, mas a Nestlé continuou a ter um desempenho superior. Em 2017, Mark Schneider tornou-se o primeiro diretor executivo de fora nomeado para liderar a empresa em quase um século. Ele acelerou a inovação de produtos e negociou ativos, notoriamente o negócio de 5,2 bilhões de libras fechado com a Starbucks em 2018 para desenvolver a linha de café associada à marca que é vendida em supermercados ao redor do mundo. A amplitude do grupo Nestlé lhe deu opções na elaboração de sua estratégia que envolveu o estreitamento do portfólio em torno de setores de crescimento mais rápido. A divisão de produtos para cuidados dermatológicos, incluindo as marcas Cetaphil e Proactiv, que poderia não ter sido estimulada sem o toque de um Alfa, tornou-se um ativo útil, vendido em 2019 por 10 bilhões de dólares.

Atingir o status de Alfa tem a ver com a forma como a presença de um líder é sentida tanto em uma sala quanto por toda a empresa. A força pessoal de Brabeck-Letmathe é digna de nota. Em seus últimos anos como presidente do conselho, ele passou por um tratamento para uma "doença curável" que o fez perder seu cabelo. Ao invés de desacelerar, ele parecia estar acelerando. Seu médico o proibiu de voar longas distâncias, uma ordem que um Alfa com acesso a um jatinho particular dificilmente cumpriria. Brabeck-Letmathe fez um excelente uso de seu tempo livre, formando-se como piloto de helicóptero. Todos na Nestlé sabiam que não deveriam mexer com ele — e que ele não seria detido como um mero mortal devido à idade ou à condição médica.

Essa perseverança é uma característica comum entre esse tipo de líder. Seria de se pensar que os Alfas já teriam tarefas o suficiente ao dirigir suas empresas, mas há evidências de que eles sentem necessidade de se sobressair em suas vidas privadas. Essa linha competitiva se estende à compilação de um impressionante currículo — como demonstra este próximo líder.

António Horta-Osório assumiu um dos maiores desafios da Grã-Bretanha corporativa em 2011, quando tentou reanimar o Lloyds Banking Group após a crise financeira e tirá-lo da propriedade do Estado. O banco Black Horse já foi um dos maiores do mundo, mas passou a se concentrar na construção de uma franquia doméstica sólida. O Lloyds entrou em crise depois de concordar, em 2008, com o resgate do banco HBOS, o que levou a seu próprio resgate de 20 bilhões de libras em seguida.

Era mais do que um simples trabalho de recuperação bancária. Quando funcionava a plenos pulmões, o Lloyds dava apoio a vários setores da economia. Quando desandou, as pequenas empresas e os clientes que tinham hipotecas sofreram as consequências. Ao ser nomeado em novembro de 2010, Horta-Osório deixou claro que entendia "o papel de vital importância que o grupo desempenha no tecido social e econômico do Reino Unido".[3]

Há muito para ser entendido sobre o português Horta-Osório, e essa investigação começa muito longe da sala de reuniões da diretoria. Seu amor pelo tênis vem de seu pai, que foi campeão de tênis de mesa. Os médicos disseram ao jovem banqueiro que ele nunca mais voltaria a jogar depois de quebrar o pulso direito aos 30 anos de idade. Ele então aprendeu a jogar com a mão esquerda, voltando a jogar com a mão direita dois anos depois. Além disso, aprendeu seis idiomas. Correndo o risco de parecer um estereótipo ambulante, ele também é conhecido por gostar de mergulhar com tubarões. Ah, e seu livro favorito é *A arte da guerra*, de Sun Tzu, o milenar texto militar chinês que se tornou livro obrigatório para qualquer um em posição de liderança, com suas lições sobre disciplina e humildade.

Tal determinação pessoal se estende à sua vida empresarial. Horta-Osório foi basicamente roubado pelo Lloyds da sede britânica do banco espanhol Santander, pois o desafio oferecido era de outro patamar. Ele trabalhou tão duro quando assumiu o controle que, no primeiro ano, foi diagnosticado com privação de sono e recebeu várias semanas de folga para se cuidar, algo extremamente raro entre os chefes do alto escalão, que normalmente batalham contra a pressão implacável, mas não se deixam dobrar.

O que marcou Horta-Osório foi que, depois dessa oscilação precoce, ele voltou ainda mais forte. Ele se tornaria exemplo de liderança forte e solo — o método Alfa em poucas palavras — independentemente da fadiga óbvia que isso poderia criar. As reviravoltas intensas, disse ele, exigiam "uma abordagem mais centralizada de gestão por causa da pressão. Como dizíamos em Portugal, em tempos de guerra, não se limpam armas".[4]

Horta-Osório poderia ter sido um Restaurador (ver Capítulo 2) se não fosse o fato de ele ter sido o timoneiro do

Lloyds por tanto tempo, revelando em meados de 2020 que pretendia deixar de trabalhar em 2021. Com 65 mil funcionários, 30 milhões de clientes, a maior base de acionistas privados do país e detentor de uma em cada quatro hipotecas para compradores de primeira viagem, muita gente confiou nele para acertar as contas. É um desafio que ele claramente aprecia. Até mesmo a sua aparência é a de um líder Alfa: bronzeado, forte, com cabelo liso penteado com gel, terno alinhado e um aperto de mão quase tão firme quanto seu contato visual. É claro quem está no comando quando ele participa de uma reunião.

Ele tem a habilidade de manter resultados. O Lloyds voltou à lista de dividendos em 2015 e o governo britânico vendeu sua participação final no banco em 2017. A coisa se resolveu mais fácil do que com o Royal Bank of Scotland, seu colega apoiado pelo Estado, mas isso não significa que as conquistas de Horta-Osório são menores. Ele entendeu que fazer com que o Lloyds tivesse um melhor desempenho não era apenas uma questão de organizar as finanças. Era preciso ter responsabilidade social. Ao abraçar um negócio tão grande, ele demonstrou autenticidade, algo que pode ser difícil para um Alfa. É, antes, um traço fundamental dos Amantes, tipo de liderança do qual falaremos mais no Capítulo 6.

Para uma entrevista, os funcionários de relações públicas do Lloyds estavam determinados a fazer com que seu chefe fosse fotografado rapidamente em uma das muitas salas de reunião beges e insossas do andar executivo. Ciente da importância da imagem, Horta-Osório concordou relutantemente em ir para a varanda onde o fotógrafo tinha montado seu equipamento — desde que não estivesse molhada. "Vocês ingleses chamam isso de 'não está chovendo?'", perguntou ele, saindo para a área externa enquanto caía uma garoa.

Horta-Osório posou, brevemente, contra o pano de fundo glorioso da linha do horizonte da Square Mile, com um céu cinzento e fechado. Um verdadeiro cenário Alfa.

Uma empresa é um conjunto de ativos tangíveis e fixos, como fábricas e armazéns, e intangíveis: marcas, propriedade intelectual e até mesmo uma cultura que cria raízes. Alfas podem transmitir tudo isso em sua própria imagem, se forem eficazes. Se deveriam fazê-lo ou não, é outra questão.

O reinado de Dame Marjorie Scardino na Pearson é um bom exemplo. Às vezes, é necessário um Alfa para que uma empresa se reinvente após um longo período. As partes interessadas são voluntariamente lideradas por esses Alfas se estiverem convencidos de que o prêmio é suficientemente grande — desde que a pessoa no topo saiba incutir muita fé no futuro.

Dame Marjorie herdou um conglomerado confuso quando se tornou diretora executiva da Pearson em 1997 — a primeira líder feminina de uma empresa presente no índice FTSE 100. Originalmente uma empresa de engenharia de Yorkshire, tinha se diversificado ao longo de décadas, a um ponto em que seus ativos incluíam participações na gigante de telecomunicação BSkyB, no banco de investimento Lazard, nos museus de cera Madame Tussauds e até mesmo numa fazenda de abacate.

Havia uma pilha de projetos de consultoria esperando o próximo diretor executivo, cada um explorando um novo ângulo sobre o que fazer a seguir. Nesse caso, a noção de um amplo portfólio que Brabeck-Letmathe havia defendido na Nestlé tinha poucos fãs, pois uma gama de linhas de produtos alimentícios, ainda que diversificada, ao menos compartilha clientes e canais de distribuição. A Pearson não estava de forma alguma integrada.

A partir dos relatórios dos consultores e de suas próprias investigações, Dame Marjorie concluiu que o ramo da educação (livros e materiais didáticos) era o futuro, apesar de constituir uma parte extremamente pequena do grupo naquela época. Quem a conhecia poderia ter adivinhado que essa seria a direção que ela seguiria. Boa parte de sua carreira baseara-se no compartilhamento de conhecimento e informação, desde a fundação do jornal *Georgia Gazette* com seu marido Albert, nos EUA, sua terra natal, até o comando do jornal *The Economist* por cinco anos, a partir de 1992. O ramo da educação chamou sua atenção à época, quando falava-se que a internet poderia em breve personalizar a aprendizagem para todos.

O estilo de Dame Marjorie era simples, mas firme. Ficou conhecida por sua astúcia e pelos e-mails que começavam com "Queridos todos", abertura atípica para um Alfa. Ela tentou insistir que levar a empresa por um novo caminho era um esforço de grupo, mas isso não teve a adesão esperada a princípio. "A Pearson é formada por muitas pessoas. Eu tenho mais oportunidades para falar do que os outros, mas eles têm espaço para se manifestar", afirmou Marjorie.[5]

Scardino se cercou de pessoas que acreditaram no seu plano e estabeleceu firmemente os parâmetros para o sucesso, apoiada por Lorde Stevenson, o presidente do conselho de diretores e um de seus principais apoiadores. A Pearson tinha ativos mais do que suficientes para vender, de modo a reaplicar os fundos na área da educação. No entanto, em 2002, ela deixou claro que a joia da casa, o *Financial Times*, só seria vendida "por cima de seu cadáver". A maioria dos diretores executivos dificilmente pode ser tão direta; já os Alfas o fazem sempre que desejam.

Essa ousadia somada à cobertura fornecida por Stevenson imbuiu a Pearson de um senso de missão além do objetivo de meramente proporcionar melhores lucros. Em busca dessa missão, os investidores foram excepcionalmente pacientes, porque tal transformação envolveu uma curva de aprendizado íngreme.

Em 2000, a aquisição dispendiosa da National Computer Systems pela Pearson foi mal comunicada. Os comentários de Dame Marjorie à época do acordo pareciam discursos de uma campanha política. "Juntos, podemos criar a 'sala de aula inteligente', onde o ensino é personalizado para que cada criança aprenda à sua maneira, ao seu próprio ritmo, com avaliação, feedback e ajuda constantes", disse ela. "Juntos, podemos dar o próximo grande salto na educação, acrescentando exames e testes ao currículo e mudando a maneira como ensinamos e aprendemos."[6] Não havia espaço para discordâncias.

Enquanto isso, uma ambição ousada de dobrar o preço das ações em cinco anos tornou-se um outro estorvo. A Pearson conseguiu essa proeza muito rapidamente durante a bolha das empresas dotcom, mas logo a especulação se provou insustentável e as ações caíram. Ainda assim, ao longo do reinado de quinze anos de Dame Marjorie, as vendas da Pearson triplicaram em quase 6 bilhões de libras, assim como os lucros, que atingiram um recorde de 942 milhões de libras em 2011, seu último ano no cargo.

Dois anos depois, no verão de 2015, o *FT* foi finalmente vendido por 844 milhões de libras ao grupo de mídia japonês Nikkei. Quando se aposentou, Dame Marjorie deixou a porta aberta para a transação que ela havia sido contra tão ferozmente, pois não estaria mais no comando para impedi-la. "As pessoas estão enganadas ao pensar que somos obcecados por qualquer coisa que seja", disse ela. "Sempre se enganaram a meu respeito; nunca entenderam o real motivo."[7]

A partir de 2013, a empresa foi liderada por John Fallon, ex-diretor de comunicação da Pearson e uma das primeiras contratações de Dame Marjorie. Ele não foi tão bem quanto sua mentora, pois as vendas de livros didáticos pararam e alternativas gratuitas às ferramentas de ensino pagas foram desenvolvidas por rivais digitais. Colocar um Alfa no comando sem dúvida teria sido mais eficaz para manter os investidores — desde que a empresa cumprisse com o que sua líder visionária prometeu.

Ascensão e queda

Vale a pena mencionar quão rapidamente os impérios empresariais podem sucumbir quando os renomados Alfas que idealizaram sua criação se afastam. O industrialista Lorde (Arnold) Weinstock passou mais de trinta anos, até 1996, na liderança da GEC, um dos grandes conglomerados da Grã-Bretanha. Weinstock assumiu o leme da empresa de eletrônica de seu sogro, aumentou o volume de negócios em 110 vezes e criou um negócio estável que se firmou no mercado de eletrônicos, defesa e construção naval, além de introduzir marcas famosas, como a Hotpoint e a Avery. Logo após sua aposentadoria em 1996, a empresa, renomeada como Marconi, foi destroçada pelos gerentes que a conduziram desastrosamente para o ramo de equipamentos de internet, torrando as pilhas de dinheiro cuidadosamente conservadas. A Marconi foi assumida por seus credores em 2003.

Os Alfas estão associados à construção de impérios, o que pode levar a padrões de liderança indulgente que geram ineficiência. O ponto de vista contrário é que uma dispersão de ativos e localidades pode trazer estabilidade. De qualquer forma, Alfas oferecem uma gestão forte — mesmo que isso signifique manter unidas corporações e equipes beligerantes por meio de força bruta. Eles são absolutamente comprometidos, se não ligeiramente dominadores. Podem ser opções preferíveis ao que vem a seguir.

A visão de longo prazo

Similar a Lorde Weinstock, Stefano Pessina fez de sua empresa o trabalho de sua vida. Ele transformou a pequena distribuidora de medicamentos de sua família na Walgreens Boots Alliance (WBA), um dos maiores grupos varejistas de medicamentos do mundo, com valor de 50 bilhões de dólares no mercado de ações em tempos de bonança. Assim como ocorre com os melhores Alfas, ele levou tempo para chegar aonde chegou. Foram necessários cinco anos de persuasão para engendrar a fusão entre seu negócio de distribuição, a Alliance UniChem, com a empresa britânica Boots, em 2005. O empreendimento combinado foi privatizado em 2007 com o apoio do poder financeiro do grupo de private equity KKR.

O italiano foi um visionário sem escrúpulos, vendo o potencial das lojas da Boots como centros sustentados por um fluxo constante de renda do Serviço Nacional de Saúde, algo que poucos investidores institucionais puderam ver. Ele também se manteve calmo mesmo enquanto a empresa estava carregada de dívidas e a crise de crédito ameaçava derrubar as empresas com empréstimos em excesso.

Pessina permaneceu na trilha da aquisição por toda a Itália e a França, abocanhando pequenos distribuidores, e acabou encontrando a farmacêutica e empresária Ornella Barra. Ela se tornaria a codiretora de operações da WBA, sua sócia nos negócios e parceira na vida — ressaltando o princípio Alfa de que o pessoal e o profissional estão entrelaçados.

Antes mesmo de secar a tinta das assinaturas no contrato com a Boots, Pessina estava um passo à frente, procurando por um parceiro norte-americano que, em 2012, encontrou: a Walgreens, varejista que nos EUA era tão bem conhecida quanto a Boots no Reino Unido. Antes que a transação em duas etapas fosse concluída, sua atenção se voltou para as oportunidades na China, que, em 2017, se concretizaram por meio de um investimento em uma das maiores cadeias de farmácias do país, a Sinopharm Holding GuoDa Drugstores (GuoDa). Cerca de 1.900 lojas da Rite Aid, rede de farmácias dos EUA, também foram agregadas em 2018.

"Sempre acreditei que o ramo do varejo precisava de figuras globais atuando ativamente porque os fabricantes, nossos fornecedores, são globais", disse ele em 2014. "Fiquei surpreso que o mercado não tivesse nenhum."[8]

De óculos e cabelos brancos, a aparência professoral de Pessina nos levaria a imaginá-lo na bancada de um laboratório, usando jaleco branco, ou nos fundos de uma farmácia, prescrevendo receitas. Mas esse magnata não convencional, que fala devagar, em um inglês cuidadoso, muitas vezes com os braços cruzados e os olhos fechados, tem sido implacável quando o assunto é transformar sua visão em realidade, criando um império que opera em 25 países, com 370 depósitos de distribuição de medicamentos e mais de 3 mil lojas de saúde e beleza. Ainda assim, ele divide opiniões, sendo retratado alternadamente como um alquimista que resgatou uma Boots enferma e um bárbaro corporativo hostil.

Não podemos negar sua perseverança. Quando todos esperavam que Pessina abrisse mão da liderança na ocasião em que a Alliance Boots e a Walgreens se uniram, em 2014, foi na verdade o homem mais jovem, o diretor executivo da Walgreens, Greg Wasson, que anunciou sua partida. Pessina também impressiona por suas participações. Com 16% das ações da WBA, ele continua sendo o maior investidor do grupo. Pessina, porém, também tem uma estratégia de longo prazo, embora a crença no poder das lojas físicas tenha sido severamente testada durante e após o surto da covid-19 de 2020. Há rumores de que a WBA pode ser retirada do mercado de ações público em outra compra recordista, em prol de uma reestruturação. Independentemente de qualquer coisa, você pode ter certeza de que Pessina continuará a se manter firme, como muitos Alfas longevos, com Barra ao seu lado.

Soldado abatido

Na manhã após a cerimônia de abertura dos Jogos Olímpicos de Londres, em julho de 2012, Jeff Immelt estava escondido em uma suíte ao lado da estação ferroviária de St. Pancras. Do lado de fora, personagens digitais passeavam por um display de LED gigante que envolvia o prédio, em frente ao qual as crianças brincavam ao sol. No interior, o chefe de uma das maiores montadoras do mundo se sentia muito menos ativo. Embora dirigisse um dos onze principais patrocinadores do Comitê Olímpico Internacional, Immelt foi forçado a assistir as façanhas de Bond, Bean e Beckham e ao paraquedismo da Rainha Elizabeth II pela televisão. Três costelas quebradas tornaram a ida ao estádio para assistir à abertura dos jogos no Estádio Olímpico de Londres muito dolorosa. No dia seguinte, ele ainda estava deitado com dor no sofá.

Ali estava um Alfa excepcionalmente exibindo fragilidade. Os líderes da indústria não se lembram de que são meramente humanos. A coisa piora mais se tal fraqueza for exibida para o mundo exterior. Ainda assim, o contratempo mal abalou a influência de Immelt, pois ele deu um jeito de comparecer a uma série de reuniões, reduzidas a porções de quinze minutos para se adequar à sua agenda de pessoa em recuperação. Com um sorriso radiante, tipicamente norte-americano, e um aperto de mão parecido com o de um político, Immelt demonstra sua potência impressionante, tal como convém ao líder do lar das preciosas lâmpadas de Thomas Edison, inovação que transformou a vida doméstica de bilhões. E se alguém desconhecia seu status, levava pendurado no pescoço o credenciamento laminado para as Olimpíadas com a palavra "top" impressa em negrito.

Além das lâmpadas, a General Electric passou a vender peças de infraestrutura muito maiores: geradores de energia, scanners médicos, turbinas eólicas, motores de aeronaves, locomotivas e kits de óleo e gás. Com mais de 300 mil funcionários, estabeleceu-se como uma das líderes industriais dos EUA, com impressionante alcance internacional. Diretor executivo desde 2001, Immelt sucedeu o lendário chefe Alfa Jack Welch, cuja política de "curva da vitalidade", dizem, demitia 10% dos funcionários da empresa, aqueles com o pior rendimento, todo ano. A receita de Immelt para se manter por cima foi simples: "Você tem que ter um grande desejo, um grande motor e certo autoconhecimento — ser autorreflexivo."[9]

Em 2012, a GE parecia tão poderosa quanto sempre fora, mas, olhando em retrospecto, estava tão remendada quanto seu chefe. Em 2009 e 2010, a empresa havia sido forçada a cortar parte de seus dividendos, antes intocáveis, à medida que a crise financeira avançava. Immelt estava ocupado tentando reformular a GE, transferindo o portfólio de produtos químicos e de seguros, bem como a NBC, a rede de TV norte-americana, e encolhendo a GE Capital, o braço financeiro do grupo que tinha sido a fonte de muitos de seus problemas. No entanto, sua visão de fornecer mais mercadorias para mais territórios globalmente foi considerada insuficiente. Assim que a economia norte-americana recomeçou a decolar, o dividendo reconstruído foi novamente cortado em 2017 e 2018, quando Immelt abriu mão do cargo. O conglomerado que antes não podia fazer nada de errado se encontrava flácido, sem foco e necessitando de mais cortes por parte de seus sucessores.

Fora de moda

A última década mostrou que os impérios empresariais estão fora de moda — assim como os construtores de impérios que querem se sentar solitários em cima deles. Os Alfas estão em baixa mais do que qualquer outro tipo de líder.

Os acionistas questionam os méritos da escala; a sociedade não está tão segura sobre a globalização. O poder não deve ser absoluto — deve ter os controles e equilíbrios necessários.

Os líderes que defendem que "quanto mais, melhor" precisam trilhar um caminho cuidadoso e encontrar espaço para coisas como responsabilidade e inclusão. Afiar o desempenho, compreender o consumidor e abraçar os interesses de todos os stakeholders são tarefas que os Restauradores, os Vendedores e os Diplomatas estão mais aptos para acertar. Seus atributos serão explorados em capítulos posteriores. Tem sido um despertar difícil para alguns Alfas que pensam que podem fazer tudo sozinhos.

Quando esses vencedores são eventualmente derrotados, pode ser problemático.

Sir Philip Green era o autodenominado Rei da High Street, com três mil lojas espalhadas pelos cinco continentes. Desde que adquiriu o grupo Arcadia em 2002, o magnata tinha alcance único na indústria da moda, com marcas como Topshop, Topman, Dorothy Perkins e Miss Selfridge. Ele usou esse poder a níveis devastadores, ameaçando retirar sua publicidade dos jornais que não estampassem generosamente seu sucesso.

Bronzeado, com cabelos grisalhos penteados para trás, vestindo seu uniforme habitual — terno escuro e camisa branca com os botões do pescoço abertos —, Sir Philip era tipicamente combativo e confiante. Ele não hesitava em lembrar aos convidados de sua sala de reuniões, localizada em um prédio na meca das compras, a Oxford Street, em Londres, o quanto era um homem ocupado, mas muito atento às minúcias de seu negócio. Essa onipotência, real ou imaginária, é um comportamento típico dos Alfas. Em uma entrevista que aconteceu em 2013, quando ele se preparava para uma expansão internacional com dezenas de aberturas de franquias em andamento — muitas delas dentro das lojas de departamento do grupo norte-americano Nordstrom —, ele passou seu telefone Nokia velho e maltratado pela mesa para mostrar uma troca de mensagens de texto. Enviada às 4h15 da manhã, uma mensagem dizia: "Mary quer saber por que você não está dormindo." A resposta rápida foi: "Porque eu estou de olho em todos vocês."[10]

Sir Philip tentou estender sua influência, opinando sobre transações, fachadas de lojas, treinamento de funcionários e política fiscal. Ele garantiu que o desfile da Topshop se tornasse um dos principais eventos da London Fashion Week, com a modelo Kate Moss e a grande dama da moda,

Anna Wintour, como convidadas frequentes na primeira fila. Nada mal para alguém que entrou para o ramo vendendo sapatos para lojas a partir dos dezesseis anos de idade. Este Alfa começou como comerciante e progrediu até o topo da indústria comprando e vendendo uma série de varejistas, incluindo a Jean Jeanie e a Sears, tendo sofrido um raro revés somente quando abriu mão da Amber Day em 1992, por exigência dos investidores que pediram sua cabeça depois que os lucros caíram.

A fortuna de Sir Philip atingiu o auge em 2005, quando obteve um dividendo de 1,2 bilhão de libras com a Arcadia, quatro vezes o lucro antes dos impostos do grupo naquele ano. O valor foi pago à sua esposa, Lady Tina, proprietária do grupo, que à época morava em Mônaco.

As coisas se tornaram muito menos interessantes uma década depois. A BHS, sua cadeia de lojas de departamento, foi vendida por uma libra a Dominic Chappell, um falido em série, e entrou em colapso após um ano com a perda de onze mil empregos. Os críticos se perguntavam como um homem detalhista poderia ter deixado isso acontecer. Em meio a uma tempestade de protestos (e reivindicações de destituição do título de cavaleiro), Sir Philip contribuiu com 363 milhões de libras para o fundo de pensão da BHS.

A Arcadia também sucumbiu, desbancada pelas rivais de fast fashion H&M, Zara e Primark e pelas concorrentes online ASOS e Boohoo. Em 2019, os credores aprovaram uma série de cortes de aluguéis e fechamentos de lojas, e mais cortes viriam. A pressão sobre o grupo foi agravada pelo impacto devastador da pandemia da covid-19 na High Street. Sir Philip lutou pelo lado errado e não conseguiu bater de frente com o desafio digital.

Um mercado em crescimento continua sendo a mídia. O reinado (ou algo do tipo) de Sir Philip foi relatado em livros e em um filme, *Greed: A indústria da moda*, estrelado pelo comediante Steve Coogan no papel principal. Não foi exatamente uma hagiografia.

Nomes de peso

Um alfa não precisa ser alguém que serviu a uma empresa por muito tempo ou um empresário que se fez sozinho; ele pode emergir no topo de uma instituição pública. Passar da alta sociedade para a alta finança pode parecer um salto grande demais, mas o que o próximo Alfa tem em comum com o último é o poder que emana através de sua personalidade.

Quando o chanceler George Osborne começou a procurar o próximo líder do Banco da Inglaterra em 2012, buscou encontrar uma figura que se adequasse à posição de Londres como um centro financeiro global. Ele não se decepcionou com Mark Carney. Tendo comandado o Banco do Canadá antes, já havia causado um impacto no cenário mundial ao emergir da crise financeira relativamente incólume e ostentando charme fácil e boa aparência de estrela de cinema, atributos raramente encontrados entre os banqueiros centrais. Ele foi o primeiro estrangeiro a assumir o comando da instituição localizada na Threadneedle Street, porém, por ter estudado em Oxford e aprendido a prática ao trabalhar durante treze anos na Goldman Sachs, foi considerado ideal para o cargo. Osborne o queria tanto que permitiu que Carney assumisse um mandato de cinco anos, quando deveria ser de oito (embora a turbulência causada pelo Brexit o tenha feito servir por quase sete anos).

Carney era diferente de todos os cabeças que o banco já tivera. Apesar de a instituição de 326 anos de idade ter importância crítica, nunca precisara realmente de uma grande personalidade para liderá-la. A presença Alfa que o banco em si exalava não dependia da liderança de um Alfa. Na verdade, havia uma cultura de poucas palavras no local. Bastava uma sobrancelha levantada no momento certo durante as reuniões com o diretor executivo para que o bom funcionamento da força reguladora prosseguisse.

No entanto, a nomeação de Carney alimentou a noção de que Londres tinha força para atrair grandes nomes de todo o mundo. No "banquete para banqueiros" promovido pelo Lorde Mayor em junho de 2004, Lorde King, predecessor de Carney, falou sobre a "Wimbledonização" da cidade, que seria o fenômeno de "sediar um torneio de sucesso no qual a maioria dos vencedores vem do exterior".[11]

Era visível que Carney tinha grande influência no cenário internacional, combinando suas funções domésticas com a presidência do conselho do Financial Stability Board (FSB), órgão internacional que monitora e faz recomendações sobre o sistema financeiro global. Por outro lado, estava em plena fase de ser jovem e descolado, tendo sido flagrado vestindo camisa polo lilás e shorts no Festival Wilderness, em Oxfordshire, e muitas vezes usando um relógio Swatch cinza e preto, em vez de um Rolex volumoso, que é a escolha padrão da maioria dos titãs bancários.

Esse Alfa tinha um trabalho diferente para fazer se comparado com qualquer um de seus predecessores. Carney precisava fortalecer a fé no sistema de regulamentação financeira que havia sido testado durante a crise financeira. Para tal, alguns meses antes de sua chegada, um pessoal extra de 1.300 funcionários foi adicionado à organização, vindos da extinta Financial Services Authority. Com isso, o Banco combinou estabilidade financeira com sua ampla competência em política monetária — incluindo a fixação de taxas de juros — e a regulamentação do sistema bancário. Como Dame Marjorie Scardino, da Pearson, Carney argumentou de forma pouco convincente que administrar o Banco era um esforço conjunto. "Não se trata de mim, temos que dirigir a instituição como governadores",[12] disse ele.

Foi um Alfa que liderou no front e que não se importou com os holofotes. Entretanto, seu ritmo ambicioso era difícil de ser sustentado e Carney mostrou que era humano, afinal.

Criticado por sua nebulosidade no passado, Carney se propôs a garantir que o banco esclarecesse aos mercados a direção que as taxas de juros tomariam. Infelizmente, sua política de orientação para o futuro, que vinculou um aumento da taxa de juros ao gatilho da queda do desemprego, foi rapidamente abandonada, pois o total de desempregados diminuiu sem a melhoria esperada na economia.

As taxas de juros se movimentaram apenas algumas vezes sob sua direção. Foram anos tumultuosos, com o Brexit em 2016 e o aumento das tensões geopolíticas. Comerciantes e investidores foram deixados no escuro ao final de seu reinado, em março de 2020, sobre qual caminho as taxas seguiriam.

Carney também se propôs a melhorar a transparência, a diversidade e o bom funcionamento geral do Banco, que, suspeitava-se, sofria de uma cultura de deferência e de pensamento de grupo. Isso foi um tiro pela culatra em 2017, quando a bem-relacionada Charlotte Hogg, nomeada para um cargo dentro do Banco, demitiu-se após uma disputa por não comunicar conflitos de interesse. O Banco também não se manteve no caminho certo para atingir suas metas de diversidade, particularmente na representação sênior de minorias étnicas. Carney escreveu ao presidente do Comitê de Seleção do Tesouro em 2019 para admitir: "Há espaço para mais melhorias, e continuamos procurando maneiras de manter vivas as ideias de diversidade e inclusão."[13]

Foi duramente criticado. Ainda assim, onde Carney se destacou foi no grande palco, especialmente suas ações para acalmar os mercados financeiros nos dias após o resultado do referendo Brexit em junho de 2016. Sua nomeação foi uma experiência, e não totalmente bem-sucedida. O sucessor de Carney a partir de março de 2020 não poderia ter sido mais diferente: o veterano Andrew Bailey, uma figura distante da postura de Alfa que há muito trabalhava na instituição, assumiu a posição.

Titãs tecnológicos

Localizado em cima de um embrenhado de linhas de metrô, o Fulton Center é uma porta de entrada para a Baixa Manhattan, desembarcando milhares de trabalhadores no distrito financeiro de Nova York todos os dias. No topo desse centro comercial, com sua teia de escadas rolantes, há um pedaço da empresa que ocupou muitos milhões de metros quadrados em toda a cidade: a WeWork.

Desde que abriu suas portas em 2010, a startup de coworking colonizou áreas urbanas em todo o mundo e se tornou a maior inquilina de escritórios em Nova York e Londres. O empreendimento foi comemorado tanto por corretores imobiliários quanto por políticos, ansiosos para trazer alguma emoção a seus investimentos e distritos com a perspectiva de jovens empreendedores animados se mudando para lá.

É claro que naquele espaço redondo no Fulton Center há um bar bem abastecido, tijolos expostos de acordo com a última moda do design de interiores, sofás baixos, alguns grafites curiosos e hipsters estilosos, vidrados em seus notebooks e smartphones. No meio de tudo isso estava Adam Neumann, ansioso para explicar por que seus funcionários de alguma forma estão em um plano superior em comparação com o pessoal zanzando nos andares abaixo.

Neumann era um Alfa de uma safra diferente. A alfaiataria luxuosa que os titãs corporativos do passado ostentavam não era para ele. Bonito e de olhos claros, seu "uniforme" para o escritório era um moletom preto de capuz e uma touca, que usava sobre seus cachos escuros e sedosos. Entretanto, sua aparência casual não o tornava menos poderoso.

Em muitas indústrias, a arrogância e presunção na figura dos líderes têm dado lugar a algo mais universitário e transparente. No geral, a próxima geração de líderes tem uma aparência muito diferente da anterior. No espaço tecnológico, porém, a dominância dos Alfas foi reinicializada.

Não há outra maneira de descrever esta leva de jovens líderes. Eles pregam um futuro compartilhado e livre, mas na verdade têm acumulado mais controle sobre seus funcionários, suas empresas e até mesmo sobre a sociedade em geral do que os Alfas de anos atrás jamais poderiam imaginar.

Neumann transformou o espaço de escritório compartilhado em uma experiência quase religiosa. "Quero ensinar às pessoas que criar o trabalho de sua vida é o segredo para o sucesso, não apenas tentar ganhar dinheiro",[14] disse ele, comparando o ritmo de expansão do grupo com o crescimento do Império Romano. Fosse um ou um exército, no início de 2017 a WeWork acumulava muitos seguidores: quase 130 mil membros em 45 cidades espalhadas por cinco continentes.

Neumann usou a interação social como ferramenta para mantê-los alinhados. Seus funcionários jantavam juntos no início de toda semana, parte de uma iniciativa apelidada de "Graças a Deus é segunda-feira", e depois trabalhavam com frequência até às 3h00 da manhã. O consumo de tequila era incentivado. Em entrevistas, seu entusiasmo não se continha a falar de novas aberturas e sobre um dia atingir determinada rentabilidade. Neumann queria discutir a "visão". A WeWork não era uma empresa de escritórios, ele garantia. O segredo era seu sistema operacional que podia projetar e gerenciar o layout de edifícios comerciais e residenciais em qualquer parte do mundo com alguns toques de botão. Ele era um urbanista messiânico, movido pela perspectiva de projetar cidades novas e ecológicas a partir do zero. "Queremos construir coisas como estádios e anfiteatros onde as pessoas se reúnem",[15] disse ele. Seguiram-se ideias para escolas, apartamentos e até mesmo uma companhia aérea. No lugar de metas a cumprir, Neumann tinha aspirações Alfas elevadíssimas, e inventou uma estrutura corporativa que não dava nenhuma pista de como chegaria lá.

O que alimentou sua ambição foram os muitos bilhões de libras de apoio do SoftBank, investidor japonês cujo Vision Fund fez apostas gigantescas em tecnologias emergentes. O SoftBank não está sozinho. No cenário das novas tecnologias, os investidores estão apoiando Alfas visionários na esperança de tomar à frente de possibilidades de crescimento explosivas. Esses investidores são muitos dos mesmos acionistas que não lamentam a extinção de Alfas na General Electric e em outras empresas tradicionais, que foram substituídos por líderes encorajados a concentrar seus conglomerados em expansão, cortar custos, impulsionar o valor de mercado e buscar cumprir uma agenda sustentável. No mundo da tecnologia, a próxima geração de Alfas — muitos dos quais são, ao mesmo tempo, Fundadores — também descobriu um caminho para prosperar. Para um portfólio amplo e desconectado, procure saber sobre o Google X; para uma personalidade dominante, pense em Jack Dorsey, do Twitter, que fazia praticamente o que era de seu agrado, apesar do fraco retorno para os acionistas, até que o investidor ativista Elliott Management começou a pedir sua demissão.

Tem havido tanto investimento privado nas melhores ideias que tais empresas conseguem chegar ao mercado de ações mais tarde do que de outra forma seria necessário. Os principais cabeças conseguem manter um controle muito maior sobre o empreendimento por muito mais tempo. Isso significa que os Alfas de hoje são os titãs da tecnologia que não obedecerão a ordens a respeito de como se comportar, como Mark Zuckerberg, do Facebook; Jeff Bezos, da Amazon; ou Elon Musk, da Tesla. Quando a Snap, empresa por trás da rede social Snapchat, listou ações em Nova York em março de 2018, o fez sem conceder direito a voto, de modo que os fundadores Evan Spiegel e Bobby Murphy pudessem manter o controle da diretoria.

Ceder tanto poder a esta nova onda de Alfas tem compensado frequentemente para os acionistas. A alta dos preços das ações e o desempenho excepcional oferecido por indivíduos como o falecido Steve Jobs, da Apple, fizeram dos engravatados de Wall Street seus cúmplices. No entanto, de tempos em tempos, a cultura passa por cima da visão, como a necessária expulsão de Travis Kalanick do comando do aplicativo de transporte Uber. Os pontos fortes e fracos particulares dos Fundadores são explorados em outro capítulo.

Por fim, a WeWork não funcionou da maneira que seus líderes esperavam. Uma entrada na bolsa de valores planejada para setembro de 2019 foi cancelada depois que um prospecto vago de uma empresa preocupou os investidores e revelou conflitos inaceitáveis, como o fato de Neumann alugar propriedades da WeWork — agora chamada de We Company — que ele possuía parcialmente. A avaliação do valor da empresa foi cortada de 47 bilhões de dólares para cinco bilhões de dólares, e milhares de empregos foram perdidos. O carismático Neumann deixou o cargo. Um acordo para o Softbank adquirir as ações dele na empresa por um bilhão de dólares entrou em colapso e resultou em ação legal.

Os Alfas não pertencem completamente a uma era passada, embora sejam uma espécie ameaçada de extinção. O que não mudou, a favor deles, é o fato de que o poder é conferido pela persuasão e pelo desempenho. Aqueles capazes de proporcionar excelente liderança podem continuar a prosperar. Contudo, mesmo os mais comprometidos, inspiradores e temíveis devem se submeter a um maior escrutínio, controle e equilíbrio. E aqueles Alfas cujas promessas não forem cumpridas se verão substituídos por outro tipo de liderança.

OS ALFAS EM RESUMO:

Pontos fortes: são visionários, enérgicos, inspiradores, rigorosos e tradicionais.

Pontos fracos: são inflexíveis, têm mente fechada, são maus ouvintes e não são bons em se adaptar a outras conjecturas.

Habitat natural: liderança de grandes empresas multinacionais com muitos setores, grandes forças de trabalho, localizações díspares e desafios regulatórios.

Onde você os encontrará: em menos salas de reunião do que antes, pois há o favorecimento de um estilo de liderança consensual.

CAPÍTULO DOIS

Restauradores

Entrega especial

Dame Moya Greene chama aquele momento de "agora ou nunca". No final de uma tarde quente de sexta-feira, em agosto de 2010, quando os funcionários esgotados dos escritórios de Londres estavam prestes a partir para o fim de semana prolongado do feriado bancário, uma conversa casual a convenceu de que o Royal Mail estava em uma crise mais profunda do que ela antecipara.

Um membro de seu departamento financeiro — não o diretor financeiro, uma vez que, depois da demissão do último, ninguém havia assumido o cargo — casualmente informou à canadense que o fluxo de caixa estava tão baixo que era possível que a empresa não cumprisse com a folha de pagamento no mês seguinte. "O que quer que esteja pensando, e por mais rápido que seja, é melhor acelerar o ritmo, e agora", lembra-se Dame Moya de ter dito a si mesma na época.

Ela já sabia que tinha um desafio em mãos, por isso aceitara o trabalho seis semanas antes. O Royal Mail — instituição britânica cujos carteiros e selos que carregam a cabeça da Rainha eram sinônimos da identidade nacional do Reino Unido — estava lutando para se manter vivo à medida que o volume de cartas desmoronava, os sindicatos se revoltavam e as finanças oscilavam. Dame Moya queria não apenas modernizar o Royal Mail, cuja origem remontava à época de Henrique VIII, mas também libertá-lo do controle estatal. A privatização era algo que nem mesmo a primeira-ministra Margaret Thatcher, uma grande entusiasta de vender os bens da nação, tinha considerado durante os anos 1980.

Dame Moya é uma Restauradora, um tipo de líder atraído por situações aparentemente impossíveis. Ela se descreve como alguém "altamente focada no que precisa ser consertado. Se não está quebrado, não perco tempo. Não sou alguém que se contrata para simples consultorias". Os Restauradores são indivíduos que combatem incêndios. Eles não têm medo de entrar em uma empresa em apuros e procurar uma solução de resgate. Em um mundo corporativo implacável onde apenas os mais aptos sobrevivem, as fatalidades são muito comuns. As rupturas dentro dos setores não são novidade, mas os efeitos da tecnologia, a globalização e as novas regulamentações parecem estar acelerando os ciclos. Um estudo de 2017 do Credit Suisse descobriu que atualmente a idade média de uma empresa que entra para o índice S&P 500 é inferior a 20 anos, contra os 60 anos que eram necessários na década de 1950.[1]

As marcas podem perder prestígio, as instalações e o maquinário podem não receber o investimento necessário, e tudo isso é exacerbado pela mudança de tendências e pela agilidade dos concorrentes. Os Restauradores são encarregados de tomar medidas radicais para dar um jeito nas coisas. Uma empresa agonizante pode ser constituída de dezenas de locais e milhares de funcionários, mas, às vezes, uma única pessoa no topo pode fazer toda a diferença. O desafio deles é julgar a situação corretamente. Há evidências de que este tipo de cirurgia corporativa delicada pode matar o paciente, portanto, o cirurgião responsável deve ter cuidado para não administrar um tratamento de choque muito cedo. Eles devem encontrar uma solução que dure, e não mascarar a situação.

Dame Moya havia passado as primeiras semanas de 2010 conhecendo o Royal Mail, que na época empregava 160 mil funcionários, entregava 60 milhões de itens por dia e operava 69 instalações de processamento de correspondência. Esse reconhecimento de campo envolveu visitas ao maior número possível de lugares. Por mais impopulares que sejam suas decisões, os Restauradores sabem que precisam de apoio da força de trabalho. Na maioria das vezes, são os funcionários de longa data que compreendem por que a mudança é tão desesperadamente necessária em negócios à beira da falência. O Royal Mail teve que cortar custos, atualizar práticas de trabalho e se reequipar a fim de se tornar uma empresa de entrega de encomendas que pudesse atender ao boom de compras online. Entretanto, colocar tudo isso em prática naquele momento teria sido imprudente.

"Muitas pessoas dizem que é tudo uma questão de estratégia ou visão", disse Dame Moya. "Pode até ser, mas não para uma empresa sufocada por tantos problemas como o Royal Mail estava." Para Dame Moya, o primeiro desafio era "pensar nos principais processos comerciais e colocá-los sob controle" e "começar pelo dinheiro". De acordo com ela, "se você não começar com dinheiro, vai cair de um penhasco. É preciso olhar para a alocação de capital. Se há dinheiro em caixa, quem tem o direito de reivindicá-lo primeiro?". O dinheiro do fluxo das atividades diárias teria papel central no conserto do Royal Mail. No ano anterior à chegada de Dame Moya, o grupo tinha um fluxo de caixa de 517 milhões de libras, em grande parte devido a uma contribuição gigantesca do fundo de pensão, de 867 milhões de libras.

Mas os Restauradores são astutos e não fazem nada precipitado. Quando uma oportunidade se apresenta, eles fazem suas pesquisas antes de aceitar um cargo e depois projetam o desafio que têm pela frente. Somente quando o resultado que seria considerado um sucesso é alcançado é que se pode julgar se um Restaurador foi bem-sucedido — e, então, devidamente recompensá-lo por isso. Ninguém espera que um Restaurador precise restaurar a própria reputação quando termina um trabalho.

Dame Moya foi cortejada por Sir Donald Brydon, notório gestor de ativos veterano e presidente do conselho do Royal Mail. Porém cabia a ela fazer sua própria lição de casa a respeito da tarefa que tinha em mãos. No início de 2010, disfarçada de empresária estrangeira interessada, ela conversou com Richard Hooper, ex-vice-presidente do conselho da Ofcom, agência reguladora de comunicação do Reino Unido, que havia publicado uma avaliação dois anos antes recomendando o investimento privado no Royal Mail. Ficou animada ao ouvir que o modelo regulatório que supervisionava o serviço postal era totalmente ineficaz e estava prestes a implodir. As pesquisas, porém, não revelam tudo. "Você pode analisar muito a fundo, mas não consegue descobrir o que realmente está acontecendo até chegar lá", disse ela. "Há muitos aspectos sobre os quais você precisa tirar as próprias conclusões, conversando com as pessoas e ouvindo muito."

Em seguida, é preciso chegar aos termos do compromisso. Dame Moya trabalhou duro para entender o que era possível e deixou claro que, a menos que o governo apoiasse a privatização, ela não sairia do Canadá para ir ao Reino Unido. Dame Moya ganhara respeito ao restaurar o Canada Post, que sofreu com muitos dos mesmos problemas que o Royal Mail, com a diferença de que o primeiro servia à metade da quantidade de lares que o segundo, espalhados por uma área maior do que a Europa. Ela também tinha experiência em derrubar precedentes históricos. Durante seu tempo no Transport Canada, ela esteve fortemente envolvida na privatização da Canadian National Railway e no desmantelamento do subsídio ferroviário centenário chamado Crow Rate, que era usado por produtores de trigo nas províncias de Saskatchewan e Manitoba para levar suas colheitas ao mercado.

Dame Moya não estava interessada em simplesmente se apoderar de outro empreendimento problemático de propriedade do governo. Tinha que haver um objetivo, um ponto final. Se a ambição compartilhada era privatizar o Royal Mail e torná-lo um ativo que valesse a pena para investidores privados, que na época não davam a mínima para o serviço postal, aí estava o catalisador adequado para a modernização e a restauração. Essa questão foi resolvida durante outra tarde quente, desta vez quando ela estava em Nova York.

Em maio de 2010, Dame Moya estava sentada no Harvard Yard, o coração da venerada Universidade Harvard, esperando para ver sua filha coletar seu certificado de graduação. Pouco antes do início da cerimônia de formatura, o telefone dela tocou. Era Sir Donald Brydon ligando, com boas e más notícias. Sua nomeação para o Royal Mail — embora ela ainda não tivesse formalmente aceitado o trabalho — tinha vazado na mídia. Sir Donald também leu para ela o texto do discurso que a rainha daria durante a Cerimônia de Abertura do Parlamento, que confirmava que o novo governo de coalizão dos Conservadores e Liberais Democratas planejava privatizar o Royal Mail. "Conte comigo", foi a resposta de Dame, voltando ao seu lugar a tempo de testemunhar o grande momento de sua filha.

E então veio a crise de liquidez descoberta naquela tarde de agosto. Dame Moya ligou para sua mãe, uma professora aposentada, de quem era muito próxima e cuja lição duradoura que carregava desde a infância tinha sido a de comunicar as coisas com clareza. Depois de contar que o negócio que ela acabara de assumir estava em iminência de falir, o conselho que veio do Canadá teve exatamente a clareza que ela esperava: "Quaisquer que fossem os planos que você tinha para o fim de semana, minha menina, é melhor fechar a porta e estar pronta para entrar lá na segunda-feira e não deixar isso acontecer."

Divorciada, Dame Moya morava sozinha, mas ainda não havia tido tempo de encontrar uma casa em Londres, então ela se isolou em seu quarto de hotel para elaborar um plano. Os Restauradores estão acostumados com os momentos de pressa. Isso faz deles a antítese de muitos tipos de líderes, que gostam de ter tempo, para ouvir e aprender, antes de estabelecer uma estratégia para sua nova empresa. O fenômeno corporativo de prometer mudanças nos primeiros cem dias de um ano ou mandato não serve para os Restauradores. As medidas decisivas devem ser tomadas muito mais rapidamente.

A primeira coisa que Dame Moya fez na terça-feira (pois a segunda-feira ainda era feriado) foi reunir a equipe para detalhar seu plano de emergência que substituiu tudo o que ela pensara até então. Encantadora, obstinada, muito falante e apenas um pouco dramática, era a pessoa perfeitamente adequada aos altos e baixos que estavam por vir.

Como explicou aos colegas, seu plano de emergência era composto de três frentes. O Royal Mail tinha que conseguir algum dinheiro para o caixa com urgência, mudar as condições de pagamento com seus fornecedores e, onde fosse possível, aumentar os preços. Seu primeiro ato foi convocar uma conferência com todos os fornecedores do Royal Mail. Ela não ia apertar o bolso dos pequenos. Em vez disso, ela pediu tolerância aos grandes. Ela encontrou apoio imediato de Lorde Livingston, na época diretor executivo da BT e maior credor do Royal Mail, que concordou em adiar os vencimentos dos pagamentos devidos.

Suas táticas eram arriscadas e deixaram as partes interessadas, incluindo os funcionários, alertas para o fato de que o Royal Mail estava realmente em apuros (na verdade, a maioria já sabia) e de que mudanças estavam chegando, lideradas a partir do topo. A crise não era para ser desperdiçada. O pessoal sênior não teve outra escolha senão apoiar a nova chefe. Entretanto, estava sobre ela a pressão para entregar resultados.

Dame Moya confirmou que o papel de um Restaurador pode ser muito solitário. Durante aquelas semanas, "foi uma ajuda o fato de que estava muito, muito ocupada", disse. "Eu trabalhava, comia e ia dormir, e de vez em quando fazia uma longa caminhada, que me ajudava a decidir sobre coisas que aconteceram durante o dia e sobre os sinais que eu estava recebendo. Eu não me sentia tão solitária porque era muito intenso", explicou.

Poucos Restauradores se veem como meros gerentes de projetos ou consultores temporários que podem se afastar de uma situação como esta. Quando decidem ajudar, comprometem-se por inteiro. Entretanto, o período de lua-de-mel de ser o novo líder não dura muito, de acordo com Dame Moya. "As decisões saem das mãos da diretoria para as mãos do CEO por um período de tempo, mas não por muito tempo", disse ela. "Quando tomam a decisão de te colocar no cargo, eles não podem se livrar de você nas primeiras seis semanas porque pareceriam um bando de idiotas que não sabe o que faz. Contudo, sete ou oito meses depois, eles podem; depois de dois anos, mais ainda."

Ela não precisava, porém, se preocupar em manter o apoio da diretoria — e do governo. Em novembro daquele ano, os fornecedores tinham entrado na linha, a situação do caixa tinha melhorado e ela podia respirar um pouco mais facilmente. A Restauradora teve espaço para voltar ao seu plano de ação original, com a credibilidade adicional de alguém capaz de fazer as coisas acontecerem em uma emergência.

Não é um concurso de popularidade

Antes da chegada de Dame Moya Greene, o Royal Mail quase passou para as mãos da CVC Capital Partners, uma das mais antigas empresas de private equity da Europa. Mas o acordo de privatização parcial proposto fora adiado por Lorde Mandelson, à época secretário dos Negócios, devido à agitação política e à preocupação de que aquilo não representasse bons valores para os contribuintes.

A CVC, que já dirigia operações postais na Bélgica e na Dinamarca, foi uma das empresas de private equity que deu origem a toda uma nova geração de Restauradores. Esses novos proprietários também precisam contratar especialistas em recuperação financeira para salvar o empreendimento, mas, ao mesmo tempo em que se fazem melhorias operacionais, há uma reestruturação financeira — independentemente de a empresa precisar revisar seu balanço patrimonial ou não. A empresa fica cheia de dívidas, de modo que um dividendo volumoso pode ser sacado através de empréstimos em futuros fluxos de receita. É uma tática típica para espremer valor das empresas com baixo desempenho. As demais estratégias são ainda mais implacáveis.

Um dos Restauradores preferidos da CVC era Tim Parker, apelidado de "Príncipe das Trevas" pelos sindicatos enfurecidos, devido ao corte de milhares de empregos que ele provocava. Parker ganhou sua reputação e seu apelido quando estava no comando da Automobile Association (AA) do Reino Unido, que era de propriedade parcial da CVC. Famoso pelos feitos de engenharia realizados por sua legião de patrulha rodoviária no atendimento a avarias em todo o Reino Unido, não foi tão agradável ter um Restaurador à frente da empresa em 2004.

Sob a liderança de Parker, o número de funcionários da AA foi reduzido para 6.700 com a demissão de 3.300 pessoas, e um refinanciamento elevou as dívidas para um nível chocante de 1,9 bilhão de libras. O método do private equity gerou grande controvérsia. Damon Buffini, presidente do conselho da Permira, coproprietária da AA, foi alvo da revolta de ativistas do sindicato GMB. Buffini, que tem hábito regular de ir à missa, se deparou com um camelo levado à frente da igreja que ele frequentava por manifestantes, em alusão ao ditado bíblico: "É mais fácil um camelo entrar pelo buraco de uma agulha do que um homem rico entrar no reino de Deus."

A Autombile Association não foi a primeira empresa recauchutada por Parker, que já havia realizado recuperações financeiras similares na fabricante de calçados Clarks e na cadeia de manutenção e reparo de automóveis Kwik Fit. Confiante, racional e descontraído, com seus cachos grisalhos despojados, sempre foi claro para ele que raramente os Restauradores conseguiam o apreço de alguém. "Não é que eu goste de ser impopular, mas adoro fazer um trabalho bem-feito e, por isso, estou disposto a ser impopular", disse ele. "Na realidade, porém, se você perguntar às pessoas como se sentem anos depois, elas dizem que fizemos todas as coisas certas e que estão indo muito bem", garante.[2] A popularidade fica em segundo plano quando se recebe algo como 40 milhões de libras em forma de compensação, tal como Parker recebeu por seu trabalho na AA.

Ele teve a sorte de ver de perto como outros líderes operaram no início de sua carreira. Depois de trabalhar como economista júnior do Tesouro, ele passou para o setor privado. Trabalhar como assistente de Sir William Barlow, presidente do conselho da gigante dos eletrônicos Thorn EMI, foi uma experiência e tanto, além de ter lhe oferecido uma grande chance quando a divisão que dirigia, a fabricante de utensílios de cozinha Kenwood, foi destinada à venda. Parker liderou uma compra de 54 milhões de libras em 1989, criando uma participação de dois milhões de libras três anos mais tarde.

Ressuscitar um bem menosprezado e de baixo desempenho é algo que tem se repetido muitas vezes. Para Parker, a banda toca mais ou menos da seguinte forma: verificar qual é a operação principal de um negócio, despojá-la de qualquer coisa paralela, cortar custos para liberar fundos e reinvestir na operação principal à medida que ela é reconstruída.

Seu último trabalho de recuperação foi a Samsonite, fabricante de malas de viagens, que sofreu com a severa crise econômica que afetou o transporte aéreo. Ao contrário de alguns de seus outros projetos, não foi um caso de entrada e saída rápidas. Parker está envolvido desde 2008, incluindo cinco anos como diretor executivo, supervisionando a cotação das ações da empresa em Hong Kong. Ele reverteu seu cargo para presidente não executivo no segundo semestre de 2014. Não tem sido uma recuperação linear — isso raramente acontece nos negócios.

O estilo de Parker é ser tudo, menos um mestre do universo. Ele nunca seria confundido com um Alfa, por exemplo. O tempo é um fator importante, e não apenas porque a CVC e afins estão em busca de um retorno rápido. E, assim como Dame Moya Greene adaptou seu plano para o Royal Mail quando o dinheiro acabou, Parker acredita no poder de mudar de direção.

"As melhores decisões que podemos tomar acontecem depois de revertermos os erros", disse Parker. "A essência dos negócios está em levar o tempo necessário e conseguir fazer as coisas do jeito certo. Muitas pessoas se perdem porque se apegam a decisões arbitrárias e que supostamente se justificam por si próprias. Aprendi a não ficar envergonhado se me enganar em alguma coisa."[3]

Mantendo a simplicidade

Simplificar o que é complicado é a marca registrada de um Restaurador eficaz. É algo que Sir Christopher Bland compreende bem. Em 2001, ele estabilizou o navio na BT, antigo monopólio das telecomunicações do Reino Unido, que havia se metido numa terrível confusão, com uma montanha de dívidas de 28 bilhões de libras e vendas em queda. Sir Christopher era um figurão que já havia presidido a BBC e numerosas empresas privadas.

Naquele momento de crise em uma das empresas mais importantes do país, sua nomeação proporcionou um efeito calmante e restaurou um pouco de fé entre acionistas e funcionários, antes mesmo de o Restaurador começar a trabalhar. Acentuar o espírito positivo e a vontade de encontrar soluções é a chave para qualquer recuperação financeira. "Quem faz pesquisa e proporciona desenvolvimento para a indústria? A BT. Nós fazemos tudo, basicamente tudo", disse Bland, orgulhoso.[4]

Sir Christopher poderia ter sido sobrecarregado pelas minúcias necessárias para colocar em ação um negócio sufocado pela burocracia que havia se arrastado desde seus dias de pré-privatização, quando era uma divisão da Post Office. Diante do temor de que sua até então resistente renda fixa estivesse ameaçada pelo advento da internet, a BT estava travando muitas batalhas. Impassível, o ex-oficial do exército, que defendeu a Irlanda na esgrima nos Jogos Olímpicos de 1960, chegou à BT como se ainda estivesse brandindo sua espada, pronto para identificar as prioridades.

Ele quebrou problemas complexos em uma lista de tarefas manejáveis para criar um foco não apenas para si, como para todos os envolvidos. Grande parte das direções tomadas havia sido definida por investidores inquietos, mas Sir Christopher foi responsável por desmembrar a parte de tecnologia móvel, vender a unidade de diretórios de páginas amarelas, lançar uma estratégia de venda de novas ações e encontrar um novo diretor executivo. Anos mais tarde, ele ainda carregava a lista em um pedaço de papel todo rasgado, de tanto ser manuseado, brandindo-o de vez em quando e assegurando que ele não estava vivendo de passado ao continuar reivindicando crédito pelo progresso da BT.

Seguiram-se outros cinco "desafios perpétuos", os quais ele imprimiu e deixou em sua mesa: promover o crescimento, promover a defesa, melhorar o atendimento ao cliente, construir rede e convencer o governo e os reguladores do valor da BT. Somente em 2020, quando a BT suspendeu seu dividendo anual pela primeira vez em 36 anos, devido ao surto de covid-19, os líderes atuais foram confrontados com uma crise da escala de 2001 (inclusive, não foram capazes de reduzir a missão da empresa de telecomunicações a termos tão simples e eficazes).

Às vezes, os Restauradores são definidos como especialistas do setor, a última pessoa de pé quando todos os outros ao seu redor parecem ter sido derrotados. Um Restaurador precisa de uma reputação de ferro se o seu primeiro ato, assim como fez Sir Christopher Bland na BT, for tranquilizar. Daí se seguem as decisões difíceis.

John McFarlane retornou a Londres em um momento oportuno depois de sua temporada na Austrália. Sua reputação havia enfim sido fortalecida após uma década, depois que ele ressuscitou o Australia and New Zealand Banking Group (ANZ) ao retirar o empreendimento dos mercados emergentes. No hemisfério norte, muitos bancários não tinham tido tanta sorte, perdendo a fé de seus investidores tanto porque as instituições que lideravam caíram na crise financeira, quanto por não conseguirem voltar a ficar de pé. Os cargos seniores precisavam ser preenchidos e pessoas confiáveis estavam em falta.

Robusto, seguro de si e acessível, com seus cabelos brancos, McFarlane estava mais do que pronto para preencher a lacuna. Havia uma boa chance de ele se tornar presidente do conselho do Royal Bank of Scotland, juntando-se ao conselho como diretor não executivo logo após a emissão de 12 bilhões de libras em novas ações em 2008. O colapso que se seguiria envolvendo o Estado por conta do impulso imprudente do diretor executivo, Fred Goodwin, mudou substancialmente a dinâmica do cargo. Os Restauradores mais espertos são cuidadosos na escolha do local onde ancoram seus talentos. Assim, em vez disso, McFarlane reapareceu em 2012 como presidente da diretoria da Aviva, a maior seguradora do Reino Unido, cujo desempenho lento as sucessivas gestões não haviam conseguido melhorar.

O que sempre percebemos é o padrão na maneira de trabalhar, como já descrevi a respeito de Tim Parker. McFarlane também começa pelo dinheiro: alocar recursos onde a instituição possa se distinguir e ser bem-sucedida. Isso significa cortar custos e podar ativos inúteis em mercados estrangeiros aos quais um líder Alfa poderia se agarrar por mais tempo para preservar seu império. Não admira que McFarlane, que tocava em uma banda de skiffle chamada The Sekrets, se deleite com o apelido Mack the Knife [Mack, a faca], uma canção popularizada pelo norte-americano Bobby Darin nos anos 1960.

Na Aviva, ele começou a trabalhar imediatamente, trocando de escritórios com o diretor de finanças, Pat Regan — que mais tarde se tornou diretor executivo da seguradora australiana QBE —, para que não tivesse a vista de um canteiro de obras. Pelo menos Regan foi autorizado a permanecer no perímetro do prédio. O diretor executivo, Andrew Moss, foi forçado a sair por uma revolta dos acionistas. É de se suspeitar que McFarlane o teria ajudado a sair pela porta se os investidores não o tivessem feito.

John assumiu temporariamente o cargo, formulando um plano de ação dentro de dois meses, enquanto a busca por um diretor executivo oficial estava em andamento. Determinou-se que haveria menos cargos e camadas gerenciais e que 16 das 58 unidades de negócios que somavam 6 bilhões de libras de capital deveriam ser cortadas. "Tendo a ser muito intuitivo", disse John. "Não preciso ler um monte de relatórios para entender as coisas; posso entender o essencial rapidamente", afirma.[5]

Assim como Sir Christopher Bland, o trabalho de McFarlane é no front. Eles determinam o que deve ser feito e depois deixam que o diretor executivo escolhido elabore as minúcias do plano de ação. "Não há como conceber que eu possa presidir um banco, não é possível", disse ele em uma entrevista.[6] Pouco mais de um ano depois, em 2015, ele foi incapaz de resistir ao desafio e se juntou ao Barclays como presidente do conselho de diretores.

E eis aqui outra instituição enferma que precisava de um Restaurador de mão firme. Esqueça promessas de rios de dinheiro: seguro de suas próprias habilidades, McFarlane foi atraído por uma mistura de prestígio e adrenalina. Na época, quando aceitou o grande cargo, sua esposa, Anne, teve que ser convencida com uma nova joia.[7] Isto soa como uma atitude típica de um Alfa, mas os Restauradores não costumam se demorar onde pousam. No Barclays, apesar de um mal-estar entre ele e o diretor executivo, Jes Staley, o banco aumentou os lucros. Entretanto, o preço das ações caiu e um acionista tentou, sem sucesso, forçar a diretoria a reduzir a divisão de investimentos.

Em abril de 2020, McFarlane voltou à ativa. Ele se tornou presidente do conselho do Westpac Group, a empresa mais antiga da Austrália e o segundo maior banco de varejo que havia sido abalado por um escândalo de lavagem de dinheiro. Eram condições praticamente perfeitas para que um Restaurador veterano assumisse o controle. "As pessoas próximas a mim sabem que, no meu retorno à Austrália, eu não tinha a intenção de assumir outro grande cargo de liderança", disse McFarlane. "No entanto, sou apaixonado pelo setor bancário australiano e estou entusiasmado com o desafio de devolver ao Westpac sua posição de banco líder global, após os recentes eventos", completou.[8]

Em termos de Restauradores que se tornaram totens de recuperação financeira, Stephen Hester não deixa nada a dever a Tim Parker, John McFarlane e Sir Christopher Bland. Ele era o diretor executivo do Royal Bank of Scotland (RBS) no rescaldo da crise financeira de 2008, quando houve necessidade de um resgate financeiro de 45 bilhões de libras. Quando Ross McEwan assumiu o cargo de diretor executivo do RBS em 2013, seu diretor financeiro Bruce Van Saun lhe presenteou com um capacete de hipismo. Foi uma transferência de cargo simbólica.

A imagem de Hester a cavalo, saindo para caçar raposas, atravessou o debate sobre a RBS e seus esforços de reavivamento. Um janota como aquele no comando de um banco "do povo", de propriedade majoritária dos contribuintes, não pegava bem. Hester se tornou um para-raios de críticas por ousar pensar que merecia receber um bônus. Por sua vez, Hester não saiu para andar a cavalo desde que a infame imagem tinha sido espalhada em 2008, antes de ingressar no RBS. Não é de se surpreender que McEwan não tenha sequer experimentado o capacete.

Os Restauradores são frequentemente colocados no olho do furacão e seu próprio bem-estar pode acabar sendo sacrificado. Hester perdeu muito peso e seu casamento ruiu enquanto esteve na liderança do RBS. Se fosse apenas para consertar um negócio qualquer, ele poderia ter ficado bem, mas o caráter público de tudo relacionado ao resgate financeiro — manchetes de jornais falando sobre o assunto, debates levantados no Parlamento, o escrutínio diário de milhões de pessoas — foi algo que o sobrecarregou. Por alguns anos, Hester não foi apenas o Restaurador mais comentado do Reino Unido, como também o diretor executivo mais comentado.

Depois de ter sido basicamente removido do cargo pelo governo em 2013, Hester foi parar quase imediatamente na RSA, outro grupo com sigla de três letras que figurava no índice FTSE 100 e estava atolado em problemas. Era, sim, uma empresa que precisava de conserto, porém era peixe pequeno em comparação com o RBS, que mudou de nome para NatWest Group em julho de 2020. O alívio de se livrar daquilo foi óbvio.

Na época em que liderou o RBS, os ministros do governo foram claros: a primeira e única missão de Hester era conseguir o dinheiro do país de volta. Entretanto, ele tinha outras prioridades. Em primeiro lugar, sabia que teria que encolher drasticamente as dimensões do negócio para recuperar a fé dos mercados monetários globais e dos acionistas e clientes que estavam dando as costas para o banco após a construção do império do líder anterior, Fred Goodwin. Oito meses no conselho do Northern Rock não puderam prepará-lo para a provação que enfrentaria. Após uma revisão estratégica que estabeleceu quais ativos o novo RBS deveria manter e quais deveria vender, Hester eliminou empréstimos ruins que totalizavam três bilhões de libras em prejuízo em seus primeiros três meses no leme do navio, e em três anos reduziu o balanço do banco em mais de 600 bilhões de libras.

Já em 2014, quando assumiu a seguradora RSA, proprietária da marca More Than, precisava ser tão rápido quanto. Outra pessoa poderia ter se sentido intimidada por uma empresa que parecia ter esgotado seus recursos financeiros ao longo dos anos, à medida que as condições de mercado declinavam. O prognóstico de Hester foi incisivo: "No começo de tudo, o mais importante é se certificar de que o que está por trás da empresa seja consistente, porque, se você medicar um paciente com uma doença fatal, ele morrerá de qualquer jeito."[9]

Ele emitiu 773 milhões de libras em ações e iniciou um programa de vendas para reparar o balanço desgastado. Porém, tal como ocorre com a maioria das recuperações financeiras, seria um processo de duas velocidades. Depois de consertar as finanças, leva muito mais tempo para reparar a reputação, a oferta de produto e os números comerciais. Hester também teve que explicar aos 23 mil funcionários sob sua liderança o porquê da mudança repentina na atmosfera geral da empresa, e rápido. Ele sempre foi firme em sua convicção de que um Restaurador deve ser honesto com aqueles ao seu redor — e consigo mesmo, quando o momento de seguir em frente chega. "Acho que você tem que ser honesto sobre o que vê, mas, ao dirigir uma empresa, também tem que ser pragmático", disse.[10]

Restaurado por enquanto

Dame Moya Greene adverte que o trabalho de um Restaurador nunca termina. "Se quiser ver a rapidez com que as coisas podem desmoronar neste ramo, veja o Canada Post hoje", disse ela em 2013, quando sua recuperação financeira no Royal Mail começou a dar frutos. "Depois que eu saí, eles tiveram uma greve nacional e perderam muita coisa."[11] Àquela altura, o Royal Mail estava em melhor forma: os lucros anuais haviam quase triplicado para 403 milhões de libras, a produtividade aumentara — assim como o custo de um selo de primeira classe, de 46 pence para 60 pence —, e em outubro de 2013 a empresa faria sua estreia na bolsa de valores, em uma virada milagrosa de acontecimentos.

Dame Moya deixou o cargo de diretora executiva em junho de 2018. O sucesso de sua empreitada derivou da domesticação de sindicatos, da redução de custos, dos investimentos aplicados e da negociação de um acordo regulatório mais fácil — tudo isso mantendo uma obrigação de serviço universal (USO, na sigla em inglês) de que as cartas seriam entregues seis dias por semana, pelo mesmo preço, independentemente da lonjura. Crucialmente, ela persuadiu o governo a privatizar grande parte do compromisso de pensão que vinha drenando tanto dinheiro do Royal Mail.

No entanto, em maio de 2019, o preço das ações da empresa estava afundando e o dividendo foi cortado. O sucessor de Dame Moya, Rico Back, que tinha dirigido a filial europeia de entregas do grupo, muito lucrativa por sinal, precisou anunciar uma nova estratégia de recuperação financeira para impulsionar as margens de lucro e aumentar a produtividade, prometendo injetar 1,8 bilhão de libras nos negócios do Reino Unido. No segundo semestre, o Communication Workers Union, cujos ânimos Dame Moya havia passado tanto tempo apaziguando, estava organizando greves para seus membros. Em maio de 2020, com a pressão acumulada pela pandemia da covid-19 e as ações negociadas a pouco mais da metade de seu preço de flutuação, Rico Back se demitiu.

O desafio mais difícil para qualquer Restaurador é pedir-lhes que provem o sucesso que tiveram na restauração de uma empresa em uma base sustentável. É ótimo anunciar um plano detalhado e agressivo de recuperação em cinco partes, porém, se for para não dar em nada, é melhor nem se incomodar. Não vale a pena recrutar líderes que criam burburinho a curto prazo e não assumem a responsabilidade pelo resultado a longo prazo.

Uma resposta cínica a esse desafio, apoiada por tantas recuperações financeiras baseadas na intervenção de empresas de private equity, é que algumas restaurações são um remendo que funciona apenas por tempo suficiente para que o plano de incentivo de longo prazo possa fazer efeito, ou até que investidores desavisados adquiram ações na oferta pública inicial. Certamente, o ônus da dívida introduzido pelos empresários do private equity pode empurrar as empresas ladeira abaixo rapidamente se o retorno não corresponder às previsões. A demissão de muitos funcionários pode apagar a memória corporativa, abater os ânimos e a reputação e mutilar a base de habilidades da empresa — métricas que não são fáceis de rastrear na conta de lucros e perdas.

A melhor resposta é dizer que nada dura para sempre. Auditores que tentam justificar sua própria existência quando um escândalo de contabilidade surge dizem que a avaria de um carro não pode ser atribuída ao último mecânico que o consertou se o veículo tiver sido conduzido à distância suficiente da oficina. Se o chefe não é mais o chefe, quaisquer que sejam os problemas que surjam, não são problemas dele.

Melhor para viajar

Harriet Green foi elogiada pelo resgate rápido que operou no Thomas Cook Group, empresa de viagens e turismo — embora os elogios tenham desaparecido à medida que a empresa britânica se aproximava de sua falência. Finalmente sucumbiu em setembro de 2019, cinco anos após a saída de Green, desencadeando a maior repatriação já vista em tempos de paz. Sobrou para a Civil Aviation Authority, que precisou levar para casa cerca de 150 mil turistas encalhados em terras estrangeiras com climas ensolarados.

Os 28 meses de Green no comando foram certamente um choque. É difícil saber se o Thomas Cook teria ido à falência mais cedo caso Green não tivesse tentado repará-lo com tanto afinco. A sorte e as circunstâncias têm um grande papel na eficácia de qualquer líder. Os diretores executivos falam sobre sua eficácia em mudar o rumo das coisas, mas se as condições do mercado estiverem ruins — como estiveram no mercado de viagens, assim como no mercado de entregas — o melhor que pode ser feito é tentar proteger as empresas do pior.

Na metade do tempo de Green no Thomas Cook, os sinais de uma recuperação financeira eram evidentes e os investidores estavam entusiasmados. As ações haviam subido dez vezes graças à decisão rápida de engatar um refinanciamento de 1,6 bilhão de libras, às várias vendas de ativos, ao ânimo injetado na força de trabalho e ao escrutínio que identificou pontos nos quais poderiam economizar 400 milhões de libras em custos, ao mesmo tempo em que Green tentou provar que ainda havia valor no modelo tradicional de agência de viagens, em uma época em que os amantes de sol e mar achavam mais fácil procurar pechinchas online. Os investidores, os clientes e a mídia podiam ver que estava tudo caminhando.

Green explicou que não gostava de ficar parada. Tendo passado seis anos na Premier Farnell, distribuidora de peças eletrônicas, estava ansiosa por seu próximo cargo e escreveu para o presidente do conselho do Thomas Cook oferecendo seus serviços. "A gente sabe quando é a hora", disse ela, descrevendo o momento em que decidiu seguir em frente. "Eu sei por que estou mudando de lugar. Minha razão para estar em determinada empresa, que é fazer mudanças profundas, precisa estar embutida no cargo."[12]

Para Green, consertar o que está quebrado é um instinto de sobrevivência que ela aprendeu quando trabalhou na Arrow, distribuidora de semicondutores. Ela explicou: "Quando você desembarca na Coreia para dar jeito em um negócio que acabou de ser comprado, e seu coreano não é tão bom assim, e talvez você não esteja no ambiente mais acolhedor, você desenvolve resiliência para lidar com diferentes culturas e diferentes situações."[13] Green assumiu outras tarefas difíceis, em lugares como a África subsaariana, em tentativas de se provar cedo neste mundo corporativo dominado por homens.

Em outubro de 2019, falando sobre o fracasso do Thomas Cook, no inquérito do Comitê de Negócios, Energia e Estratégia Industrial, Green revelou que houve desacordos sobre a escala e o ritmo das mudanças na empresa, que levaram à sua partida em novembro de 2014. "Certamente a diretoria e eu tivemos desacordos sobre os ativos e sobre o ritmo de uma transformação digital, que exige comprometimento diário", disse ela. "Estávamos mudando o DNA de uma empresa, assim como fiz na Premier Farnell, o que deu muito certo durante um período de seis anos. Tivemos divergências de opinião no Thomas Cook."[14]

Uma entrevista que ela concedeu durante uma sessão de ioga de manhã cedo em seu quarto de hotel no Mayfair (a manchete era *How to be a superboss* [Como ser uma superchefe])[15], publicada no *The Times* em outubro de 2014 e muito mal interpretada, também não ajudou. Como Stephen Hester, Green sabia que estava se tornando impossível fazer seu trabalho quando o apoio da diretoria e dos acionistas com o qual qualquer Restaurador precisa contar começou a diminuir.

Os Restauradores têm muito menos poder do que os Alfas, e essa é a maior diferença entre eles. São líderes contratados para salvar uma empresa, mas, quando o perigo imediato passa, a diretoria, que procura uma vida mais fácil, pode optar por encontrar um líder menos rigoroso e menos propenso a abalar as estruturas.

O tratamento de choque corporativo também não funciona sempre. No entanto, como as empresas estão sempre se metendo em apuros, alguém tem que tentar. O que fica claro no exemplo do Royal Mail é que os Restauradores têm um papel-chave a desempenhar, mas que declarar que uma empresa foi restaurada é perigoso. Os negócios continuam se desenvolvendo e competindo. É como se fossem entidades vivas. No caso do Royal Mail, o fracasso em manter a simpatia dos sindicatos pode sugerir um legado frágil; entretanto, definitivamente era uma responsabilidade que foi transferida assim que Dame Moya Greene deixou o cargo de liderança.

Apesar da temível reputação que fomentam, é evidente que os Restauradores nem sempre são eficazes. É um fato, porém, que os catalisadores de mudança são essenciais para as empresas em dificuldades. A outra alternativa seria nunca entrar em crise. Seria algo como uma "restauração perpétua".

Há um bom exemplo desse estilo de liderança na Diageo. Quando o modesto indiano Ivan Menezes sucedeu a Paul Walsh no leme da empresa de bebidas alcoólicas em 2013, não estava tão claro que a empresa precisava de conserto. Walsh foi um bom jogador, na vida privada e na pública, e se destacou pelas gigantescas aquisições que selou para colocar a empresa entre os grandes da indústria do consumo. O patrimônio era forte e os mercados finais eram lucrativos. A Diageo estava em dia até mesmo com o que o lobby da conscientização sobre bebidas alcoólicas esperava.

Mas a troca aconteceu na hora certa. Menezes silenciosamente fez a empresa funcionar melhor, concentrando-a em suas marcas premium, incluindo o uísque Johnnie Walker, a vodka Ciroc e o gin Tanqueray, vendendo o luxuoso hotel escocês Gleneagles por 200 milhões de libras, simplificando as camadas de gestão e despejando milhões no marketing. Essa iniciativa de restauração perpétua, um ciclo contínuo de melhoria operacional, é o tipo de constância que Harriet Green admitiu que facilmente a deixa entediada.

Simplesmente gerir melhor os negócios deve ser a ambição de todo líder corporativo, porém, se todos fossem bem-sucedidos nisso, os Restauradores estariam desempregados. Muitos fatores externos, altos e baixos, sorte e azar e decisões equivocadas não deixarão isso acontecer. Afinal de contas, nenhum diretor executivo está lá para gerir mal um negócio de propósito. Os Restauradores se destacam por compreenderem os desafios e os panoramas, por seguir a trilha do dinheiro, por convencer funcionários e fornecedores a ficar do lado da empresa e por colocar toda essa operação em prática com rapidez, da melhor maneira possível. Ainda assim, uma estratégia de três anos — ou três meses — deve levar a outra. Uma empresa não pode ficar à deriva, mas também não pode viver em base de guerra permanente. A vida após a restauração exige outro tipo de líder.

OS RESTAURADORES EM RESUMO

Pontos fortes: são rápidos, destemidos, diretos, não se importam com popularidade (ou, pelo contrário, são admirados por impulsionar a motivação da força de trabalho).

Pontos fracos: ficam por pouco tempo em um único lugar, assumem grandes riscos e são impiedosos.

Habitat natural: onde haja situações de crise ou empresas com baixo desempenho precisando de resgate.

Onde você os encontrará: comandando o leme de algum navio em direção à esperança, quando esta estiver perdida.

CAPÍTULO TRÊS

Vendedores

O mercado dos medicamentos

Por um período de três meses em 1977, um jovem ambicioso com um sotaque curioso foi de clínica em clínica, por toda Colombo, capital do estado de Ohio, nos EUA.

Ele fazia parte de uma legião dos chamados "homens de detalhes", enviados por empresas farmacêuticas para comunicar informações sobre os mais recentes tratamentos desenvolvidos, na esperança de que os médicos que recebiam as visitas os prescrevessem aos seus pacientes.

Sentado calmamente ao lado dos pacientes na sala de espera dos consultórios, este tipo de vendedor estaria elegantemente vestido com um terno e, muitas vezes, usando um chapéu. Ele esperaria por uma brecha entre as consultas ou aproveitaria alguns minutos em que o médico saísse para tomar um ar. Quando chegasse o momento, ele falaria de aniversários, do desempenho do time local de beisebol ou sobre como tem passado a família do médico. E então a conversa fiada se encaminharia ao último medicamento lançado no mercado ou a novos relatórios publicados sobre sua eficácia.

Carregar uma maleta com amostras continua sendo uma tradição no mundo farmacêutico, ainda que hoje em dia os médicos obtenham suas informações sobre medicamentos de muitas fontes e tenham ficado céticos quanto a essa dinâmica com os representantes de vendas. Ainda assim, o elo entre a comunicação direta e a venda de produto ainda não se partiu. A maleta, nunca muito longe dos pés do vendedor, contém as mesmas ferramentas do ofício que tinha nos anos 1970: amostras de remédios, artigos de pesquisa, canetas, bloquinhos e canecas. Esses brindes embelezados com logotipos foram projetados para fixar os produtos na mente do médico muito tempo depois da partida do "homem (ou mulher) de detalhes" para sua próxima reunião.

Além da maleta, o vendedor ganharia um carro, uma conta para despesas corporativas e um bônus, desde que as quotas de vendas fossem cumpridas. Dirigir de reunião em reunião podia mesmo ser uma existência solitária. Havia os dias de rejeição, e era tudo muito cansativo no geral. Pense no oposto do exausto e fracassado Willy Loman da peça *A Morte de um Caixeiro-viajante*, de Arthur Miller. Esse representante de vendas de Colombo aprendeu a pensar por si próprio e entendeu a importância de compreender os fatos. Foi um interlúdio de uma carreira memorável que o colocaria em destaque. Em vez de um soldado comum que vivia o sonho americano, dentro de 21 anos ele estaria liderando a corporação cuja maleta ele carregava de consultório em consultório, dia após dia.

Já em 1998, o marroquino Sidney Taurel, cujo sotaque francês o distinguia dos demais representantes de Ohio e era assunto nas primeiras reuniões que tinha com os médicos, estaria pesquisando as tendências globais sentado em seu escritório em Indianápolis, a três horas de Colombo. É lá que fica a Eli Lilly, a gigante farmacêutica, mais conhecida por trazer o antidepressivo Prozac para o mundo.

"Quando você é realmente bom, você é um consultor para o médico", disse Taurel, lembrando-se de seus meses como vendedor. "Você traz seu conhecimento especializado sobre o produto. É preciso fazer isso respeitando a experiência médica do sujeito, mas eles não sabem tanto sobre o produto quanto os representantes de vendas." Havia seis anos que Taurel estava na Eli Lilly quando o mandaram a campo para aprender a vender. Sua formação inicial era em marketing, tendo desempenhado funções no Brasil e na Europa Oriental.

Vendas e marketing são duas faces da mesma moeda. Uma tenta iniciar a conversa com o cliente através de campanhas envolventes e construção de marca, e a outra se certifica de fechar a conversa completando a transação, auxiliada pela inteligência de mercado e pelo conhecimento do produto. As vendas e o marketing estão unidos por uma mesma ambição de aprimorar a comunicação, aumentar o faturamento e superar a concorrência.

A outra coisa que os une é o fato de que essas frentes não costumavam criar tantos líderes. A tecnologia da informação e a computação foram exceções dentro desses nichos, pois os produtos eram complicados e revolucionários, em uma indústria em rápida mudança. Isso explica em parte a ascensão de Ginni Rometty, na IBM, Steve Ballmer, na Microsoft e Meg Whitman, que passou pelo Ebay e atualmente é chefe na Hewlett-Packard. Mas, agora, se pararmos para pensar, há inúmeros Vendedores notáveis que chegaram ao topo em muitos setores. Uma série de executivos começaram suas carreiras promovendo sabonetes e outras coisas pequenas nas gigantes Unilever e Procter & Gamble (das quais falaremos depois).

A ascensão dos Vendedores como líderes prolíficos é um fenômeno moderno, ligado à mudança de muitos países para uma economia de serviços, ao declínio da manufatura e à liberalização de empresas anteriormente administradas pelo Estado que impulsionaram nova concorrência. Dada as novas demandas de mídia e os riscos maiores envolvendo a reputação das empresas, as habilidades de comunicação se tornaram uma necessidade. Líderes com senso inato de conexão com o cliente e de promoção de seus produtos têm vantagem sobre muitos outros. Eles são apresentáveis, confiantes e persuasivos e, na construção de carreiras ambiciosas, os Vendedores também são bons em vender a si mesmos.

Um homem da medicina

A Eli Lilly foi construída com base nas vendas. A empresa foi fundada em 1876 pelo Coronel Lilly, um químico farmacêutico, veterano da Guerra Civil dos EUA, que ficou frustrado com os medicamentos ineficazes da época. Os primeiros sucessos incluíram a produção em massa da vacina contra a poliomielite e da insulina. Mas os pioneiros da indústria farmacêutica, incluindo Eli Lilly, logo perceberam que desenvolver grandes produtos não adiantaria nada se não desenvolvessem também grandes rotas para a comercialização.

"A venda é, naturalmente, uma condição *sine qua non*, mas você também deve ter um bom conhecimento do produto e ser realmente objetivo na forma como apresenta as vantagens e as desvantagens, e não tentar vender mais do que pode", disse Taurel, que entrou na firma no setor de marketing em 1971, após estudar na École des Hautes Études Commerciales em Paris e receber um MBA da Universidade Columbia em Nova York. "O que eu também aprendi foi que este era um trabalho solitário. Você tem que ter iniciativa própria e constantemente motivar a si mesmo", afirmou.

Taurel teve pouco tempo para construir os relacionamentos com médicos e pessoal administrativo que, posteriormente, durariam anos e sustentariam muitos de seus colegas vendedores na estrada. Em 1977, foi gerente de um distrito inteiro, coordenando uma equipe de vendedores. Foi a preparação para os cargos seniores que ocuparia em sua ascensão na empresa. Aos 28 anos de idade, Taurel voltou a cruzar o Atlântico para ser diretor de vendas na França, onde havia estudado menos de uma década antes, com uma equipe de 150 pessoas sob seu comando.

Atualmente, é um homem erudito, expansivo, bronzeado, descansado e ainda muito requisitado, presidente do grupo educacional britânico Pearson desde 2016 e ocupante de uma cadeira no conselho administrativo da IBM, gigante da TI, desde 2001.

"A indústria farmacêutica é uma indústria de alto risco e de alta margem de lucro. O valor de cada cliente é alto", acrescentou. Isso explica por que se gasta tanto para conquistar e manter cada um deles. Nos anos 1970, fazendo uso de pesquisas de opinião e análise de dados de vendas, a indústria farmacêutica estava muito à frente dos outros setores na busca pela compreensão das necessidades dos consumidores e no treinamento adequado de seus vendedores. A Eli Lilly tinha bom conhecimento sobre os hábitos dos médicos e conseguia cruzar informações sobre seu comportamento com informações coletadas em farmácias. Isso ajudava a empresa a visar os médicos mais relevantes de cada região — aqueles que atendiam o maior número de pacientes, prescreviam o maior número de receituários e que tinham mais chances de exercer uma influência local.

Além disso, muito trabalho foi dedicado a compreender os modos como os produtos da Eli Lilly se associavam aos outros recursos à disposição dos médicos, os prós e os contras. Durante a breve passagem de Taurel pelas vendas, os produtos do grupo incluíam Keflex, um antibiótico, e Dobutrex, um medicamento para o coração. Junto com o desenvolvimento dos medicamentos, essa é a outra função essencial da empresa.

"Os dois fatores-chave são o investimento em pesquisas científicas bem-sucedidas, com foco nas necessidades médicas não atendidas, e bons esforços de marketing para garantir que esses produtos sejam usados adequadamente pelos médicos", acrescentou ele. As margens de lucro generosas ensejavam que as forças de vendas não precisavam vigiar de perto o que estava acontecendo. "Havia relativamente pouca necessidade de muito esforço para cortar custos e ser realmente eficiente, de modo que a indústria ficou feliz por muito tempo. Agora, isso mudou."

Levanta-se a questão de quais habilidades um Vendedor tem que empregar quando apenas vender não é suficiente. As organizações que possuem marcas fortes precisam sustentar margens mais altas do que aquelas com marcas fracas, que cortam os preços para ganhar espaço no mercado. Há momentos em que as vendas não sobem inexoravelmente e a concorrência abre vantagem.

É preciso mais do que um discurso de venda polido e astúcia marketeira para que os Vendedores prosperem em cargos de liderança. Eles devem ampliar a visão para criar estratégias e controlar custos. Esse teste de versatilidade envolve o maior desafio promocional de todos: vender a si mesmos para presidentes e acionistas como o pacote completo de liderança.

Os colaboradores da P&G

Foi o suéter de Gavin Patterson que chamou a atenção. O futuro diretor executivo da BT, principal empresa de telecomunicações do Reino Unido, estava caminhando na agitada feira de carreiras na Universidade de Cambridge, em novembro de 1989, quando alguém gritou: "Você joga críquete?"

Apesar de suas vestes elegantes, Patterson não jogava. Ainda assim, em vez de ir para o estande seguinte, de outra empresa que estava na cidade a fim de atrair os alunos mais brilhantes para o seu programa de graduandos, ele parou para conversar, e dali nasceu uma carreira.

Nasceu também uma amizade. Em uma manobra notável do destino, na equipe da Procter & Gamble naquele dia estava um jovem chamado Philip Jansen. Quase trinta anos mais tarde, em fevereiro de 2019, Jansen sucederia Patterson na liderança da BT.

Eles não foram os únicos que saíram da linha de produção de liderança da empresa. Ao longo de uma década de ouro, a gigante norte-americana de bens de consumo gerou um número notável de Vendedores, tanto no Reino Unido como internacionalmente. A P&G treinou seus recrutas com base em lições de vendas e marketing, o que ajuda a explicar como foram transformados em bons líderes.

A lista de chefes que saíram de lá é certamente impressionante. Depois de vender muito xampu e desodorante, os ex-aprendizes da P&G dirigiram empresas em que vendiam carros de luxo, roupas, internet, seguros e TV por assinatura. Contudo, eles não simplesmente trocaram uma linha de produtos por outra mais cara — eles se tornaram diretores executivos requisitados, em vez de permanecerem no setor de venda ou de marketing.

Fabrizio Freda, nascido em Nápoles, nomeado diretor executivo do grupo de maquiagem e perfumaria Estée Lauder em 2009, fez parte da P&G e, à época, chegou à presidência de sua divisão global de petiscos. Patrice Louvet, nomeado diretor executivo da Ralph Lauren em 2017, iniciou sua carreira no departamento de marketing da P&G na França em 1989, tendo sido sua experiência inicial na área de cuidados para o cabelo. Allison Kirkby, que passou vinte anos na P&G, até 2010, tornou-se diretora executiva da Telia, empresa escandinava de telecomunicações, e também faz parte da diretoria da BT como diretora não executiva. Chris de Lapuente ingressou na LVMH em 2011 como diretor executivo da Sephora e posteriormente assumiu a responsabilidade por muitas das marcas de perfumes e cosméticos do grupo. Ele começou na P&G em 1983 e em 2004 se tornou o mais jovem presidente, encarregado da divisão de cuidados para o cabelo.

A lista de líderes Vendedores saídos da P&G continua: em 2020, Stefan Bomhard saiu da Inchape, distribuidora de carros de luxo, para dirigir o grupo de tabaco Imperial Brands; Chip Bergh lidera a fabricante de jeans Levi Strauss desde 2011; Chris Pilling comandou a Yorkshire Building Society de 2012 a 2016; e John Hardie esteve à frente da emissora britânica ITN até 2018, depois de quase uma década no comando. Quanto a Patterson, em julho de 2020 ele se tornou presidente e diretor de receita da Salesforce, empresa norte-americana de software em nuvem em rápido crescimento, assumindo a liderança da organização global de vendas.

Passar os anos iniciais de uma carreira trabalhando próximo à ponta final da cadeia de consumo pode ajudar um executivo a chegar longe. Trabalhar como vendedor na linha de frente ajuda a formar caráter profissional — o que é outra forma de dizer que pode ser uma tarefa árdua. Andy Cosslett ganhou notoriedade ao dirigir o Intercontinental Hotels Group, após quatorze anos na Cadbury Schweppes. Ele também assumiu o comando da Fitness First, cadeia de academias que tinha passado por uma reconstrução financeira e estava sofrendo com a queda do número de membros. Mesmo com esse currículo, ainda se lembra com orgulho dos anos que passou na Unilever.

Cosslett, que agora é presidente do conselho da Rugby Football Union desde 2016, e desde 2017 da Kingfisher, proprietária da cadeia de bricolagem B&Q, visitava lojas de esquina por toda Liverpool em pleno inverno no início da carreira. Como representante de vendas do sorvete Wall's, vender areia para os árabes poderia ter sido mais fácil. Porém, aquilo lhe ensinou perseverança — e também a questionar os resultados de pesquisas com os clientes. "Lembro-me de pesquisas que diziam que nenhum homem pagaria mais de 50 pence por um sorvete e que eles não segurariam nada que tivesse uma vara na ponta. E agora veja o sucesso do Magnum", disse.[1] Esse é o poder do marketing e das vendas.

Fundada em 1837, a P&G sempre foi uma empresa em que produto e divulgação andam de mãos dadas. Uma de suas primeiras marcas, o sabonete Ivory, inventado por James Gamble, deve muito de seu sucesso à forma como foi comercializado por Harley Procter como o sabonete revolucionário que flutua na banheira. Essa era uma característica útil quando as pessoas se lavavam em rios turvos. Para acrescentar mais verniz à propaganda, o Ivory foi enviado a professores universitários de química para que validassem sua falta de impurezas.

Cento e cinquenta anos depois, a alta taxa da P&G na produção de líderes Vendedores tem muito a ver com o valor dado ao marketing, além da valorização desse perfil no momento da contratação de novos talentos. Gavin Patterson estava de olho na empresa antes de ser avistado por Jansen naquele dia, em 1989, na feira de carreiras. Ele estava procurando "a melhor educação empresarial que pudesse encontrar".

Patterson era um empresário júnior em seu tempo de universidade e montou uma empresa de pesquisa de mercado chamada Cambridge Surveys, que investigava o corpo estudantil a respeito de vários assuntos, principalmente ligados ao recrutamento do mercado de trabalho. Ele já era um Vendedor nato. Em vez de bens de consumo, seu produto oferecia acesso ao que estava na mente dos frequentadores da Universidade de Cambridge. Patterson conseguiu inclusive um vínculo com a Gallup, empresa pioneira do ramo de pesquisas de opinião.

"Ganhei muito dinheiro", disse ele, lembrando daquela época. "Concluí que gostava muito de fazer aquilo, mas que precisava aprender a fazê-lo de forma mais profissional."

Patterson não foi o único futuro colaborador da P&G que chegou lá com experiência em lucrar. Tim Davie, diretor-geral da BBC, comercializou o xampu Vidal Sassoon e o spray corporal Insignia na época de P&G. Antes disso, ele organizou festas durante seus anos em Cambridge, em parceria com Christian Tattersfield, que viria a ser o chefe da Warner Music no Reino Unido. John Vincent, o cofundador da Leon, cadeia de fast-food saudável, realizava eventos ao lado de Richard Reed, um dos cérebros por trás da Innocent Drinks, que também passou quatro anos na P&G.

No fim dos anos 1980, eram poucas as empresas britânicas com verdadeiro espírito empreendedor. Como empresa que valorizava o poder do marketing, a P&G se destacou por meio de muita publicidade nas mídias estudantis, com slogans atraentes como "Nós ensinaremos como administrar um negócio aos 25 anos". É notável que não era preciso cursar marketing para o recrutamento, ainda que ajudasse muito o trabalho que os candidatos precisariam executar. A P&G também utilizava os próprios recrutas — como Jansen era na época em que abordou Patterson — para divulgar os méritos da empresa aos novos talentos a serem recrutados, enviando-os frequentemente à sua *alma mater* com essa finalidade.

Quantos recrutas cada um levava era fonte de orgulho e de competição. Tais táticas criavam um sentimento de camaradagem precoce entre os colaboradores da P&G. Chamados de "Proctoids", esses jovens conseguiam entusiasmar seus colegas ao relatar as vantagens das diferentes marcas de sabão líquido e as melhores técnicas de venda.

Aprendendo a vender

E, então, há o que eles realmente aprenderam. Aceitando não mais de quinze candidatos a cada ano para o setor de marketing e para um programa similar no setor de vendas, entrar para a P&G era um excelente começo de carreira, onde havia grande liberdade dentro de uma estrutura rígida. Depois de despertar o interesse em feiras de carreira, um curso de férias era realizado no Natal, no último ano acadêmico dos estudantes. Os potenciais candidatos podiam aprender o básico antes de assinar o contrato e a P&G podia observá-los em ação e dispensar quem não servia. Havia outra divisão, entre o norte e o sul da Inglaterra. A P&G tinha empreendimentos em Gosforth e em Egham, onde Patterson foi parar.

No primeiro dia de setembro, os novatos eram imediatamente distribuídos entre as marcas. Muitas vezes, eram marcas que já existiam havia décadas, e os recém-chegados eram convidados a pensar sobre o que a marca significava para eles e a relação dos produtos com a base de clientes de longa data. Patterson foi alocado na equipe do pós-barba Old Spice em seu primeiro ano, antes de ser transferido para a divisão de cuidados para o cabelo. Essa distribuição era bastante aleatória, e todos acabavam sendo transferidos para outras marcas cerca de dezoito meses depois. É um detalhe menor, mas essas rotações eram controladas pelos níveis superiores, para evitar a estagnação natural que acontece em muitas organizações.

"Para realmente desenvolver pessoas, você precisa movê-las sem que seus gerentes interfiram", disse Patterson. "A gente gosta de pensar que eles têm consideração por seus interesses a longo prazo, mas, quando alguém é muito bom, o chefe nunca o liberta."

A P&G era peculiar porque não só estimulava o crescimento interno, como era uma empresa norte-americana que quase exclusivamente preferia talentos do Reino Unido. Para quem tinha ótimo desempenho, isso significava que o progresso era rápido. Do cargo de gerente assistente de marca, em três anos, os recrutas chegavam a gerente de marca. Em duas ou três posições diferentes ao longo de cinco anos, funcionários de vinte e poucos anos desenvolviam planos de marketing, embalagens de produtos e campanhas publicitárias. Os dados e a criatividade andavam lado a lado. Eles sabiam quase tudo sobre os produtos que preenchiam as prateleiras dos supermercados, incluindo como cada marca se destacava em relação à concorrência. Muito tempo era dedicado a pensar nas estratégias e nos tipos de cliente, por meio de grupos de análise focada e pesquisa quantitativa de mercado. Havia muita interação entre as funções internas. Como cada marca era administrada de forma independente em cada país, com 80% das decisões sendo tomadas localmente, era como se administrassem uma miniempresa dentro de uma empresa.

Dois anos depois de ingressar na P&G, Patterson pôde usufruir do peso da responsabilidade. Na época, ele era gerente sênior da marca de xampu Wash & Go, que teve uma campanha publicitária memorável. O chefe de Patterson deixou a organização, e a chefe de seu chefe saiu em licença-maternidade. Durante um ano ele operou sem duas camadas de gerência acima de si, e a P&G ficou feliz em deixá-lo continuar fazendo o que estava fazendo, fechando contratos de publicidade de um milhão de libras cada para ocupar espaço em jornais e na TV.

"Em muitos aspectos, não é um trabalho de marketing no sentido tradicional da palavra", disse ele. "Dentro de um ano ou dois você passa a gerenciar a rentabilidade de uma marca, e o marketing é visto como a principal demanda." Patterson já havia sido transferido para um cargo na Europa antes de receber uma promoção e se tornar o diretor de marketing da Pantene, em 1994. A marca era relativamente nova no portfólio da P&G, fruto de uma aquisição. Entretanto, cresceu rapidamente e se tornou a terceira maior marca de toda a empresa.

"A P&G era um lugar incomum, pois de cara dava responsabilidade às pessoas", disse Paul Geddes, outro dos colegas de Patterson, que foi trabalhar na gestão da seguradora Direct Line depois de ter sido responsável pelas marcas Max Factor e Fairy Non Bio. Ele acrescentou: "A P&G colocava marcas e fábricas inteiras nas mãos de jovens de 23 anos de idade e, se alguém tivesse alguma ideia, praticamente dizia 'vá em frente, coloque em prática'." Geddes elogiou essa postura por impulsionar os indivíduos: "Acho que essa mentalidade é algo que todos nós devemos levar para os nossos próprios negócios. Se você recebe um bom treinamento em um bom contexto, é incrível o que poderá fazer com esse estímulo e essa confiança do começo." Olhando em retrospecto, porém, ele questiona se era mesmo o melhor modelo de negócios: "Do modo como era, cada mercado tinha planos e produtos diferentes, por isso, era um pouco ineficiente. Agora, provavelmente não é mais a maneira como eles administram seus negócios."[2]

As coisas de fato mudaram no fim dos anos 1990. Uma nova sede britânica do setor de beleza foi construída em Weybridge, enquanto a sede de Egham se tornou basicamente um local para pesquisa e desenvolvimento. Os esforços do marketing, que tinham responsabilidade tanto pelos lucros quanto pelas perdas em toda a Europa, incluindo os que tinham sido executados a partir de Egham e Gosforth, foram gradualmente transferidos para Genebra.

As mudanças fizeram alguns dos melhores colaboradores da P&G saírem pela porta. Nessa época, Patterson era diretor de marketing do setor de cuidados para o cabelo na Europa. "Estava tudo pronto para ir a Genebra e então caí na real. Eu provavelmente estaria deixando o Reino Unido para sempre porque, da maneira como eles estavam reconfigurando o negócio, a única posição acima da minha era a de gerente geral do Reino Unido." Ele concluiu que tinha poucas chances de conseguir o cargo e, como estava começando a formar uma família com sua esposa, Karen, preferiu não iniciar uma carreira internacional (do tipo que Sidney Taurel, da Eli Lilly, tanto gostava). Em 1999, após nove anos na P&G, pediu demissão. Quase todos os seus colegas de 1990 já haviam partido.

Anunciada em 1998, a Organization 2005 foi uma nova estrutura empresarial projetada para impulsionar inovações mais rápidas na P&G. Na realidade, o que ela fez foi padronizar grande parte das atividades que antes proporcionaram o sucesso da equipe de Patterson. Era o presságio de um período de crise para a empresa, talvez o pior em seus 183 anos de história.

Mas não durou muito tempo. A chegada de A. G. Lafley como diretor executivo em junho de 2000 levou a um notável crescimento. Nos cinco anos seguintes, a P&G aumentou as vendas em mais de 40%, dobrou os lucros, gerou mais de 30 bilhões de dólares em fluxo de caixa livre e mais de 70 bilhões de dólares em valor para os acionistas.

Os investidores estavam satisfeitos. Entretanto, talvez seja seguro afirmar que a maior contribuição da P&G para a economia britânica tenha ocorrido na década anterior, quando lançou as carreiras de dezenas de futuros líderes. Quando Lafley chegou para impulsionar os números, a maioria desses homens e mulheres especialistas em vendas e marketing já haviam deixado a empresa, a caminho de encontrar suas próprias posições de liderança.

Mike Clasper, ex-diretor executivo da British Airports Authority que, desde 2020, preside o grupo SSP, passou vários anos na P&G, antes mesmo da chegada de Patterson. Ele se recorda da empresa como "um lugar de intensa rivalidade na carreira, mas de colaboração diária", onde a conquista de prêmios por campanhas publicitárias comentadas tornou-se altamente valorizada. A colaboração daquela época se traduziria em uma estreita rede de contatos entre executivos que ainda se encontram regularmente, comparam experiências de carreira e estimulam uns aos outros. O sucesso dos membros desse clube exclusivo, escolhidos a dedo a partir de um conjunto restrito de universidades, derruba a teoria de que equipes diversificadas levam a melhores resultados, mas corrobora com a noção de que receber grandes responsabilidades precocemente gera apetite por mais e a confiança para ir atrás e conseguir.

Ecoando a abordagem que funcionou para o sabonete Ivory anos antes, Clasper acrescentou: “Na P&G, há dois fatores fundamentais de sucesso, que são a qualidade e inovação dos produtos e a criação e exploração de grandes marcas. Portanto, os ‘superpoderes’ são a pesquisa e desenvolvimento e o marketing. Destes, é o pessoal do marketing, mais do que ninguém, que é impulsionado na direção da gestão geral. Não é assim que funciona na maioria das empresas.” Portanto, esses líderes Vendedores, preparados para emergir do marketing (e, até certo ponto, do setor de vendas) poderiam ter superado a própria organização mesmo que ela não tivesse sido reorganizada.

O que veio em seguida foi fortuito. Os executivos que viveram a época lembram-se do crescimento da indústria de bens de consumo rápido e massivo (FMCG, na sigla em inglês) nos anos 1990 com nostalgia. Era regularmente o assunto das primeiras páginas dos jornais, até que a internet ganhou as manchetes. Os primeiros mecanismos de busca e comércio eletrônico estavam em voga; vender pasta de dentes não estava. De modo geral, as empresas tinham que trabalhar mais para ganhar a atenção de clientes encantados com as novas distrações.

“Muitos de nós fomos para o setor de telecomunicação e mídia porque era uma indústria que queria focar mais no consumidor”, explicou Patterson. “Se você quisesse encontrar pessoas em cujo DNA estivesse intrincado o interesse pela preferência do consumidor, só havia dois lugares para procurar: P&G e Unilever.”

As técnicas de marketing aprendidas em ambas as empresas se espalharam por uma série de indústrias. Na Sky, Jeremy Darroch, diretor executivo desde 2007, supervisionou um exercício de segmentação de mercado quando a emissora via satélite introduziu o serviço de baixo custo

Now TV em 2012. Os paralelos com o que Darroch aprendeu na P&G, onde trabalhou pelas marcas Clearasil e Vicks VapoRub, são nítidos. A empresa foi mestre na captação de clientes ao apresentar produtos mais baratos, como a marca de sabão em pó Daz Automatic, na esperança de um dia convencê-los a trocar pelo produto mais caro, como o sabão Ariel. A mesma lógica se aplica aos tipos de seguros que Paul Geddes operou na Direct Line.

Mais do que um marketeiro

Apesar do número crescente de diretores executivos que se originaram das áreas de vendas e de marketing, poucos deles querem ser definidos por isso. É apenas uma das funções que desempenharam e que, quando chegam à posição de diretor executivo, não recebe mais tanta importância. Essa postura é diametralmente oposta à de alguns chefes, como Lorde Browne de Madingley, que liderou a BP até 2007. Em meio a um mercado que clama por um influxo de talentos, ele faz questão de ser reconhecido como engenheiro.

Os líderes que se encaixam na categoria de Vendedores podem ter relutância em serem lembrados por uma função historicamente considerada leve quando comparada aos setores de contabilidade, direito ou pesquisa científica, ou talvez a época de elaboração de campanhas de marketing ou desenvolvimento de canais de vendas tenha sido há tanto tempo que preferem deixá-la para trás. De qualquer forma, é irônico o fato de que o marketing e as vendas são terreno fértil para futuros líderes, mas que provocam problemas de imagem entre os altos escalões corporativos.

Dave Lewis chegou a um ponto crucial em sua carreira no primeiro semestre de 2014, quando começou a trabalhar como diretor executivo do grupo britânico de supermercados Tesco, que estava passando por muitas crises, tanto quanto qualquer gigante líder de um setor poderia passar. Lewis passou de chefe de divisão na Unilever (embora fosse uma grande divisão, com marcas de cuidados para o cabelo, incluindo TRESemmé e Toni & Guy, que, por pouco, deixou de entrar no índice FTSE 100 por conta própria) a líder de uma das empresas mais conhecidas do Reino Unido.

A Tesco estava andando na corda bamba depois de uma segunda advertência por lucros abaixo do esperado, com dividendos cortados e pontos cegos identificados nas contas. O grupo que tinha implacavelmente dominado o mercado britânico no setor alimentício por uma geração, expandindo-se para o setor bancário e da telecomunicação, admitiu que perdera o jogo de cintura. Os grandes varejistas não podiam mais continuar abrindo novas lojas para impulsionar as vendas. Eles precisavam fazer algo a mais para continuar crescendo.

Lewis parecia ser um típico Vendedor: aprumado, de fala rápida, honesto, extremamente confiante, vestido com camisa branca e jeans escuro, ansioso em promover seus talentos. Assumir a Tesco era uma perspectiva assustadora, mas Lewis não tinha medo de destacar sua própria experiência diversificada. "Uma das coisas que amei, desde as favelas no Brasil até as ilhas de Java, é conseguir estabelecer essa conexão com os consumidores", disse ele.[3]

Falar de fatos incluía corrigir alguns equívocos. Lewis lançou o sabonete Dove no Reino Unido em 1992 — que cresceu até se tornar uma das maiores marcas da Unilever —, porém a campanha "Retratos da real beleza", pela qual tem sido tão frequentemente creditado, não foi criação sua. A campanha foi um sucesso nas passarelas. Começou com uma exposição patrocinada de trabalhos de fotógrafas, incluindo

Annie Leibovitz, em Toronto. Auxiliada por uma pesquisa de mercado que descobriu que apenas 2% das mulheres se consideravam bonitas, a Unilever colocou em pauta a conversa sobre a baixa autoestima e o caminho para o empoderamento.

Lewis deixou claro que estava acima de tal trabalho à época, ficando longe do Festival de Publicidade de Cannes, no qual sua divisão havia recebido inúmeros prêmios ao longo dos anos. Entretanto, ele estava orgulhoso de ter criado um ambiente que permitiu que sua equipe fizesse um ótimo trabalho criativo. Em contraste, estava muito mais tranquilo em relação ao rótulo "Dave Drástico", que surgiu na mídia depois que ele liderou uma reestruturação impiedosa na sede britânica da Unilever quando as vendas despencaram. Não foi nenhuma surpresa. Precisaria ser igualmente drástico para colocar a Tesco em forma, o que de fato fez, antes de deixar a empresa, em 2020.

Não seria uma campanha de marketing bonitinha que daria conta do serviço por ele, porém parte de seu sucesso na empreitada se deu pela melhora nas vendas, pois Lewis injetou alguma vida nas moribundas lojas britânicas que estavam sofrendo nas mãos das concorrentes com preços menores, Aldi e Lidl. É claro, o resgate também foi estrutural, estratégico — desmembrando ativos no exterior e adquirindo o mercado atacadista Booker — e cultural, uma vez que ele construiu relações mais amigáveis com fornecedores que tinham considerado a Tesco como uma inimiga por muitos anos. Lewis, o Vendedor, havia se tornado o pacote completo.

Stevie Spring teve atuação semelhante ao se tornar presidente da diretoria do British Council em 2019. A organização apoiada pelo estado é a principal ferramenta de fomentação cultural do Reino Unido, organizando desde exposições de arte até cursos de inglês ao redor do mundo em nome das boas relações internacionais. A organização emprega 12 mil pessoas em mais de cem países. Era muito apropriado, então, que alguém com formação em publicidade se tornasse o líder desse braço fundamental da força britânica, especialmente depois do Brexit.

Spring foi tão brilhante quanto sempre e ficou encantada por ter conseguido o cargo depois de inicialmente acreditar que só fora cotada na lista por questões de diversidade. No entanto, ela protestou por ter sido rotulada como alguém com uma única capacidade, embora já fizesse quase vinte anos que não trabalhava com publicidade — em agências como Young & Rubicam, Grey Group e Gold Greenlees Trott. Foi uma reclamação justa, porém, como qualquer líder Vendedor experiente, ela demonstrou que ainda sabia o impacto de uma boa campanha. "Quanto mais souberem e quanto mais confiarem na nossa mensagem, maior a propensão de virem estudar ou fazer negócios aqui", disse ela.[4]

O ex-diretor executivo da Direct Line, Paul Geddes — que desde 2019 lidera a QA, empresa britânica de educação digital — expandiu o assunto sobre os aprendizados da época da P&G que ele carregou para seus hábitos de liderança. "Algumas coisas são bastante valiosas", disse ele. "Muito do trabalho do CEO consiste na comunicação; outro ponto-chave é compreender o mercado e o cliente. No fim das contas, o CEO é uma espécie de marketeiro sênior. Ter alguém cuja competência é pesar todas as prioridades a favor das preferências do cliente é uma boa ideia."[5] Assim, o marketing é fundamental. Os Vendedores só têm que aprender o restante pelo caminho — e lidar com as críticas de que ser um profissional do marketing por si só não os prepara para o trabalho no topo da hierarquia.

Questões foram levantadas quando Tim Davie foi transferido do marketing para dirigir o vasto departamento de rádio da BBC em 2008. Como o homem que idealizou um relançamento da Pepsi ao trocar a logo vermelha do Daily Mirror por azul por um dia estaria qualificado para supervisionar preciosidades culturais como a série *The Archers* e o festival The Proms? Em 2014, alguns meses depois de ter sido transferido para um cargo subsequente, liderando a divisão comercial BBC Worldwide, ele respondeu: "Se é um novo território, as pessoas sempre fazem perguntas. Só há uma maneira de lidar com isso: fazer o trabalho." [6] Em 2020, Davie teve a maior das oportunidades de fazer o trabalho quando foi nomeado diretor-geral da BBC.

O fato é que se destacar no marketing é muitas vezes um passaporte para fora do departamento de marketing. Não é diferente com as vendas. Martina King é uma executiva experiente que, desde 2012, dirige a Featurespace, uma fintech da Universidade de Cambridge que combate fraudes com cartões de crédito. Ela começou a carreira em vendas — vendas por telefone com o *The Observer* e depois publicidade e classificados no *The Guardian*, onde ela trabalhou junto com a futura chefe da ITV, Dame Carolyn McCall. Isso a levou a trabalhar na Capital Radio, quando a estação estava em alta em Londres e o DJ Chris Tarrant acordava metade da cidade com seu imperdível programa da manhã. O trabalho de King era persuadir os anunciantes de que a rádio comercial não merecia a má reputação que levava, e assim ela o fez. Em 1993 foi encarregada de comandar todas as estações londrinas da Capital Radio.

"Aconselho que todos trabalhem um período em vendas", disse King. "É uma habilidade importante, independente do setor em que você está. Ensina muito sobre ser capaz de construir um negócio."[7]

Geddes também foi promovido e a tarefa que definiu sua liderança começou em 2009. Ele teve que dar forma para a

Direct Line, empresa de seguros para automóveis e residências separada do Royal Bank of Scotland em uma transação forçada pelos reguladores depois do resgate do banco. Não parecia que a Direct Line seria um sucesso na bolsa de valores, mas Geddes provou que os críticos estavam errados ao trabalhar com afinco para criar um portfólio de marcas de seguros: Direct Line, Churchill, Privilege, Green Flag etc. Ele deu tudo de si para preencher as lacunas em seu currículo.

"Obviamente, há muitas coisas que o profissional de marketing não sabe como fazer ou coisas que podem tomar direções diferentes das esperadas", disse ele. "Acho que precisamos dizer deliberadamente que estamos fazendo as coisas que as pessoas não esperariam de um profissional de marketing ou o que pensam que esse profissional não sabe fazer, assim, é preciso trabalhar com afinco para convencer os demais de que você pode fazer essas outras coisas. Eu passei vários anos sem me concentrar em marketing porque esse não era o principal desafio do negócio naquela época, e eu precisava provar que poderia fazer todas as partes do trabalho."[8]

Vendendo na prática

Quando Sidney Taurel se tornou diretor executivo da Eli Lilly em julho de 1998, também havia ampliado com sucesso seu conjunto de habilidades. Quando retornou ao Brasil como gerente geral em 1981, seu conhecimento em finanças foi crucial. Na divisão agrícola do grupo, os nove meses de crédito oferecidos aos agricultores brasileiros para acompanhar o ciclo da safra foram considerados insustentáveis. Por causa da inflação crônica que assolava o país naquela época e de uma erupção de produtos falsos inundando o mercado, Taurel teve que recalcular os termos.

Deu tão certo que ele pode enfrentar todas as incertezas como diretor executivo, porque o antecessor de Taurel, Randall Tobias, deixou uma grande responsabilidade para o sucessor. Em seu reinado de cinco anos, Tobias encabeçou o aumento de cinco vezes do valor da empresa na bolsa, superando todos os líderes do setor. Ele também otimizou a empresa, desmembrando a divisão de dispositivos médicos, a Guidant Corporation.

A década do comando de Taurel na Eli Lilly foi definida por um ambiente mais difícil. O Prozac representava 30% das vendas do grupo quando ele assumiu o controle, então ele teve que investir em pesquisa e desenvolvimento para diversificar a linha de produtos. A empresa teve que correr mais rápido à medida que as versões genéricas mais baratas de seus medicamentos chegavam ao mercado. O Prozac perdeu a proteção de patentes dos EUA em 2001 e os custos tiveram que ser reduzidos.

Aumentar as vendas era extremamente importante, desde que a empresa tivesse produtos suficientes para vender. Sob o comando de Taurel, a Eli Lilly fez uma série de novos lançamentos de medicamentos e se posicionou bem em mercados em crescimento, como a indústria do tratamento de câncer. Isso foi uma proeza, uma vez que o tempo necessário para obter a aprovação de novos medicamentos só aumentou. Se o marketing e as vendas tiveram destaque na gestão de Taurel foi por conta da maneira pela qual ele tomou as decisões certas à medida que a empresa sofria pressão regulatória e política. Ele argumentou com sucesso que os controles de preços amorteciam o desenvolvimento de produtos por parte das grandes empresas farmacêuticas, que mereciam alto retorno por fazerem investimentos de longo prazo.

A Eli Lilly meteu os pés pelas mãos. No início de 2009, ano seguinte à saída de Taurel, a empresa concordou em pagar 1,4 bilhão de dólares em um acordo com o Departamento de Justiça dos EUA, por fazer propaganda de seu medicamento antipsicótico Zyprexa para usos não aprovados. Nos últimos anos de sua liderança, a prioridade de Taurel tinha sido criar um senso de propósito na empresa de prolongar e salvar vidas, e não apenas vender.[9]

Sentado em seu escritório adornado com uma televisão gigante na parede e duas camisas do Liverpool emolduradas, Gavin Patterson explicou como a BT poderia crescer após anos de recessão. Ao investir o dinheiro da BT nos direitos de transmissão dos campeonatos de futebol de alto nível, ele queria oferecer uma alternativa à banda larga gratuita com a qual a Sky, provedora de TV a cabo dirigida por seu antigo colega da P&G e vizinho, Darroch, estava tentando seduzir os assinantes.

Com um produto e marketing melhores, esse Vendedor foi bem-sucedido onde seus predecessores haviam falhado. A aquisição da empresa de rede móvel EE (desfazendo uma estratégia que havia tirado a BT do mercado de rede móvel anos antes) também foi um grande sucesso. As coisas ficaram mais difíceis, porém, por conta das batalhas regulatórias envolvendo a divisão Openreach da BT e de um escândalo de contabilidade na filial italiana que colocou as ações em baixa e testou a fé dos investidores.

O histórico de Patterson na P&G forneceu uma base sólida para sua carreira, e também algumas frustrações. Mesmo ele tendo deixado a BT após quinze anos de serviço, em 2019, e tendo deixado a P&G vinte anos antes, em 1999, o *Daily Mail* ainda o rotulou como um mero "vendedor de sabonete". De fato, o marketing estava na raiz de algumas de suas estratégias mais inteligentes — mas não de todas.

Um tanto ironicamente, os críticos que pediam que um engenheiro fosse colocado a cargo da BT não conseguiam ver o que estava bem debaixo do nariz deles. De volta a Cambridge, quando Philip Jansen o atraiu a juntar-se à P&G, Patterson estudava engenharia.

O que está claro é que os Vendedores ganharam seu lugar nas salas das diretorias. A habilidade com vendas coloca os futuros líderes a par das preferências dos consumidores no início de suas carreiras. A habilidade com marketing os faz entrar na mente do público-alvo. Ambas permanecem inestimáveis nos dias de hoje, especialmente para as empresas de bens de consumo que agora lutam para acompanhar as vontades dos consumidores. Isso sem dúvida coloca à frente o profissional que consegue atingir o comprador de hoje em dia, influenciado pelas mídias sociais, em busca de produtos locais, de pequenos lotes, orgânicos, com baixo teor de gordura etc. Ampliando suas habilidades, se esse profissional conseguir comandar o leme de empresas farmacêuticas, de telecomunicações e de bens de luxo, tanto melhor.

OS VENDEDORES EM RESUMO

Pontos fortes: são perspicazes em entender o cliente, comunicativos, competitivos e objetivos.

Pontos fracos: são vistos como indivíduos carentes de outras habilidades, como talento para finanças e estratégia.

Habitat natural: setores voltados para o consumidor, competitivos e de rápida mudança.

Onde você os encontrará: em todos os lugares onde há um bem de consumo a ser vendido ou um relacionamento comercial a ser desenvolvido. Portanto, basicamente, em todo lugar.

CAPÍTULO QUATRO

Fundadores

Ser a marca

O tumulto no salão da Virgin Atlantic no Aeroporto de Londres-Heathrow era familiar a qualquer pessoa que viajasse com frequência. Os executivos se acomodavam ali antes de embarcar em seus voos para Nova York ou Boston, distraídos por ligações apressadas ou pelas telas de seus notebooks. Outros estavam de olho no bufê, escolhendo entre salmão defumado, frutinhas e pequenos doces, consumidos com um copo de champanhe no meio da manhã ou, para os mais contidos, apenas chá.

A chegada de um homem no Terminal 3 acrescentou um burburinho de excitação à cena agitada. Turistas exclamaram em surpresa e executivos durões lançaram olhares na direção da entrada. Com seu cabelo platinado, cavanhaque, olhos azuis penetrantes e passos confiantes, Sir Richard Branson, um dos líderes empresariais mais conhecidos do mundo, foi imediatamente reconhecido.

Como se ele fosse um parente que acabou de chegar do exterior, um enxame de comissários de bordo e atendentes do salão se reuniu ao redor dele para oferecer apertos de mão, beijos e abraços. Sir Richard retribuiu com entusiasmo as saudações. Exibindo um clarão de dentes brancos em meio a sorrisos largos e cumprimentos, aos 64 anos de idade, o homem não parou até ser apressado a seguir para os compromissos reais daquele dia.

Há algo de especial nos Fundadores. Geralmente são muito ricos e, ocasionalmente, tornam-se famosos. Normalmente ninguém pode dizer a eles o que fazer. São cortejados pela mídia, obcecada pela ostentação, e homenageados pelos governos, ansiosos para encorajar qualquer um que possa criar empregos para seu eleitorado.

Ao lado da mistura de confiança, talento criativo e coragem implacável para assumir riscos que os Fundadores exalam, a maioria dos líderes empresariais fica pálida. Os outros tipos de liderança são ajuda contratada, que podem ser dispensados a qualquer momento se os investidores ou a diretoria acharem que eles chegaram a um beco sem saída e a confiança depositada se esvair. Os Fundadores ganharam o direito de fazer o que quiserem. Seus modos leves e descontraídos escondem anos de trabalho árduo por trás. Os que tiveram sucesso se destacam dentre os milhares que não tiveram.

São vencedores que estavam lá desde o princípio. Os impérios sob seu comando são como filhos: sua criação, uma ideia concebida em um pedaço de papel amassado, sentados à mesa da cozinha, que foi trazida à vida depois de muitos anos e graças a muitas pessoas que compraram a ideia na qual algum homem ou mulher acreditava apaixonadamente. Essa fé é o que os sustenta durante longas noites em claro e momentos de dúvida. É o que lhes dá a determinação para recusar ofertas de aquisição generosas, porque sabem que sua visão é maior do que a quantidade de zeros no cheque. Aquela ideia sempre foi mais importante do que dinheiro.

O problema é que os Fundadores também têm suas limitações. Eles são seres emocionais. Se querem sobreviver, devem aprender a ser grandes líderes, a fazer a transição do empreendedorismo aventureiro para a vida corporativa. Os melhores Fundadores compreendem que não são indispensáveis e que haverá um momento em que deverão abrir mão do controle e entregá-lo para outra pessoa, caso queiram o melhor para a empresa. Sem ninguém por perto que possa dizer "não" a eles, o pior pode acontecer a qualquer momento.

Sir Richard Branson e seu negócio são um só. Ele já era um não conformista que usava jeans durante reuniões muito antes de a moda do Vale do Silício ter instituído a vestimenta casual como norma; um disruptor antes mesmo da popularização da internet como ferramenta para abalar o status quo.

Estude-o de perto e verá que ele é tudo o que você espera — até certo ponto. É claro que ele é muito familiar, como um chefe de estado ou um ícone esportivo que está no inconsciente do público há décadas. Mas todos os olhos voltados para alguém que deve sempre viver e respirar sua marca, que abrange companhias aéreas, telefones celulares, bancos, hotéis e uma companhia de cruzeiro, também podem provocar timidez e discrição. O voo inaugural da Virgin Atlantic para Detroit, no verão de 2015, foi uma oportunidade ideal para observar os dois lados do bilionário.

Concebido como um exercício de marketing pelas companhias aéreas tentando atrair atenção em ambas as extremidades de uma nova rota, um voo inaugural é essencialmente uma festa no céu. Era de se imaginar que a Virgin Atlantic, que sempre acentuou o lado divertido de voar em sua publicidade, seria a companhia ideal para organizar esse tipo de evento. Vez ou outra, Sir Richard surgia exuberante em uma pista de jatos em Dubai, vestido como Lawrence da Arábia, ou em Cancun, como um gaúcho mexicano; para Detroit, uma trupe de cantores da Motown se materializou para se apresentar nos corredores da aeronave a 35 mil pés, e Sir Richard executou uma troca de figurino em pleno ar, trocando paletó e camisa branca por uma camiseta preta que proclamava "Detroit Hustles Harder" [algo como "o povo de Detroit é o mais incansável"].

Seguiram-se três dias frenéticos depois da decolagem. Empoleirado em seu assento luxuoso e segurando uma xícara de chá, Sir Richard concedeu entrevistas a todos os jornalistas a bordo, para os quais a Virgin tinha diplomaticamente feito as melhores reservas na frente do avião e entupido com boa comida e boa bebida. Ele teve conversas longas regadas a coquetéis com jovens empresários que tinham ganhado a oportunidade de apresentar-lhe suas ideias de negócios. Ele discursou sobre o mirabolante plano de expansão do Heathrow, sobre os esforços para colocar seu empreendimento espacial, a Virgin Galactic, de volta à ativa e sobre como estava se ajustando à vida de avô. Ele ficou feliz até em responder algumas perguntas inconvenientes enquanto voltava do banheiro, embora fosse óbvio que estava mais do que pronto para parar de sorrir.

No desembarque, Sir Richard juntou-se ao prefeito de Detroit em uma entrevista coletiva e tentou persuadir a cidade a acolher os sírios desabrigados. Em seguida, foi para uma sessão de perguntas de um monte de estudantes universitários; seguiu-se um passeio de bicicleta ao redor daquela cidade que ainda tentava se recuperar do declínio da indústria automobilística norte-americana; depois, outra festa; e, por fim, compareceu ao campo de beisebol dos Detroit Tigers para arremessar bolas. Aproveitar o tempo era a essência de tudo. O povo de Detroit podia ser incansável, mas ficou claro quem, de fato, era o mais incansável.

Durante toda essa agenda, Sir Richard apresentou sua versão extrovertida, embora suas famosas peripécias não sejam sempre tão singelas. No ano de 2006, em Paris, durante o lançamento da divisão francesa da Virgin Mobile, sua marca de telecomunicações, Sir Richard fez rapel na lateral da Virgin Megastore, na Champs-Élysées, todo de preto, como se fosse um ladrão habilidoso. No dia seguinte, em uma volta apressada e não programada a Londres, houve tempo para uma entrevista a bordo do Eurostar. Sir Richard parecia nervoso ou entediado, rasgando pequenos pedaços de um jornal que trazia sua foto na primeira página, enquanto disparavam pergunta após pergunta na direção do magnata.

No geral, o segredo da liderança deste Fundador é manter as coisas "simples". Poucos chegam perto dele nesse quesito. Na fila para embarcar no Eurostar, Sir Richard não levava nada além de um passaporte, todo amassado e abarrotado de velhos canhotos de passagens por viajar pelo mundo. A mesma praticidade se aplica às suas respostas. Enquanto o trem passava pelo interior da França, ele falou de uma série de coisas, desde combustíveis verdes até participações na National Lottery do Reino Unido. Entretanto, toda vez que surgia um assunto delicado ou sobre o qual não tinha conhecimento, ele transferia a resposta a algum colaborador. Esses desvios podem ser vistos como uma manobra inteligente, ou apenas como o fato de que este emblema de um império, que para sempre viverá para representar a marca que criou décadas atrás, dispensa detalhes.

Humilde e esperançoso

As melhores histórias de Fundadores consistem em trajetórias de superação, "do lixo ao luxo", do tipo que jornais e revistas adoram. Melhor ainda quando a versão adaptada narra um sucesso que se deu da noite para o dia, o que quase nunca é verdadeiro. Às vezes, os Fundadores têm vergonha de falar sobre como tudo começou. Inspiradoramente preferem sempre olhar para frente, para o próximo desafio ou oportunidade. Há também os que dizem que "já faz muito tempo" e que "naquela época, eram pessoas muito diferentes".

O princípio de tudo é sempre fascinante: o momento "eureca", a perda de um dos pais, uma demissão traumática ou simplesmente uma coincidência. A maneira como começou muitas vezes explica o modo como continua, quando os responsáveis julgam que conseguiram chegar em algum lugar. Os ideais daqueles sonhadores podem ser corrompidos se a fome se transformar em ganância. Alguns descrevem seu impulso como o medo de nunca mais querer ser pobre novamente. Ou seja, liderar nunca foi sua prioridade número um.

Ren Zhengfei não poderia ser mais diferente de Sir Richard Branson. Engenheiro do Exército de Libertação Popular, ele fundou a Huawei, fabricante chinesa de equipamentos de telecomunicações, com alguns milhares de libras depois de ter perdido seu emprego por causa de cortes nas forças militares. Longe de ser o rosto da empresa, passou anos escondido. A Huawei gastou milhares de dólares para levar jornalistas ao seu vasto campus em Shenzhen, no sul da China, onde o acesso a informações era fortemente controlado. O ponto alto dessas viagens, além da luxuosa hospitalidade, era vislumbrar a versão da Casa Branca da empresa, que talvez fosse um símbolo da vontade de conseguir penetrar no mercado norte-americano.

A Huawei tem tido enorme sucesso, construindo redes que estão impulsionando a revolução dos dados, além de ter se tornado um grande nome da concepção de aparelhos móveis, brigando com as gigantes do mercado, Apple e Samsung. Como empresa chinesa que conseguiu chegar longe, fora de seu mercado doméstico, a Huawei tem sido muito bem-sucedida, embora o progresso da empresa no Ocidente carregue a sombra do medo de que ela seja muito próxima do governo chinês e de que ela seja usada para espionar seus clientes. O homem por trás — que nega todas essas acusações — trabalha duro para ser muito menos interessante do que as teorias conspiratórias.

A pobreza assoladora em que Ren cresceu o impediu de desenvolver muito suas habilidades sociais. "Além de fazer o dever de casa, não tive a oportunidade de ter um hobby na infância", disse ele com a ajuda de um intérprete em 2014, sentado em uma sala desinteressante em Westminster, lotada de puxa-sacos. "Eu não sei nem beber e fumar. No geral, minha vida pessoal não é tão animada."[1] Não há muito a se explorar sobre esse aspecto da vida do empresário, caso parecido com o do econômico fundador da Ikea, Ingvar Kamprad, que usa roupas de segunda mão e dirige um Volvo usado, apesar de ter uma fortuna de 50 bilhões de libras.

Ren foi forçado a se proteger ainda mais quando a curiosidade sobre a Huawei disparou. Muito antes de o presidente Donald Trump colocar a fabricante em uma lista de restrição para exportação em 2019, o que dificultou a compra de componentes de fornecedores norte-americanos, e pressionar aliados políticos a não permitirem que a empresa construísse redes 5G em seus países, Ren fazia o melhor que podia para se distanciar de histórias envolvendo influência política. Ele também não é muito fã do capitalismo, tendo declarado que "instintivamente, sentia que a economia de mercado era baseada em traições", depois de ter sofrido alguns retrocessos iniciais na construção de seu negócio. Ele acrescentou: "No exército, nunca se fala de dinheiro; apenas se fala sobre como servir melhor às pessoas."[2]

À altura de 2014, a Huawei já havia revolucionado toda uma indústria. Ela era a epítome do poder corporativo chinês, independentemente de sua história de origem, e dali só cresceu mais. Ren previu que as vendas do grupo poderiam dobrar para 80 bilhões de dólares até 2018. Parecia extravagante, mas no fim das contas a Huawei ultrapassou a casa dos 100 bilhões de dólares nesse período. Ainda na mesma entrevista, ele também apontou um pequeno detalhe sobre a Casa Branca do campus da Huawei: "A cor é amarela, não branca."

O próximo desafio

As histórias dos Fundadores que não envolvem um início pobre e sofrido também são impressionantes, revelando grande impulso pessoal de fazer algo grande além de meramente acumular riquezas. Estes Fundadores são tomadores de risco que se entediam facilmente e não se conformam com "bom o suficiente". São pessoas que têm algo a perder e apostam mesmo assim.

Lance Uggla era um negociante de crédito bem-sucedido que decidiu deixar o Toronto Dominion Bank (TD) para se virar sozinho em 2003. Ele não estava com dificuldades financeiras, mas não parecia ser a melhor hora para arriscar. A Enron havia colapsado em 2001 e a bolha dotcom já não estava mais florescendo. "Eu tinha 39 anos, quase 40, e pensava: o que vem a seguir?", contou em 2014 durante um café da manhã. "Foi um desses momentos de vida em que você pensa que o risco e a recompensa de tentar algo novo valem a pena."[3]

O desafio para Uggla era que ele não conseguiria chegar a lugar nenhum sem ajuda. O empresário canadense havia detectado uma lacuna no mercado. Muitos dos derivativos financeiros exóticos que haviam sido criados durante as duas décadas anteriores eram de difícil valorização. Cada banco de investimento tentou o seu melhor para acompanhar os preços de forma independente. Uggla convenceu uma dúzia de instituições a fornecerem-lhe seus dados. Trabalhando de um celeiro em St. Albans, ao norte de Londres, ele agregaria e anonimizaria aquelas informações e as venderia de volta aos bancos.

Levando em conta a proteção com a qual esses bancos guardavam suas informações, persuadi-los a uni-las com as informações dos concorrentes não foi fácil. O antigo empregador de Uggla, o TD, foi o primeiro a concordar, com a condição de que outros entrassem na onda. Dentro de uma semana, os demais também concordaram. Em troca, ganhariam participação acionária na Markit, nome dado à empresa criada por Uggla, que mais tarde se tornou a IHS Markit por meio de uma fusão. As instituições ainda possuíam um terço da Markit quando suas ações foram listadas na Nasdaq em 2014. Uggla é um fundador que tem mantido um controle rígido de seus negócios e está lucrando muito bem. No início de 2020, ele embolsou 102 milhões de dólares em ações, o que o deixou com uma participação residual direta no negócio de 188 milhões de dólares.

Os primeiros esforços empresariais podem ocorrer como parte de um processo de eliminação. Muitas vezes, uma startup nasce de uma decisão errada, quando um futuro

Fundador percebe que não tem nenhum desejo de trabalhar para outra pessoa. Sir Lloyd Dorfman trabalhou como banqueiro de investimentos brevemente antes de fundar sua casa de câmbio, a Travelex, em 1976. De sua primeira loja em Bloomsbury, que passou a operar em todo o mundo.

Às vezes, a faísca inicial vem de uma ambição de corrigir um erro ou de inovar um mercado. Outras vezes, é na base da tentativa e do erro. Guy Hands vendia enciclopédias e peças de arte de porta em porta muito antes de aprender tudo sobre a vida bancária na Goldman Sachs e depois ficar rico como um financiador, adquirindo pubs, linhas de trens e casas de apostas atolados em dívidas.

O que une muitos dos Fundadores mais bem-sucedidos é a atenção aos detalhes. O antigo magnata dos jornais *Daily Express* e do jornal *Daily Star* Richard Desmond — cujo império de mídia começou em 1974, quando cofundou a *International Musician and Recording World* — é frequentemente fotografado fumando charutos em seu escritório em uma cobertura à margem do Tâmisa. Entretanto, quando sua revista de celebridades *OK!* foi lançada em 1993, em competição direta com a *Hello!*, Desmond andava pelos supermercados e bancas com uma tesoura em mãos para abrir os pacotes com as edições porque os varejistas não as colocavam em suas prateleiras. "Pensamos que as pessoas estariam mais interessadas em Patsy Palmer do que na Princesa Schnorbitz da Bratislava", disse ele.[4]

Noites sem dormir

Alguns aspectos dos Fundadores se sobrepõem aos dos Alfas. O poder combina com eles, e o lado profissional se une perfeitamente com o pessoal. Às vezes, os funcionários da empresa de um Fundador são sua própria família, e os problemas são levados para casa. Nem sempre é saudável. As dívidas quase sobrecarregaram a rede de hotéis de Surinder Arora, um momento que foi mais estressante do que a época em que começou a construir seu negócio do nada.

Arora não é um nome britânico, e sua história pode abrir nossos olhos. Em 1972, aos 13 anos, ele chegou ao Reino Unido, vindo da Índia, sem saber uma palavra de inglês, para ser recebido por uma mãe que ele pensava ser sua tia. Após trabalhar no atendimento ao cliente da British Airways carregando bagagens e como consultor financeiro, ele começou a investir em imóveis.

No começo, foi uma fila de casas em frente ao aeroporto, que ele oferecia à tripulação como opção para passar a noite. Em 1999, ele abriu seu primeiro hotel Arora. Atualmente, ele tem um portfólio de quinze hotéis, incluindo o Renaissance London Heathrow Hotel, onde ele já trabalhou como garçom. Em um passeio pelo Continental que ele abriu ao lado do Domo do Milênio, em Londres, foi notável ver o carinho que os funcionários têm pelo seu líder. Arora conhece todos por seu primeiro nome e muitos já trabalhavam para ele há tempos.

São funcionários comprometidos com a missão: deveriam atrair o público que comparecesse aos shows da arena ao lado e persuadi-lo de que passar uma noite no hotel faria com que sua viagem a Londres fosse completa. Arora queria ganhar espaço em toda a cidade e atrair todo tipo de celebração e jantar importante para os seus hotéis. E ninguém deveria duvidar dele, visto que já conseguiu arrematar a conferência anual da Confederation of British Industry, encontro exclusivo para líderes empresariais e políticos seniores que acontece todo mês de novembro. É um lembrete de que os Fundadores não dão tanta importância à cautela.

Eles se recusam a acreditar que algo não pode ser feito, ao passo que um líder corporativo típico pode frequentemente se deixar ser encaixotado dentro de certas convenções.

E eles são rápidos. Os maiores grupos de hotelaria do mundo concederam franquias a Arora quando ele ainda era um hoteleiro de Londres com relativamente pouca influência. Em nome de gigantes como o InterContinental, Accor, Marriott e Hilton, Arora atende diariamente passageiros que entram e saem dos principais aeroportos de Londres.

Tal sucesso exige uma ofensiva poderosa — e grande persistência. Tudo começou com uma simples vontade de mudar de direção. Sem timidez, Arora estava construindo seu império hoteleiro sob a marca Arora, mas, quando o aeroporto de Heathrow lhe disse em 2005 que isso não seria bom o suficiente para colocá-lo na lista de opções de possíveis gestores do novo hotel no Terminal 5 (T5), ele procurou uma marca cinco estrelas que pudesse pegar emprestada.

A indústria hoteleira há muito tempo se transformou de um negócio focado em imóveis em um setor que mais valoriza o peso das marcas. As grandes do ramo venderam suas propriedades e mudaram seu modelo de negócios para uma estratégia "asset light", devolvendo dinheiro aos acionistas no processo. O contraponto é que isso significava que elas mantinham um controle ainda mais rígido sobre suas marcas, pois era tudo o que lhes restava.

As grandes marcas conheciam Arora muito bem. Ele podia construir uma propriedade para elas no T5, podia até mesmo ser o proprietário, mas administrá-la seria um assunto totalmente diferente. Despreocupado, Arora reduziu seu foco a uma empresa: a Accor. O diretor geral britânico Michael Flaxman não estava convencido do plano, porém começou a ganhar confiança depois de uma reunião na sede do grupo em Paris. E, talvez, o diretor executivo da cadeia,

Gilles Pélisson, tenha amolecido ao ver o espírito de Fundador de Arora. Talvez tenha se lembrado um pouco do próprio tio, Gérard, que fundou a Accor em 1967.

Houve dez semanas de visitas misteriosas aos hotéis de Arora para avaliar a experiência de todos os ângulos. Após um árduo processo, o empresário obteve a aprovação da diretoria de Paris. Somente então ele entrou na disputa pelo hotel em Heathrow, competindo com todos os outros grandes grupos hoteleiros. Três anos depois de ouvir que não tinha chance de operar o novo hotel do Terminal 5, seu Sofitel, com 605 quartos, abriu em 2008 na localidade.

Seis anos mais tarde, vieram as noites sem dormir, quando Arora enfrentou problemas com dívidas. "Eu me lembro de chorar copiosamente certa noite deitado na cama, pensando no que eu tinha feito com minha esposa, Sunita, e as crianças", disse ele.[5] No final, Davidson Kempner, gerente de investimentos norte-americano, assumiu o controle de dois dos hotéis de Arora após comprar uma fatia da dívida da empresa. Ao invés de se penalizar mais, Arora prometeu aprender com a experiência. Suas finanças agora permanecem conservadoras, para o caso de a economia global despencar de novo, como aconteceu quando a pandemia da covid-19 varreu o globo.

Contudo, mesmo com um patrimônio líquido registrado pela última vez em 1,3 bilhão de libras, Arora não parou de sonhar. Ele tem planos engavetados há anos por conta de burocracias políticas, ambientais e econômicas. Em fevereiro de 2020, ele chegou a renunciar ao cargo de diretor executivo — permanecendo como presidente do conselho de diretores — a fim de ter mais tempo para se concentrar.

Um Fundador que vive para o seu negócio dia e noite fica eufórico quando as coisas vão bem, e sofre quando algo dá errado. Chris Anderson teve bastante tempo para refletir sobre sua própria ascensão e queda corporativa. Ele é mais conhecido hoje em dia como o homem por trás do recente crescimento da TED, outrora uma conferência anual peculiar de novas ideias de tecnologia, entretenimento e planejamento, que se transformou em um império de multimídia.

Seu primeiro empreendimento, porém, depois de atuar como jornalista no País de Gales e como produtor de rádio nas Seychelles, foi a criação da *Future*, revista que surfou a onda da revolução da computação pessoal a partir de 1985. A história de Anderson tem algumas marcas clássicas de uma narrativa de superação: um empréstimo arriscado de 15 mil libras e a sala de casa como escritório no começo de tudo. O negócio também cresceu rapidamente e mergulhou tão rapidamente quanto. A Future Publishing abraçou as paixões dos leitores, incluindo esportes e música. Depois de um pico de valorização na bolsa de valores de 1,2 bilhão de libras, a bolha dotcom de 2001 levou a melhor sobre Anderson. Os investidores que o haviam elogiado no início começaram a pensar que ele era parte do problema.

"Eu estava abalado", disse ele, refletindo em 2017 sobre aqueles dias sombrios. "Eu havia passado de estrela do empreendedorismo a um perdedor total em um ano, e isso realmente doeu."[6] Nesse caso, é notável o modo como um Fundador prejudicado pelos negócios usou a situação para ajudar na própria recuperação. Anderson deixou a Future, mas levou consigo uma pequena divisão, a TED, que ele descreveu como "um terreno aberto e atraente". O ativo foi injetado em sua fundação sem fins lucrativos, como se fosse escolha terapêutica voltar a se concentrar em algo tão pequeno. Ir de zero a cem é fácil, difícil é um líder conseguir fazer o contrário sem alguma forma de distração.

No entanto, a TED não era bem uma distração, e sim uma segunda tentativa para Anderson. Os raios não costumam cair duas vezes no mesmo lugar, mas os Fundadores que se ergueram uma vez têm todas as habilidades para fazê--lo novamente, desde que ainda tenham o impulso.

Graças ao YouTube, a TED se tornou um fenômeno que em 2012 celebrou a visualização de um bilhão de vídeos de suas TED Talks, grandes ideias transmitidas a partir de um palco, em pequenas palestras dadas pelos principais acadêmicos, estadistas e empresários em menos de dezoito minutos. Gravadas em mais de cem idiomas, as TED Talks contabilizam cerca de dezessete novas visualizações por segundo.

O sonho americano

Construir o negócio deveria ser o maior desafio para qualquer Fundador, mas dar o pontapé inicial e abrir mão da própria empresa são desafios em particular. Sem recorrer a estereótipos, nos EUA eles têm mais facilidade em fazê-lo, pois lá a confiança transborda e as emoções são mantidas sob controle, comercialmente falando. Entre os Fundadores do Vale do Silício, o dinheiro é tão abundante quanto as ideias, a rede de liderança é fortalecida e não há tanto desespero quando alguém fracassa — desde que o fracasso não perdure.

Em 2008, havia muita coisa acontecendo no mundo para distrair-se de mais uma importação de tecnologia norte-americana. O governo do Reino Unido havia socorrido vários bancos, incluindo o Royal Bank of Scotland, que estava indo pelo mesmo caminho do colapso do banco de investimentos norte-americano Lehman Brothers. Mas Reid Hoffman, o Fundador e presidente do conselho do LinkedIn, rede online para profissionais, não achou que aquele era o momento de fugir dos negócios. Uma crise é o momento certo para os Fundadores começarem a agir.

O LinkedIn foi lançado em 2003. Poderia ter sido mais tarde, mas Hoffman mal podia esperar para começar de novo. Ele prometeu a si mesmo um ano de folga depois de vender o PayPal, seu empreendimento anterior. Entretanto, com o colapso da bolha dotcom, ele viu uma oportunidade e dentro de três meses estava de volta na ativa, junto com muitos colegas do PayPal e de sua primeira startup, uma rede social chamada Socialnet.com.

Resumindo a fome de um Fundador em tornar realidade uma ideia ousada, ele disse: "Eu queria criar algo que só seria possível na internet, que chegasse a escalas enormes, que mudasse a vida das pessoas e se tornasse um negócio efetivo, e pensei 'a hora é essa'."[7]

É certo que o LinkedIn desfrutou de um mês de inúmeras inscrições quando o Lehman faliu e milhares de trabalhadores da área de finanças ficaram desempregados. Ao contrário de muitos de seus colegas da web, a rede já estava tendo lucro. Após três anos, a empresa listou suas ações, e cinco anos depois a Microsoft a adquiriu por 26 bilhões de dólares. Não é sempre que os Fundadores que assumem tamanhos riscos recebem recompensas tão grandes.

Arianna Huffington também precisou se reconciliar consigo mesma para seguir em frente. Em 2016, seu novo empreendimento tinha tudo a ver com garantir boas noites de sono, algo que muitos Fundadores não conseguem fazer por si próprios durante semanas, por preocupação com algo que está dando errado em sua empresa.

Huffington nasceu na Grécia, tem autoconfiança de sobra, escreveu quinze livros e tem muito a ensinar, embora admita que seu sotaque continua tão forte que o dispositivo Alexa, da Amazon, tem dificuldades para entendê-la. Para promover a Thrive Global, ela adotou o improvável papel de lojista, arrumando prateleiras de tapetes e travesseiros e posicionando uma câmara de dormir de 10 mil dólares no meio de um outlet em Manhattan.

A socialite, com sua grande lista de contatos, é também uma Fundadora improvável. O *Huffington Post*, site de notícias e opiniões lançado por ela em 2005, foi inicialmente ridicularizado como um projeto nascido de sua vaidade, mas, quando ela o vendeu para a AOL por 315 milhões de dólares seis anos depois, os críticos o levaram mais a sério. Os Fundadores geralmente são bem pagos para ceder o controle do trabalho de suas vidas, e normalmente incentivados a permanecer por cerca de três anos, para garantir que a aquisição seja um sucesso. Quando já não são mais os chefes, poucos acham difícil partir depois que a decisão de vender foi tomada. Quem constrói o próprio negócio tende a não lidar bem com receber ordens de outra pessoa.

Afastar-se cinco anos após fechar o negócio foi fácil para Arianna. Ela disse: "Eu sempre amarei o *Huffington Post*, mas não tive nenhum sentimento misto ao partir... Se eu tivesse ficado, com certeza poderia fazer melhorias e alguma diferença positiva, porém deixei uma ótima equipe para trás. Na Thrive Global posso construir algo que pode fazer verdadeira diferença para pessoas do mundo todo."[8]

A visão dela tem muito em comum com a de Hoffman. O dinheiro não é o mais importante — esse é muitas vezes o raciocínio para os multimilionários —, e sim a emoção do desafio. Os Fundadores que já obtiveram sucesso uma vez, costumam recomeçar e tentar trilhar um caminho semelhante. A Thrive Global, empreendimento projetado para ajudar empresas e indivíduos a aumentar qualidade de vida, reuniu muitos dos mesmos funcionários e investidores, no mesmo espaço de escritórios onde o *HuffPo* foi trazido à vida.

Abrir mão

Em 1981, sete colegas deixaram a Patni Computer Systems para tentar algo por conta própria. De um pequeno apartamento, com apenas 250 dólares, eles criaram a Infosys, que se tornou pioneira da nova revolução em TI. Pela primeira vez, as principais empresas norte-americanas e europeias podiam cortar custos em seus negócios e terceirizar serviços de software e sistemas para especialistas de baixo custo na Índia.

Esses sete Fundadores relutaram em abrir mão de sua criação em meio aos altos e baixos econômicos, mesmo quando a Infosys foi espremida entre rivais nacionais de crescimento mais rápido e empresas no exterior, como a IBM e a Accenture. Somente em 2014 que alguém que não tinha sido um Fundador foi nomeado para liderar a empresa.

Entrevistado um ano antes, um dos Fundadores, Kris Gopalakrishnan, confessou sua resistência em olhar para fora. "Se tivermos um número suficiente de opções internas capazes de ocupar a liderança — e é nosso trabalho criar esses líderes —, então esperaremos que alguém de dentro seja selecionado", disse ele.[9]

A nomeação de 2014 não teve bom desempenho. Contratado do grupo de software alemão SAP, Vishal Sikka se demitiu depois de apenas três anos no cargo, citando "ataques pessoais". Apesar de as alegações terem sido provadas falsas e sem fundamento por investigações independentes, Sikka escreveu em seu e-mail de demissão: "Os ataques não param e, pior ainda, são amplificados pelas próprias pessoas das quais todos esperávamos o apoio mais firme nesta grande transformação."[10]

Sem criticar publicamente Sikka, outro dos Fundadores, Narayana Murthy, escrevera ao conselho o seguinte apelo: "Só não queremos que o conselho leve esta instituição à morte por conta de graves déficits de administração enquanto ainda estamos vivos."[11] A diretoria da Infosys respondeu que as críticas de Murthy "tiveram o infeliz efeito de minar os esforços da empresa para se transformar"[12] e o culpou em grande parte pela saída de Sikka. Uma bagunça. Se a empresa tivesse sido desgarrada de seus Fundadores antes, o processo poderia não ter sido tão traumático.

Após dezessete anos no comando, Lance Uggla, da IHS Markit, é uma raridade. Em um artigo de 2008 da *Harvard Business Review*, o professor Noam Wasserman encontrou um estudo a respeito de 212 startups norte-americanas do final dos anos 1990 e início dos anos 2000 que dizia que, quando os empreendimentos atingiram seu terceiro aniversário, 50% dos fundadores já não eram mais diretores executivos. No quarto ano, essa porcentagem caiu para 40%, e menos de 25% lideraram a oferta pública inicial de suas empresas.[13]

Pode ser uma decisão difícil de ser tomada. Peter Cruddas fundou a empresa CMC Markets com dez mil libras em 1989 e teve dificuldades para deixar outra pessoa dirigir a empresa. Durante vários anos, ele atuou como presidente da diretoria, depois de repassar o controle do dia a dia a um diretor executivo. Entretanto, isso o deixou em uma encruzilhada, porque ele sentia que tinha que apoiar o diretor mesmo quando via coisas acontecendo com as quais não concordava. Cruddas se reintegrou em 2013 após deixar o Partido Conservador, onde foi cotesoureiro, e se comprometeu a dirigir a CMC por uma década. "Agora estou menos estressado por ser o diretor executivo porque posso mudar as coisas", disse ele em 2014.[14]

Alto e imperioso, Cruddas acredita que nenhum Fundador pode se dar ao luxo de ter um interruptor para se desligar do negócio. Seu telefone fica perto a todos os momentos, até se ele estiver deitado em uma espreguiçadeira, descansando. Na visão dele, quando você tem sua própria empresa, é ridículo pensar que pode se afastar, mesmo por meros quinze dias.

Logo após sua reintegração, um novo desafio surgiu. Cruddas conseguiu colocar a empresa na Bolsa de Valores de Londres em 2016, cristalizando enormes fortunas para muitos de seus fiéis funcionários. No entanto, as regras de governança corporativa ditavam que ele não seria mais onipotente — a CMC nomearia um presidente para dirigir o conselho. A aplicação desses controles e equilíbrios é o preço que se paga para ingressar nos mercados públicos. Os investidores não se importam com os autocratas (muitos deles emergiram do Vale do Silício, sobre os quais discutimos no capítulo sobre os Alfas); os acionistas externos, porém, exigem que eles sejam mantidos no laço e o desempenho permaneça forte. Os Fundadores precisam escolher entre riqueza ou poder absoluto.

Em 1999, Jo Malone julgava ter levado sua linha de fragrâncias homônima o mais longe possível, vendendo-a para o império de beleza Estée Lauder. O controle que ela sacrificou foi sobre o próprio nome. Quando voltou ao mercado muitos anos depois, o fez com o nome Jo Loves.

Fortes alicerces

E assim voltamos a Sir Richard Branson. A história de como tudo começou virou um mito, até porque o presidente do Grupo Virgin escreveu sete livros que relatam sua vida e lições sobre empreendedorismo. Nascido em uma família rica de Surrey, ele descobriu o talento de fazer dinheiro enquanto ainda estava na escola. Seu primeiro esquema, de criar e vender periquitos, foi um fracasso. Sir Richard deixou os estudos de lado para se concentrar na *Student*, revista que criara, e recebeu o prognóstico do diretor da escola: ou ele acabaria na prisão, ou se tornaria um milionário. A revista se transformou em um negócio de vendas por correspondência e depois em uma loja de discos. Foi batizada de Virgin porque sua equipe era completamente composta por virgens no mundo dos negócios.

Querendo desafiar a norma, os esforços de Sir Richard para balançar o status quo se dispersaram pelas indústrias musical, aérea e ferroviária. Ele se cercou de figuras mais competentes, colaboradores de longa data que fechavam os negócios enquanto ele voava por aí, encantando os consumidores e mexendo com a concorrência.

Durante cinquenta anos seu maravilhoso elixir fez efeito, criando empresas e organizações que somam 18 bilhões de dólares, em doze setores diferentes. A Virgin é uma das maiores marcas do mundo, implantada em numerosos territórios e indústrias. Nos EUA e na Austrália, tiveram companhias aéreas de curta distância. No Reino Unido, a marca foi assumida pela NTL e pela Telewest, duas concorrentes diretas da BSkyB de Rupert Murdoch. As empresas de TV a cabo fundidas adquiriram a Virgin Mobile com o propósito expresso de administrar todo o negócio sob o emblema da Virgin.

Doze anos depois, em 2018, a CYBG, que abriga os bancos Clydesdale e Yorkshire, fez o mesmo e pagou 1,7 bilhão de libras pela Virgin Money, um empreendimento fundado com os ativos do antigo Northern Rock. Os chefes de lá acreditavam que o empreendimento ampliado deveria usar o nome da Virgin para ter mais chances de lutar contra os clientes do HSBC, do Lloyds, do Barclays e do NatWest.

Enquanto isso, o Fundador mais famoso do mundo viu que seu papel passava a se concentrar em ser a cara do marketing, que é exatamente o que estava acontecendo durante aqueles dias em Detroit, em 2015. Suas aparições e seus comunicados são cuidadosamente calculados. Muitas das empresas que levam o nome da Virgin recebem apenas uma fração do tempo de Sir Richard.

O que fica claro é que, embora o Fundador e sua família ainda sejam donos do negócio, o envolvimento cotidiano de Sir Richard é limitado. Ainda assim, não houve separação de caminhos, nem partida prolongada. Qualquer conflito que possa ter havido no momento em que o Fundador abriu mão do controle foi há muito tempo, e ficou nos bastidores.

Desde 2011, o império da Virgin é dirigido por um advogado da Nova Zelândia. Não seria suficiente descrever Josh Bayliss como o cérebro da Virgin, enquanto Sir Richard permanece sendo o coração e a alma, mas o neozelandês está determinado a profissionalizar o grupo — e isso significa pensar em como serão as coisas quando o Fundador não estiver mais por perto para promover os negócios.

Bayliss não é o primeiro. Antes dele, houve Stephen Murphy, ex-contador da Mars e da Unilever, que foi diretor executivo por seis anos, tendo se juntado à Virgin em 1994 para reestruturar o negócio após a venda da Virgin Music.

A Virgin ganhou uma cara nova na última década. Tem havido um esforço para mudar o modelo de negócios, e além de uma participação nos lucros, estão buscando aumentar os royalties da marca todo-poderosa. A Virgin pode reciclar seu capital em novos empreendimentos, vendendo suas ações a outros investidores, e as empresas que se apropriam da marca entregam uma fatia das receitas pelo privilégio de usar o nome.

Sir Richard tem o melhor de dois mundos. A imagem do divertido e revolucionário empresário permanece, ao passo que ele se concentra em esforços de caridade por meio de sua fundação sem fins lucrativos, a Virgin Unite, ou em novos empreendimentos específicos, como a exploração do espaço com a Virgin Galactic. Alguns erros foram cometidos, como procurar apoio financeiro do governo britânico para a Virgin Atlantic durante o surto de covid-19, mas a marca tem mantido o vigor jovem, mesmo depois de seu fundador ter completado 70 anos em julho de 2020. Não é sempre que esse modelo pode funcionar. Os outros Fundadores precisam decidir quando seu empreendimento está melhor sem eles. Enquanto isso, mesmo sem pôr a mão na massa, Sir Richard e seu negócio ainda são uma coisa só.

“Este é um negócio familiar, embora eu não seja da família”, disse Josh Bayliss em 2016. “Vou à Ilha Necker para reuniões do conselho, não para praticar kitesurfing.”[15] Bayliss é crucial porque não está claro se algum dos filhos de Sir Richard, Sam e Holly, que se mantiveram ocupados até aqui com produções de filmes e projetos de filantropia, irão tomar as rédeas da Virgin. O pai deles talvez tenha dado a entender que eles não são obrigados.

Os irmãos fazem parte da administração da Virgin. Holly, que começou como estagiária em 2008, aparentemente está mais envolvida em atividades do grupo, presidindo a Virgin Unite. As escolhas que se apresentam para os dois são familiares para qualquer Herdeiro, conforme será explorado no próximo capítulo.

OS FUNDADORES EM RESUMO

Pontos fortes: corajosos, dotados de impulso, paixão e não-conformismo.

Pontos fracos: às vezes perdem consciência de si mesmos, são emotivos e incapazes de se desligar do próprio negócio.

Habitat natural: em alguma sala por aí, fundando empresas.

Onde você os encontrará: comandando o leme de algo que construíram. Ninguém mais os empregaria.

CAPÍTULO CINCO

Herdeiros

Provar a si mesmo

De pé em uma das cabines telefônicas amarelas da Deutsche Telekom no centro de Hamburgo, Jean-François Decaux escutava as palavras que seu pai dizia. Era setembro de 1982 e foi a primeira incursão da empresa da família no mercado alemão. Na França, os pontos de ônibus com publicidades da JCDecaux haviam se tornado uma visão comum em muitas cidades e vilas, instalados e mantidos pela empresa em troca do pagamento de uma taxa pelos painéis exibidos.

Na Alemanha, não havia nada: nenhuma publicidade, nenhum escritório, nem mesmo uma linha telefônica, razão pela qual Decaux ligava de orelhões para fechar negócios. O pai dele, Jean-Claude, que havia criado a empresa que levava seus nomes dezoito anos antes e que já havia se expandido além de seu mercado doméstico para a Bélgica e para Portugal, lançou um desafio. Quando Decaux se graduou em direito, o pai lhe disse que não havia vaga para ele, e que, se ele quisesse se juntar à empresa da família, deveria escolher o próprio mercado e construir uma filial do zero.

Decaux escolheu a Alemanha porque estudara a língua alemã. O que ele não sabia era que 60% do mercado era controlado por uma empresa de propriedade das autoridades locais de Frankfurt e Munique, entre outras, o que significava que seus maiores clientes potenciais também investiam em seu maior rival. No entanto, se quisesse continuar, sabia que o fracasso não era uma opção.

"Meu pai me disse: 'Vou apostar cinco milhões de marcos alemães em você'", lembra Decaux. "Ele disse: 'Eu não falo alemão; eu não quero ir lá. Você vai lá, você já sabe como funciona o modelo de negócios porque cresceu no meio disso. Se perder o dinheiro, ainda será meu filho, mas não estará apto para este negócio.'"

Agora codiretor executivo da JCDecaux, tranquilo e confiante, fica claro que a aposta valeu a pena. No fim de 2019, a empresa contava com mais de 13 mil funcionários e operava mais de um milhão de painéis publicitários, contando com uma audiência diária de mais de 890 milhões de pessoas. A JCDecaux relatou um lucro líquido de 266 milhões de euros sobre receitas de 3,9 bilhões de euros, tendo se expandido dos pontos de ônibus para todas as formas de publicidade ao ar livre — outdoors, aeroportos, esquemas urbanos de tráfego e ciclismo e banheiros públicos. Hoje, seus quiosques, lixeiras e painéis digitais decoram muitas das maiores cidades e vias expressas do mundo.

Decaux acrescentou: "Eu poderia facilmente ter ido trabalhar na L'Oréal ou na Procter & Gamble, mas provar ao meu pai que eu era capaz de enfrentar o desafio foi algo muito atrativo para mim."

Decaux é um Herdeiro, o tipo de líder que assume o controle da empresa da família. As oportunidades de liderança dos Herdeiros surgem porque seu pai, avô ou outro antecedente construiu um negócio antes mesmo que nascessem. Eles são os escolhidos e crescem sabendo que um dia tudo será entregue em suas mãos. Entretanto, com uma infância confortável e a proteção proporcionada pela riqueza vem o baque da pressão de viver à altura do próprio nome.

É um tipo de liderança que está repleta de desafios. Os Herdeiros muitas vezes seguem os passos dos Fundadores, cuja preocupação maior é que seus filhos não tenham a mesma fome de sucesso. Alguns abraçam o império familiar e conseguem fazê-lo crescer e melhorar, aprendendo com seus pais, mas modernizando-se quando necessário e talvez rodeando-se de colaboradores mais espertos. Alguns se desviam do legado, levando o empreendimento numa direção totalmente nova — e nem sempre obtendo os melhores resultados.

Alguns filhos e filhas de grandes líderes ficam demasiado confortáveis nos papéis que herdam, ou os redefinem em algo que os deixe mais à vontade. Precisam ser cuidadosos. Demora algumas gerações para construir um império, mas às vezes apenas uma para varrê-lo. As decisões difíceis exigidas dos Herdeiros estão associadas à necessidade de preservar a principal fonte de renda da família e, muitas vezes, existe a rivalidade entre irmãos.

Aposta na árvore genealógica

Jean-Claude Decaux, o pai, queria muito que seus filhos tivessem tanta fome de prosperar quanto ele. Nascido em uma família modesta em Beauvais, ao norte de Paris, em 1937, ele mostrou ter talento empreendedor cedo, distribuindo cartazes pela cidade para promover a sapataria de seus pais. Deixado no comando do empreendimento durante um verão inteiro, as vendas foram ao auge, mesmo que a cidade estivesse mais vazia naquele período. No entanto, quando seu pai voltou das férias, ouviu reclamações de que alguns dos anúncios tinham sido espalhados ilegalmente, e houve muito atrito.

"Minha avó tinha uma mente muito mais comercial e disse: 'Olhe para as vendas, olhe para o resultado. Jean-Claude fez um trabalho incrível'", disse Decaux. Como ainda não tinha 21 anos, Jean-Claude precisava da assinatura de seu pai para abrir uma conta bancária e iniciar seu próprio negócio de cartazes de cobrança. Quando o governo francês impôs multas por publicidade indevida nas ruas, Decaux foi obrigado a repensar e, em 1964, teve a ideia dos pontos de ônibus, os quais ele se ofereceu para instalar em municípios de toda a França em troca da venda dos espaços de publicidade nas laterais. "Nunca pensei em trabalhar para ninguém além de mim", disse, "porque eu tinha um temperamento impossível".[1]

O espírito criativo de Decaux também estava presente em seu filho mais velho. Jean-François conseguiu convencer o prefeito de Hamburgo, a segunda maior cidade da Alemanha e uma das poucas não envolvidas com o concorrente estatal, a firmar um contrato de vinte anos com a empresa, para que fornecessem o chamado "mobiliário urbano" que seu pai havia patenteado. Outras conquistas se seguiram. O ritmo competitivo da família foi o que o impulsionou, disse ele, pois o nome, embora crescesse em fama na França, era desconhecido na Alemanha e não fazia nada por si só. Houve também alguma sorte, admitiu: "O líder de mercado não estava reagindo rápido o suficiente. Acho que, no mundo de hoje, eu não teria tido tanto sucesso porque a empresa provavelmente teria prontamente copiado nosso modelo. Quase não tivemos concorrência durante dois anos."

À altura de 1989, Decaux continuava superando seus rivais — e não mais fazendo ligações de orelhões. Na semana após a queda do Muro de Berlim, ele lançou seus serviços em Leipzig e Dresden, entre outras cidades da Alemanha Oriental, de modo que a empresa começou a operar lá antes mesmo da reunificação alemã. Satisfeito com os resultados, não foi surpresa que seu pai tenha sancionado o envio de seus outros dois filhos, Jean-Charles e Jean-Sébastien, para desenvolver negócios na Espanha e na Itália, respectivamente, quando se juntaram à empresa em 1989 e 1998.

Mudando-se para Londres, Jean-François assumiu mais responsabilidade, expandindo-se no Reino Unido e nos países nórdicos e depois para os EUA, Rússia e mais além. Os Herdeiros aprendem com seus pais e depois eventualmente assumem o lugar deles. Na JCDecaux, o equilíbrio de poder estava mudando no final do século quando Jean-Claude, Jean-François e Jean-Charles — que havia concentrado seus esforços no sul da Europa, América Latina e Ásia — foram convidados para almoçar em Nova York com o líder da CBS, Mel Karmazin.

Os números tiveram muita força nesse caso. A norte-americana CBS era mais conhecida por sua estação de televisão, mas, à medida que a indústria de mídia se consolidava, já havia sido exposta em publicidade externa porque sua rede de rádio Infinity havia adquirido a TDI, empresa de painéis, em maio de 1996. O trio Decaux suspeitava que a CBS estava em busca de outros negócios. De fato, eles fizeram uma oferta generosa pelo negócio deles durante o almoço.

"Dissemos educadamente que íamos pensar sobre o caso", disse Decaux. "E, no elevador, quando estávamos descendo, meu pai me disse: 'A decisão é sua, a história agora é sua. Mas, se você aceitar pelo dinheiro, vai ficar entediado, vai se divorciar, vai perder dinheiro no fim e vai acabar investindo em coisas sobre as quais não tem nenhum conhecimento.' Em menos de cinco minutos, decidimos não vender, enfrentar os norte-americanos e ir a público."

Jean-Claude tinha sido contra fusões e aquisições. O negócio de sucesso que construíra foi forjado contrato após contrato com cidades ao redor do mundo. Incentivado por seus filhos, isso mudou em 1998, quando a Clear Channel, outro rival dos EUA, venceu a JCDecaux na aquisição do Grupo More, sediado em Londres, que tinha presença em 25 países. Os Herdeiros convenceram seu pai de que, como a indústria deles estava se expandindo rapidamente, ou eles tinham que se tornar uma empresa compradora, ou simplesmente vender.

Em abril de 1999, alguns meses após o almoço da CBS, a JCDecaux dobrou de tamanho com a aquisição da Avenir, divisão de publicidade ao ar livre do grupo francês Havas, pelo valor de 650 milhões de libras. Em resposta, um mês depois, a CBS pagou 6,5 bilhões de dólares em ações para comprar a Outdoor Systems, a maior empresa de outdoors dos EUA. Para pagar a dívida assumida anteriormente, a JCDecaux entrou para a bolsa de valores de Paris em 2001.

A transição

Naquela época, a liderança da empresa, que em grande parte perdura até hoje, já havia sido estabelecida: Jean-François e Jean-Charles como codiretores executivos, se revezando no cargo de presidente do conselho a cada ano. Como presidente do conselho fiscal, Jean-Claude já estava desapegado do dia a dia da empresa. Até mesmo sua ideia de sucessão foi fortemente debatida e por fim rejeitada. O Fundador sugerira que seu filho mais velho, Jean-François, se tornasse diretor executivo e, quando chegasse aos 60 anos de idade, entregasse o cargo a Jean-Charles. Jean-François disse que queria compartilhar o cargo com seu irmão, pois os dois conheciam extremamente bem vários grandes mercados e podiam se complementar. Eis um mau exemplo de rivalidade entre irmãos que pode arruinar empresas estáveis.

"Isso provavelmente reforçou ainda mais a nossa boa relação, porque acho que muitos teriam dito: 'Ok, eu assumo o cargo de CEO, você está na lista de espera'", disse Decaux. "Eu não fiz isso, e acho que isso provou ao meu irmão que eu o respeitava muito e valorizava imensamente o que ele acrescentava ao negócio."

Este Herdeiro só se lembra de um desacordo notável com o pai, que em 1992 estava focado em entrar no mercado norte-americano. Jean-Claude era bom amigo de Marcel Bich, cofundador da empresa de canetas esferográficas Bic, que também fabricava isqueiros e outros artigos descartáveis. Os problemas com explosão de isqueiros tinham levado a uma erupção de ações coletivas nos EUA, e Decaux não queria enfrentar o mesmo se seus banheiros públicos automatizados não funcionassem bem.

"Ele me disse: 'Sei que é o maior mercado do mundo, mas não quero arriscar a empresa que construí do zero só para você obter influência em São Francisco e algumas outras cidades norte-americanas.'" No final, Jean-François avançou, encorajado pelo apoio improvável do diretor de cinema Francis Ford Coppola, que apareceu em uma audiência pública sobre o assunto.

Ao respeitar a tradição, estabelecer responsabilidades claras e conduzir alguns debates robustos, a JCDecaux demonstrou como passar o bastão para dois Herdeiros pode funcionar de forma eficaz. O Fundador estava disposto a ceder a liderança, os Herdeiros foram testados cedo e estavam famintos pelo desafio. Agora há planos em andamento para envolver a terceira geração da família.

Banco em sucessão

Às 7h47 do dia 10 de setembro de 2014, o Banco Santander revelou ao mundo que seu poderoso líder havia morrido.

Emilio Botín era um gigante do mundo bancário. Conhecido como "El Presidente" entre sua equipe, durante quase trinta anos ele transformou um credor espanhol pouco conhecido, com o nome de uma cidade portuária do norte do país, em uma marca global, capturando bancos no Reino Unido, nos EUA e na América Latina. Ao se tornar presidente do conselho em 1986, mesmo ano em que a Espanha aderiu à Comunidade Europeia, Botín compreendeu as oportunidades que fazer parte de um bloco comercial maior traria. Na época de sua morte, o Santander era o maior banco da zona do euro por capitalização de mercado, administrando fundos no valor de 24 trilhões de euros em nome de 103 milhões de clientes, mantendo quase 14 mil agências bancárias e empregando mais de 182 mil funcionários.

Às 16h44 do mesmo dia, uma declaração foi emitida pelo Santander. Expressando "profundo pesar" pela perda de Botín, o conselho de administração anunciou que, após uma reunião do comitê de nomeação e remuneração naquela manhã, eles concordaram unanimemente em nomear a filha, Ana Botín, como a nova presidente do Santander. O comitê considerou a banqueira de 53 anos como "a pessoa mais apropriada, dadas suas qualidades pessoais e profissionais, sua experiência, seu histórico no Grupo e seu reconhecimento unânime tanto na Espanha como internacionalmente".[2]

A resposta de Ana Botín foi a seguinte: "Nesse momento difícil para mim e minha família, aprecio a confiança da diretoria e estou totalmente comprometida com minhas novas responsabilidades. Já trabalhei pelo Grupo Santander em diferentes países e com diferentes responsabilidades ao longo de muitos anos e vi de perto o profissionalismo e a dedicação de nossas equipes. Continuaremos a dedicar todos os nossos esforços com total determinação para prosseguir com a construção de um banco melhor para nossos clientes, funcionários e acionistas."

Foram 24 horas marcantes. Emilio Botín faleceu na noite de terça-feira após sofrer um ataque cardíaco; sua filha, a mais velha de seis filhos, voou do Reino Unido para Madri de manhã cedo na quarta-feira e, antes do final do dia, havia sido promovida ao cargo máximo. Seria o tipo de momento em que a maioria das famílias se reúne para lamentar, homenagear e refletir sobre a perda de um ente querido, porém, na vida corporativa, não apenas é preciso seguir em frente, como em ritmo acelerado. Embora o clã Botín certamente tenha passado pelo mesmo triste processo pelo qual passam todas as famílias, o mundo dos negócios abomina o vácuo.

A prontidão com que o Santander escolheu a nova presidente foi mais fácil pelo fato de que a nomeação de Ana Botín não foi uma conclusão precipitada. Apesar da aparência de processo diligente, já estava certo que ela um dia sucederia seu pai, tal como ele sucedera o próprio pai, e assim por diante. As raízes que entrelaçam o negócio e a família remontam a um passado mais longínquo. O então Banco de

Santander foi criado em 1857. Um membro da família Botín foi diretor geral da instituição já em 1895, e o avô de Ana tornou-se presidente do conselho em 1923.[3]

A família é mencionada como a realeza bancária europeia, portanto, não foi surpresa que essa nomeação — por sua velocidade e previsibilidade — parecesse mais uma coroação do que uma rigorosa sucessão corporativa. E tudo isso apesar de os Botín possuírem apenas 2% de participação no negócio. Não é de se admirar que alguns dos acionistas do Santander tenham resmungado por não terem sido devidamente consultados. Ele apoiou o ditado dentro do banco: "En Santander, o eres Botínes o eres botones" ("No Santander, se você não é um Botín, então você não é nada").

Os Herdeiros sabem que família e negócios não andam separados, e que o chamado para a liderança às vezes lhes é incutido desde tenra idade. Emilio Botín, no entanto, nem sempre colocou sua família em primeiro lugar. Ana Botín foi demitida por seu pai quinze anos antes. Em 1999, ela já estava escalando a hierarquia da organização, porém, para assegurar uma transição tranquila durante a aquisição do Banco Central Hispano (BCH), que tornaria o Santander o maior credor da Espanha, Emilio pediu que a filha saísse para amenizar as preocupações dos executivos revoltados da BCH, que alegavam que ela já estava sendo preparada para o topo.

"Para mim, isso prova que ele sempre pensou primeiro no que era bom para o Santander e não sobre si mesmo e sua família ou outros assuntos pessoais", disse Ana em uma entrevista em 2015.[4] Na mesma conversa, ela despistou a ideia de que a dinastia teria continuidade quando ela renunciasse: "As chances de isso acontecer são muito pequenas."

Apesar da suposta falta de sentimentalismo, Ana Botín — que é incrivelmente afiada, espirituosa e brusca — não ficou muito tempo fora do banco. Após três anos comandando uma pequena empresa de capital de risco e consultoria, ela foi convidada a liderar o Banesto, subsidiária do grupo, em Madri. O teste maior veio em 2010, quando ela assumiu o comando do Santander no Reino Unido, que era um dos maiores em poupanças e hipotecas, resultado da junção de três financeiras menores: Abbey, Alliance & Leicester e Bradford & Bingley.

Em 2013, quando perguntada sobre os melhores conselhos que recebera em sua carreira, Botín não se afastou muito de casa. "Vai soar clichê, mas meu marido tem me ajudado muito. Nunca falo tanto a respeito de assuntos femininos, mas não se pode ter uma família e uma vida profissional sem trabalho em equipe. Meu marido me dá conselhos o tempo todo e tem me dado muito apoio."[5]

Como vários outros Herdeiros, Botín trabalhou anos à sombra do pai. Emilio era um líder Alfa clássico: amigo de presidentes e de membros da realeza, tinha mão de ferro pesada para comandar e criou um palácio corporativo próprio. Ele supervisionou a construção do Santander Group City, uma grande sede construída no distrito de Boadilla del Monte, em Madri, inaugurada em 2004. Com 250 hectares, abriga nove edifícios de escritórios, uma instalação residencial para abrigar colaboradores em treinamento, a maior creche corporativa da Europa com capacidade para até 500 crianças e amplas infraestruturas esportivas, incluindo dois campos de golfe, nos quais Emilio podia ser encontrado com frequência na hora do almoço.

Quando finalmente conseguiu o cargo principal, Ana Botín provou que não tinha medo de mexer no legado de seu pai. Vários colaboradores-chave, acordos de negócios acelerados e recompensas generosas para os acionistas não faziam mais parte de sua estratégia. Ela estabeleceu finanças mais prudentes, incluindo um corte nos dividendos e reparos no balanço, e suas medidas foram demonstradas com a captação de recursos de 7,5 bilhões de euros lançada apenas quatro meses após ela ter assumido o comando. Botín enfatizou o foco no crescimento orgânico, como por exemplo impulsionar mais receita a partir da base de clientes do banco, forjando relacionamentos mais estreitos e promovendo venda de outros produtos, bem como visando algumas áreas essenciais de empréstimos corporativos, como o Supply Chain Finance [financiamento da cadeia de fornecimento].

Limites foram impostos. Por exemplo, o hábito de listar ações localmente em muitas das operações do Santander saiu de moda. Ana Botín tinha poucas opções, o banco teve que mudar porque os tempos tinham mudado. Mesmo se Emilio não tivesse falecido, o banco precisava de sangue fresco e nova direção. A questão que permanece é se um Herdeiro foi a melhor pessoa para sacudir o Santander. Um Restaurador teria feito mais e mais rápido, sem carregar o fardo do legado.

Mesmo antes que o impacto da covid-19 tivesse cobrado seu preço, no início de 2020, as ações do Santander haviam diminuído mais da metade sob a supervisão de Ana Botín. As taxas de juros ultrabaixas dificultaram o aumento dos lucros e as ações europeias do banco não têm tido dias favoráveis há vários anos. Alguns Herdeiros conseguem superar e ofuscar seus pais, porém, dados os primeiros cinco anos de Ana, essa conquista parece um pouco distante para o Santander.

O brilho da ambição

Um empresário que ofuscou o pai foi o magnata do aço Lakshmi Mittal, cujo império, a ArcelorMittal, registrou receitas superiores a 70 bilhões de dólares em 2019, embora os preços mais baixos do aço tenham levado o grupo a um prejuízo líquido de 2,5 bilhões de dólares. Lakshmi, cujo nome é inspirado na deusa hindu da riqueza, começou trabalhando na empresa de aço de seu pai aos dezenove anos de idade, quando a vida era muito diferente. Nascido no deserto ao norte da Índia, em uma casa sem eletricidade, foi enviado por seu pai para estudar na St. Xavier's College, em Calcutá. O diretor da instituição queria que ele fosse professor.

O primeiro teste de carreira de Mittal veio aos vinte e poucos anos, durante a montagem de uma fábrica na Indonésia sobre a qual seu pai não estava tão certo. Por fim, a empresa familiar se dividiu em 1995 em meio a relatos de desentendimentos. O Herdeiro partiu para desenvolver a divisão internacional e seu pai, Mohan Lal Mittal, e seus irmãos se concentraram nos ativos indianos.

O império de Mittal abrange hoje 191 mil funcionários e fábricas de aço em dezoito países.

Fica claro que Mittal (que pessoalmente não é inflexível, como aço, mas contemplativo e quase tímido) fez o seu negócio crescer tendo a família em mente. Assim como lhe foram concedidas oportunidades precoces, ele garantiu que seus descendentes tivessem chances semelhantes. O filho de Mittal, Aditya, trabalha ao seu lado há muitos anos. A irmã de Aditya, Vanisha, também está no conselho como diretora não executiva desde 2004.

Apesar da ideia de que os Herdeiros são de alguma forma superprotegidos dentro da empresa da família — que aceitar um emprego com os pais é a opção mais fácil, em vez de se destacar por conta própria —, mais uma vez aqui está um exemplo de um Herdeiro que recebeu muita responsabilidade desde cedo. Como diretor financeiro da Mittal Steel, aos 30 anos de idade, Aditya desempenhou um papel fundamental na fusão de 2006 com a Arcelor, de Luxemburgo, que criou um gigante industrial, a primeira empresa do mundo a produzir cem milhões de toneladas de aço em um ano.

Em uma entrevista de 2012, Mittal enfatizou que seu filho poderia seguir seu próprio caminho, do mesmo modo como fizera — prevendo, entanto, que ele não deixaria a ArcelorMittal: "Antes de mais nada, acho que ele não gostaria de fazê-lo, mas todos devem ter liberdade para fazer o que quiserem", disse ele. "Meu pai não me segurou; eu não posso segurar meu filho ou minha filha. Entretanto, acredito que ele ficará: até onde sei hoje, ele gostaria de continuar a crescer com a organização."[6]

Até agora, ele teve razão. Além de seu papel financeiro e liderando as operações europeias do grupo, Aditya também foi nomeado presidente em 2018, e o pai declarou: "Ele continuará a trabalhar comigo na formação da futura direção estratégica do grupo."[7] E quando, em 2020, a ArcelorMittal comprou a Essar Steel na Índia, Aditya foi nomeado presidente do conselho de diretores do novo empreendimento, com ambição de aumentar o fornecimento.

Essas nomeações não foram decisões tomadas de um dia para o outro por Mittal. Os Herdeiros compreendem o benefício do pensamento de longo prazo. O fato de terem sido colocados no cargo sugere que houve sucesso suficiente para que algo fosse passado para a geração seguinte. A confiança tem recompensado. Não houve razão para se desviar do caminho, não houve necessidade de buscar em outro tipo de liderança, como um Vendedor, Amante ou Restaurador para consertar uma situação conturbada, ou um Diplomata para mediá-la.

Os dividendos que a longevidade traz são algo que os Wallenberg da Suécia entendem há gerações. Sua dinastia é uma das mais poderosas da Europa. Por meio da Investor, uma quinta geração de membros da família Wallenberg administra um império que inclui participações significativas em muitas das maiores empresas do país, incluindo a Electrolux, a Ericsson, a AstraZeneca e, no setor bancário, a SEB, bem como o mercado de ações norte-americano Nasdaq e a investidora de private equity EQT. O portfólio da Investor foi avaliado em 485 bilhões de coroas suecas (41 bilhões de libras) no final de 2019.

Esses são tipos diferentes de Herdeiros, que administram uma carteira de investimentos a longo prazo, em vez de ocupar os cargos operacionais descritos em outros pontos deste capítulo. No entanto, Jacob Wallenberg, presidente da diretoria desde 2005, é minucioso sobre as movimentações da família e consciente de como as influências mudam ao longo dos anos.

"Quando meu avô entrava na sala da diretoria, independentemente de ser dono de uma única ação ou não, ele comandava o dia", disse ele em uma entrevista.[8] "Seu poder era baseado na força de sua personalidade e em sua posição na sociedade. Quando seu filho, meu pai, entrou na mesma sala 25 anos depois, não era suficiente ser um indivíduo forte e bem respeitado. Ele tinha que carregar algum peso em termos de propriedade, digamos, 10% da empresa, para ser considerado a voz principal na mesa. Quando a geração atual entra na mesma sala da diretoria, é apenas a propriedade que conta e não o nome, por maior e mais renomado que seja."

Assim como Ana Botín, Jacob Wallenberg passou um tempo fora antes de se juntar e gradualmente subir na hierarquia da empresa da família. Após graduar-se na Wharton

Business School, ele passou dois anos em Wall Street com o banco de investimentos JP Morgan antes de sua temporada em Londres com o Hambros, banco comercial, e depois viajou para a Ásia com o SEB. Jacob desenvolveu uma visão internacional valiosa que é comum em um mercado pequeno como a Suécia, mas que não é fácil de se adquirir caso passe todos os seus anos de formação trabalhando em Estocolmo.

Agora que é o líder, o empresário fala como se tivesse que compensar o nome que carrega para não parecer que é apenas uma relíquia decorativa na sala da diretoria, incapaz de oferecer boa liderança. A rede de analistas da Investor está lá para garantir que seus diretores permaneçam incrivelmente bem-informados a respeito de seus investimentos e dos mercados em que operam. Para os Wallenberg, é a soma de propriedade mais conhecimento que legitima a liderança que oferecem, não seu nome. Jacob acrescentou: "Nosso propósito é sermos reconhecidos como membros muito profissionais e especialistas da diretoria. Os demais membros não apenas respeitam isso, como também nos escutam. Só causaremos impacto em uma empresa se fizermos nossa voz ser ouvida."[9]

Ele descreveu como "continuidade dinâmica" o processo de constante mudança que tenta acompanhar um mundo em transformação, dentro da estrutura do modelo de negócios da Investor. "Se isso tem algo a ver com o fato de ser uma empresa de família? Não, tem a ver com os valores que nossos ancestrais formularam e que nós testamos e continuamos a respeitar." A conclusão é que ser um Herdeiro permite que você tenha um lugar à mesa, mas não garante eficácia.

E, apesar de todo o profissionalismo e treinamento necessários para fazer jus ao que se espera de alguém que carrega o nome da família, alguns Herdeiros não conseguem conter suas emoções. Sim, é um negócio, mas para eles é muito mais do que isso.

Lorde (Jonathan) Rothermere assumiu a presidência do conselho do Daily Mail and General Trust (DMGT) na ocasião da morte de seu pai em 1998. O grupo foi listado na Bolsa de Valores de Londres em 1932, uma década depois de começar a administrar os interesses da família Harmsworth, que se expandira desde que os irmãos Alfred e Harold, bisavô de Jonathan, começaram a publicar o *Daily Mail* em 1896. Ao longo dos anos, a empresa diversificou-se em conferências comerciais, sites e empresas de informação e se tornou suficientemente grande para entrar e sair do FTSE 100.

O carro-chefe do *Daily Mail* cresceu em influência como a voz da classe média inglesa, com força suficiente para manter os ministros do governo britânico acordados durante a noite. Entretanto, os desafios do mercado jornaleiro levaram a algumas decisões difíceis. Em 2009, a DMGT anunciou que estava vendendo por uma libra o controle do *London Evening Standard,* que gerava prejuízo, para o ex-agente da KGB Alexander Lebedev. O *Standard* permaneceu como um acessório nas esquinas das ruas de toda a capital, mas cada vez menos pessoas o compravam como leitura essencial em casa.

Para Rothermere, presidente do conselho do grupo e acionista controlador, a alienação foi obviamente uma decisão difícil. "Estou muito ligado emocionalmente ao *Standard*", disse ele logo após a venda ter sido tornada pública. "Junto com a morte de meus pais, [a venda] foi uma das coisas mais difíceis em minha vida."[10] Embora a tomada de decisão diária seja deixada ao diretor executivo da DMGT, Rothermere acredita que as duas coisas, família e negócios, estão indissoluvelmente ligadas. Seu pai havia adquirido o *Standard* em 1987.

Como os Amantes demonstrarão no próximo capítulo, a paixão pela liderança é bem-vinda, desde que não torne as decisões puramente baseadas em emoções. A DMGT poderia não ser mais uma das principais editoras de jornais do Reino Unido se um Herdeiro não a controlasse. Basta observar como tantas outras empresas gráficas saíram do negócio em busca de um crescimento mais rápido longe da mídia de consumo.

É uma aposta justa que Rothermere nunca fará isso, julgando que a estrutura do conglomerado incluirá ativos que compensarão o declínio dos jornais. Os Herdeiros são bem-sucedidos quanto estão rodeados de colaboradores capazes — desde que aceitem aqui e ali os conselhos que recebem. A próxima geração tem tempo para ouvir e aprender. O filho mais velho de Rothermere, Vere, juntou-se à DMGT em um cargo de desenvolvimento de negócios no início de 2020, de acordo com sua conta no LinkedIn.[11]

Gerenciando o risco

Quando Jean-Claude Decaux finalmente se aposentou, não foi sem garantir que sua família permanecesse estreitamente ligada à empresa de publicidade que ele havia fundado. Em uma reunião do conselho fiscal em 8 de abril de 2013, ele anunciou que não estaria mais na diretoria após a reunião anual de acionistas em 15 de maio daquele ano. A família ainda possuía 66% da empresa, que naquela época valia mais de quatro bilhões de euros. Decaux não deixaria nada ao acaso. Demonstrando seu desejo de ver o envolvimento de uma terceira geração na empresa, um dos três nomeados para o conselho fiscal antes de sua partida foi Alexia Decaux-Lefort, sua neta mais velha, que é gerente de produto na Piaget, a luxuosa relojoeira suíça. Até seu falecimento em 2016, Jean-Claude detinha o título de fundador e presidente honorário.

De acordo com Jean-François Decaux, a porta está aberta para a próxima geração se envolver ativamente na JCDecaux, embora o tipo de desafio que lhe foi lançado em 1982 não seja mais possível para uma empresa que opera em cerca de oitenta países, da Austrália ao Zimbábue. "É uma história diferente para eles", disse ele. "É preciso ter experiências em outros lugares por bons dez anos. E então, se você se provar em algum outro empreendimento, pode se juntar à empresa."

Em 2017, os três irmãos tomaram uma decisão a favor do G3, apelido dado internamente aos seus filhos. A família Decaux investiu 791 milhões de euros em uma participação na Eurazeo, investidora criada pelo banco comercial Lazard e seus fundadores. A empresa aguarda a chegada da próxima geração de Herdeiros dos Decaux, mas os investimentos já foram diversificados em outras direções além da indústria da mídia — para o caso de o G3 não imitar o sucesso do G2.

A questão da diversificação pesa muito para os Herdeiros. Os negócios não podem ser preservados em formol. Somente os líderes podem decidir a melhor maneira de combinar as tradições do passado com movimentos estratégicos sólidos que garantam um futuro. O que os assombra é a perspectiva de que tudo vá ao chão sob seu comando.

Passando à frente

Às vezes acontece de forma sutil e bem-sucedida, como a transformação de Pinault-Printemps-Redoute (PPR) em

Kering. Em um artigo de 2014, François-Henri Pinault, presidente do conselho de diretores e diretor executivo da comerciante de artigos de luxo francesa, descreveu como foi receber o poder das mãos de seu pai, François, que fundou a empresa em 1963.[12]

Foi um processo transparente. Após um jantar em Paris em 2003 no qual o pai pediu ao filho para assumir a direção da Artemis, o negócio da família, François-Henri chegou à sede na segunda-feira seguinte e descobriu que os móveis haviam sido trocados no fim de semana, de modo que agora ele ocupava o escritório de canto.

Dois anos depois, quando também assumiu a liderança da PPR, Pinault foi confrontado com o desafio que os Herdeiros têm ao decidir se deixam as coisas como estão ou se colocam sua marca pessoal nelas. A PPR era um conglomerado que fabricava produtos e os vendia por correspondência e varejo; o envolvimento com mercadorias de luxo veio com as aquisições da Gucci e da Yves Saint Laurent. "Eu estava preocupado com o fato de nossos ativos estarem muito ligados à Europa Ocidental, e à França em particular", disse o empresário. "A empresa precisava se tornar mais internacional, mais orientada para o crescimento, mais lucrativa. Assim, concentrei-me em nosso segmento de luxo — vestuário e acessórios —, que tinha um forte potencial de crescimento a longo prazo."[13]

Marcas como Brioni, Stella McCartney e Bottega Veneta foram adicionadas ao portfólio, enquanto o resto — incluindo a Printemps, loja de departamentos, e a Fnac, loja de livros e eletrônicos — foi deixado de lado. Pinault percebeu que aumentar em tamanho para aumentar em proporção não era uma estratégia que duraria para sempre. Em vez disso, em 2014, as vendas do grupo haviam diminuído em mais da metade, ao passo que os lucros aumentaram em cerca de 40%. O feito foi resultado de uma mistura entre o que foi herdado e inovações eficazes. Até mesmo o novo nome — Kering — tentou demonstrar isso, ao combinar a palavra "ker", que significava "casa" no dialeto falado na Bretanha, de onde vem a família de Pinault, e o sufixo "-ing", que em inglês indica que algo está em movimento.

De diferentes setores e geografias, outros dois Herdeiros que se encaixam nesse molde evolutivo são Pansy Ho e James Murdoch. Ho é a filha mais velha de Stanley Ho, o magnata dos cassinos que transformou Macau, ex-colônia portuguesa, na Meca das apostas asiática, cujas receitas há muito tempo ofuscam as de Las Vegas.

Dos dezessete filhos que o pai teve com quatro esposas, Ho ficou marcada como a Herdeira por não ter ficado de braços cruzados quando a concorrência inundou Macau, que virou território chinês em 1999. Em vez de lutar contra todas as tentativas das cadeias de cassino norte-americanas de quebrar o monopólio de quatro décadas de sua família, ela fechou parceria com um deles, firmando uma lucrativa joint venture com a MGM Resorts.

Em uma entrevista de 2013 sobre a saída de seu pai do lado operacional do negócio, ela disse: "Meu pai é obviamente um líder que é respeitado por todos, e ele ainda dá as próprias opiniões, mas acredito que os negócios agora são administrados de forma bastante independente."[14] Stanley Ho morreu em maio de 2020.

Uma das famílias mais conhecidas na indústria da mídia são os Murdoch, liderados pelo patriarca Rupert, que construiu um império internacional de notícias e entretenimento a partir da empresa de jornais australianos que herdara de seu pai. A nomeação, em 2003, de seu filho James, de trinta anos, como diretor executivo da BSkyB, foi muito controversa. Os críticos disseram que Rupert, cuja News

Corporation na época detinha uma participação de 35% na Sky, onde presidia o conselho, não tinha dado ouvidos aos outros gestores, que achavam que James era muito inexperiente para o cargo, apesar de ele ter dirigido anteriormente a rede Star TV na Ásia.

As preocupações foram descartadas. Ficou claro rapidamente que James é filho de seu pai, e ele tentou desempenhar o papel de desafiador do establishment. A Sky havia sido lançada em 1989 com quatro canais produzidos a partir de uma estrutura pré-fabricada em um parque industrial na periferia do oeste de Londres, mas fechou negócios com a indústria do cinema e cooptou direitos de transmissão de futebol para atrair os telespectadores.

Os investidores com visão horizontal de curto prazo estavam ansiosos para que a Sky alcançasse a meta de entrar em oito milhões de casas. Antes mesmo que isso acontecesse, em agosto de 2004, Murdoch delineou planos para atingir dez milhões, acompanhados por um plano de investimento que colocou as ações da Sky em queda.

Um ano depois, em outubro de 2005, a aquisição da Easynet, provedora de internet, mostrou que a Sky tinha a intenção de ampliar seu modelo de negócios. Vender assinaturas de banda larga junto com seus pacotes de TV mudaria seus mecanismos, mas também a levaria à concorrência direta com a outra grande operadora do Reino Unido, a BT. Murdoch dirigia a empresa com a mesma atitude implacável de seu pai, porém a incrementou com modernizações e novas batalhas.

Ele substituiu seu pai como presidente do conselho da Sky em 2007. Em 2012, deixou a empresa em apuros quando foi envolvido no escândalo de hacking de celulares da News International, divisão do império que ele estava dirigindo na época. Murdoch voltou como presidente do conselho da Sky em 2016 e o negócio foi vendido em 2018 à empresa norte--americana Comcast, em um acordo avaliado em 30 bilhões de libras.

Os membros da família, no entanto, nem sempre estão na mesma página. Em janeiro de 2020, James Murdoch e sua esposa, Kathryn, emitiram uma declaração que criticava a forma como os noticiários da família haviam diminuído o impacto da crise climática global enquanto incêndios florestais varriam toda a Austrália. "Eles estão particularmente desapontados com a contínua negação entre os veículos de notícias na Austrália dadas evidências óbvias do contrário", disse um porta-voz.[15] Desde o final de 2018, James não tem envolvimento cotidiano nos negócios familiares e está fazendo investimentos em mídia através de sua própria empresa, a Lupa Systems.

Desperdício

Menos eficaz foi a liderança do Herdeiro do grupo Seagram. Esse nome corporativo é uma relíquia histórica agora, mas costumava ser uma das principais empresas de bebidas do mundo, com marcas como Chivas Regal e Mumm. Foi construída por um empresário canadense, Samuel Bronfman, que vendia uísque para contrabandistas durante a era da Lei Seca nos EUA. Após sua morte em 1971, a firma continuou a expandir-se sob a direção de seu filho mais velho, Edgar. Mudanças dramáticas aconteceram sob a liderança da terceira geração, com Edgar Júnior, a partir de 1994.

O primeiro sinal de mudança veio em abril de 1995, quando a Seagram vendeu grande parte de sua participação de 24% na DuPont — que em si era um legado de uma batalha de aquisição — de volta ao grupo químico norte-americano por 8,8 bilhões de dólares. Edgar Júnior se desfez daquele estável gerador de dividendos para construir um império de entretenimento, primeiro adquirindo o estúdio de cinema MCA e depois a gravadora Polygram.

Os Bronfman mais jovens estavam claramente procurando sarna para se coçar. O pai havia tentado adquirir o estúdio de cinema MGM no início de sua carreira, e seu filho, similarmente, havia arriscado se aventurar como produtor de filmes e compositor. Edgar pai se lembrava bem de como o pai dele o fiscalizara quando ele tentou levar a empresa à sua própria maneira. Samuel tinha "governado por veto, não por imaginação", disse em uma entrevista.[16] Assim, Edgar Júnior teve espaço para fazer o que queria.

Apesar dos esforços, a Seagram, bebidas e mídia combinadas, não tinha a escala de uma Disney ou uma Time Warner, então, em junho de 2000, Edgar Júnior uniu todo o negócio com a Vivendi, provedora de água e serviços francesa que também pretendia se transformar em uma gigante do entretenimento e da internet. O momento parecia bom para fechar o acordo, afinal, o preço das ações da Seagram havia praticamente triplicado nos cinco anos desde a venda da participação na DuPont.

Foi desastroso, pois as ações de mídia e telecomunicações caíram após o colapso da bolha dotcom. Apesar da dissolução do portfólio de bebidas — vendidas e divididas em grande parte entre as rivais Diageo e Pernod Ricard por oito bilhões de dólares — as finanças da Vivendi estavam em um estado lastimoso devido às aquisições feitas pelo diretor executivo do grupo, Jean-Marie Messier, um líder Alfa.

A coisa fedeu. Os Bronfman fizeram campanha pela demissão de Messier, mas já tinham perdido bilhões de sua fortuna combinada quando o CEO deixou a Vivendi em 2002. No final de 2003, Edgar Júnior se consolou com a aquisição de 2,6 bilhões de dólares da Warner Music, uma das quatro principais gravadoras do mundo naquela época.

A família está longe de falir hoje em dia. É notável, porém, que os medos do Fundador, conhecido como "Sr. Sam", se tornaram realidade. "Estou preocupado com a terceira geração", disse ele em uma entrevista em 1966. "Os impérios vêm e vão." [17]

Privilégio e nepotismo

A lista de candidatos para o cargo de Herdeiro é restrita. É o único tipo de liderança neste livro que é definido por nascimento. No entanto, aqueles que nascem para isso têm que decidir se é o que querem. Eles são levados por seus pais, pelos conselheiros de seus pais ou pela diretoria da empresa aos mais altos cargos, porém também podem testar se este é o caminho para suas vidas ao longo dos anos de preparação.

Os Herdeiros têm oportunidades únicas: conseguem desde cedo ter um vislumbre de como as corporações funcionam simplesmente ouvindo à mesa de jantar, assim como têm uma educação privilegiada e a chance de falhar ou acertar em desafios que dificilmente seriam atribuídos a um típico estagiário de vinte e poucos anos.

Ainda assim, pode faltar a compreensão das bases. É impossível para o filho ou filha do Fundador aprender verdadeiramente o negócio do zero, a menos que sejam colocados em situações nas quais precisem construir algo essencialmente do zero.

Ganhar aceitação também pode ser difícil. O sucesso de um Herdeiro é dado por garantido, de modo que qualquer fracasso é amplificado. Não é fácil separar um passado privilegiado de estratégias atuais; um início de carreira confortável do que é feito a partir disso. Os melhores líderes Herdeiros são aqueles que se tornam chefes atenciosos e bem-sucedidos independentemente de seu sobrenome.

OS HERDEIROS EM RESUMO

Pontos fortes: têm entendimento profundo do mundo dos negócios, adquirido ao longo de muitos anos; passam por excelente treinamento e formação; são confiantes; têm paixão pela empresa e respeito pela tradição.

Pontos fracos: são propensos a extremos, seja seguindo o passado muito de perto ou afastando-se demais dele.

Habitat natural: liderando o negócio da família em que nasceram, ou usando a fortuna de diferentes maneiras para se afastar da expectativa que colocam sobre eles, como ajudando causas filantrópicas ou investindo em capital de risco.

Onde você os encontrará: no comando do leme, ou bem perto dele, do navio que seus pais ou avôs construíram.

CAPÍTULO SEIS

Amantes

Atração física

A música ritmada e as luzes vermelhas do teto davam à sala um ar de clube noturno. Fileiras de torsos tonificados, puxando peso, ou deitados sobre tapetes fazendo abdominais. Outra fila de fanáticos fitness corria nas esteiras alinhadas ao longo de cada parede. O sentimento avassalador era de movimento e emoção, onde a dor física resultava em bem-estar mental.

No centro desta empreitada física estava Joey Gonzalez, com seu microfone plugado no rosto e uma camiseta marcando sua impressionante musculatura. Mexendo-se sem parar — incentivando, pulando e alongando — Gonzalez participava da aula tão entusiasticamente quanto qualquer membro da academia, ao mesmo tempo em que a conduzia como um maestro de orquestra.

Ele pertencia ao lugar quase organicamente. Não é preciso uma onda de endorfina para ver que Gonzalez ama o que faz. Entretanto, embora ele se encaixe bem nesses ambientes típicos de Nova York, ele não é apenas um instrutor de academia. Gonzalez é o diretor executivo de toda a empresa, a Barry's Bootcamp — agora chamada simplesmente de Barry's —, rede de academias que mais cresceu na última década.

Em um mundo corporativo com fome de autenticidade, as empresas juram que não podem sobreviver sem paixão: por seu produto, por seus clientes e por sua comunidade. No entanto, este impulso amoroso tornou "paixão" a palavra mais desvalorizada na vida corporativa. É uma métrica imensurável, e mesmo assim é onde a maioria dos líderes fracassa. No entanto, existe uma categoria de líder que realmente transmite paixão pelo que faz e que está longe de fingir. Vamos chamá-los de Amantes.

A crença que eles têm no próprio trabalho é profunda. Separá-los dos chefes que apenas fingem estar interessados no que sua firma faz é uma tarefa fácil. Eles são entusiastas do seu produto ou serviço e do estilo de vida que promovem, e isso é o que alimenta as ambições de suas carreiras. O único desejo deles é fazer exatamente o que já estão fazendo. Em comparação com a promiscuidade dos Restauradores ou dos Vendedores, que trocam facilmente de indústria em busca de seu próximo desafio, os Amantes são fiéis à causa e possuem profundo conhecimento setorial. Uma vez que tenham identificado sua paixão profissional, é provável que permaneçam em apenas uma indústria pelo resto da vida.

O aconselhamento de carreira e os testes de aptidão nos sugerem fazer algo que amamos, porém são poucos os que realmente conseguem. Estas são as histórias dos sortudos que amam o que fazem e que conseguiram fazê-lo no mais alto nível. Como Gonzalez, os Amantes podem ter convertido um hobby em um negócio. Pode ser que sejam usuários de um produto que criaram e decidiram vender. Gareth Davis, que foi diretor executivo da Imperial Tobacco, proprietária de marcas de cigarros como JPS, West e Davidoff, costumava acender um cigarro em todas as oportunidades que tinha, muitas vezes em meio a coletivas de imprensa. Ele não fazia isso para causar uma impressão: ele realmente adora fumar.

Essas paixões são criadas quando ainda são jovens, e é por isso que este capítulo, mais do que os outros, explora onde os líderes adquirem suas motivações. Os Amantes geralmente crescem e se tornam conhecidos dentro de seu nicho. Há estagiários que retornam como líderes às empresas que os ensinaram suas primeiras lições, como Lorde (Stuart) Rose, que, em 2004, voltou para a varejista de alimentos e roupas Marks & Spencer como diretor executivo, depois de quinze anos longe. Ou podem ser alguém que escalou a hierarquia e nunca mais saiu, como Steve Rowe, que começou como estagiário da M&S em 1989 e foi nomeado diretor executivo em 2016.

Pense em um jogador-treinador no futebol que desempenha duas funções. Eles têm uma compreensão única das exigências da sala da diretoria, bem como do vestiário — ou, no caso dos negócios, da fábrica, da loja ou mesmo da academia.

Os cínicos dizem que é fácil amar algo se você recebe cerca de cinco milhões de libras por ano e talvez mais quando os frutos das ações amadurecem. Entretanto, um dos pontos fortes desse tipo de liderança é o modo como acreditam: estariam preparados para preencher o cargo por muito menos dinheiro ou vantagens. Tampouco precisam explicar como chegaram aonde chegaram — sua paixão os atraiu e eles não vão a lugar algum.

Gonzalez é um desses Amantes. Levou quatorze anos desde a primeira vez em que entrou na Barry's Bootcamp até se tornar diretor executivo. Naquela época, a Barry's ganhou reputação de ser a melhor academia da cidade, atraindo celebridades e pessoas fitness para uma mistura de exercícios aeróbicos e treino com pesos que promete grandes resultados.

Criada em 1998 em West Hollywood pelo fundador homônimo Barry Jay, a primeira academia se expandiu para oitenta filiais, de Singapura a Estocolmo, e atraiu uma série de seguidores famosos, incluindo Victoria Beckham, Harry Styles e Kim Kardashian, ao longo do caminho. Sua primeira incursão internacional foi em Bergen, na Noruega, em 2011; dois anos depois, foi para Londres.

Quando estava em Londres, no início de 2018, para promover a abertura da quarta academia Barry's, Gonzalez deixou claro que não era somente o líder da empresa. Ele abraça o que ela representa. É óbvio que o ramo não é adequado para um preguiçoso, mas Joey exala tal estilo de vida e bem-estar. Bebendo café preto, Gonzalez brilhava de saúde, apesar de cumprir um regime alimentar incrivelmente desafiador: ele não consome açúcar, álcool, glúten e laticínios, e estava jejuando intermitentemente na ocasião.

O que começou como amor à saúde e à boa forma física, foi transformado em carreira, começando como instrutor e depois se tornando diretor executivo da Barry's em 2015. Às vezes, os Amantes têm uma dívida de gratidão com a empresa que lideram, como é o caso dele.

Gonzalez falou sobre como o negócio incutiu nele uma confiança que havia sumido. Ele começou sua carreira como ator infantil, mas o trabalho foi decaindo. Ao entrar numa Barry's um dia, sentiu que estava em casa. Sem parecer muito piegas, Gonzalez, de membro, passou a ser treinador, e jurou que a primeira aula que teve foi um dos melhores dias de sua vida.[1]

Sua vida privada também estava ligada à academia. Lá, Gonzalez conheceu Jonathan, seu então futuro marido. "Foi o primeiro aluno que eu beijei", disse ele. Por fim, é interessante notar que, em vez de deixar para trás o piso dos aparelhos e se trancar no escritório executivo, ele se mantém na linha de frente. Gonzalez dá aulas nas manhãs de sábado e, quando a pandemia da covid-19 começou, ele deu aulas virtuais pelo Instagram.

É fácil imaginar que a indústria do lazer, em rápido crescimento, está cheia de Amantes. É muito mais simples ficar animado com uma experiência de viagem, exercícios físicos ou cortes de cabelo extravagantes do que com widgets ou latas de feijão. Para a maioria dos diretores executivos, é suficiente gostar do próprio produto, não há necessidade de amá-lo. Para outros, conhecer o produto é suficiente para realizar o trabalho. É raro que uma rede de cafeterias seja liderada por um barista premiado, ou que um ciclista renomeado esteja ao leme de um varejista de bicicletas como a Halfords, por exemplo. Tais habilidades não garantiriam uma liderança eficaz. E é isso que um Amante tem que provar — que a paixão aumenta sua capacidade, e que sua liderança traz resultados melhores para o negócio.

O que um Amante oferece de melhor é fonte de inspiração. Seu entusiasmo é contagiante, e eles conseguem convencer tanto sua força de trabalho quanto outras partes interessadas com facilidade. A questão é como usar essa credibilidade e essa força de vontade para inspirar aqueles que os rodeiam a trabalhar arduamente e efetuar mudanças positivas.

Publicidade apaixonada

Vale a pena mencionar o marketing. Não há melhor maneira de um líder convencer seu pessoal e seus clientes de que eles acreditam no produto do que estampando a própria campanha publicitária. Pelo menos é isso que alguns líderes Amantes acreditam. Jim Koch, o cofundador da marca de cerveja Sam Adams, apareceu nos comerciais de sua própria empresa por muitos anos e demonstrou ser um Amante confiável cuja paixão impulsionava as vendas de cerveja. O público pode, porém, encarar isso como pouco autêntico. Os Vendedores nunca sonhariam em assumir tal papel na linha de frente.

Talvez o líder mais famoso a seguir esse caminho seja Victor Kiam, cujos cabelos brancos, pele bronzeada e voz rouca se tornaram sinônimo de venda de máquinas de barbear no início dos anos 1980. Kiam tinha trabalhado em vendas e marketing na Playtex, marca de roupas íntimas femininas, antes de embarcar em uma carreira como empresário. Na referida campanha publicitária, ele declarava estar tão impressionado com a máquina de barbear Remington que "comprara a empresa".

Contudo, quando estava considerando o acordo, sua esposa, Ellen, apontou que ele nunca havia usado uma máquina de barbear elétrica em sua vida. A resposta dele foi: "Eu vendo sutiãs há treze anos, e nunca usei nenhum."[2] Sua esposa comprou um aparelho para ele no dia seguinte. Kiam comparou-o com os modelos concorrentes e descobriu que o Remington era seu preferido. A empresa, que estava em déficit, obteve lucro no primeiro ano depois de ser adquirida por Kiam.

Se impulsionar as vendas é um lado positivo, a paixão corporativa em sua totalidade suscita preocupações sobre vários possíveis pontos negativos. Líderes que fazem questão de operar no chão de fábrica devem garantir que ainda tenham o respeito de seus colegas, e a paixão pode ser uma característica perigosa se ela corrói a objetividade e age como uma barreira para a tomada de decisões difíceis.

Na Barry's, pode ser que Gonzalez esteja ultrapassando algum limite, mas até agora ele tem conseguido tomar as decisões comerciais corretas para manter feliz sua clientela. Também satisfeito — ou assim parece — é o grupo de private equity North Castle Partners, que é o proprietário majoritário do Barry's e que cogitava uma venda de 700 milhões de dólares pelo negócio. O plano foi frustrado pela covid-19 e, em junho de 2020, a Barry's anunciou um investimento da empresa de aquisição LightBay Capital, sediada em Los Angeles.[3]

Os Amantes devem equilibrar sua paixão com desapego para realizar o trabalho que amam. Sua credibilidade excepcional junto aos colaboradores e aos clientes sugere que não há ninguém melhor para liderar uma empresa em um momento difícil. No entanto, não é tão óbvio como o amor e a paixão podem se traduzir em tomadas de decisões difíceis, mas a vida corporativa exige. Falhar em meio a uma crise não é liderar.

Amante dos livros

O nível do mezanino da livraria Waterstones em Piccadilly, em Londres, oferece a James Daunt uma visão imponente de seu império. Por sobre a sacada ele pode olhar para o coração da loja, uma catedral dedicada à palavra escrita onde os livros foram cuidadosamente selecionados e empilhados para que os compradores possam vislumbrar facilmente as obras.

Na outra direção está a entrada dos fundos do estabelecimento que leva à rua Jermyn e às lojas TM Lewin e Aquascutum do outro lado da rua. Logo abaixo, Daunt pode ver os recém-chegados fazerem uma pausa para ver cartazes, cartões e colecionáveis. Alguns vão direto ao local onde ele está: uma área de cafeteria decorada com painéis de madeira clara, que oferece um pouco de descanso do burburinho lá embaixo e onde doces deliciosos são empilhados tão cuidadosamente quanto os livros.

Na era do Big Data, dos algoritmos e dos cookies de computador, essa rotina ainda tem um papel a desempenhar na sofisticada vigilância do varejo — com o benefício de chás e bolos. Daunt, tranquilo, amigável, educado, atencioso e apropriadamente reservado, orgulha-se de conhecer sua clientela, mas nunca é demais aprender uma coisa ou outra. Embora ele venda livros online, seu maior desafio desde que assumiu esse trabalho em 2011 tem sido entender o que é preciso para ser um vendedor de livros em uma loja física na era da Amazon *et al*.

A Waterstones é a maior livraria da Europa. Possui mais de doze quilômetros de estantes em um edifício art déco a um passo do Piccadilly Circus, onde costumava existir a imponente loja de departamentos Simpsons. Ainda assim, sua localização privilegiada e seu orgulho não pareciam ser suficientes para salvá-la há não muito tempo. A loja era esfarrapada e pouco amada, um lugar onde os transeuntes eram tão propensos a entrar só para ir ao banheiro quanto para folhear os livros e realmente comprar algo. Os críticos previam o apagamento da marca britânica, cujas raízes remontam a 1982, como mais uma baixa da High Street. Daunt mudou isso.

Naquela sexta-feira à tarde em 2017, a reestruturação já estava em andamento. O livreiro dedicara um carinho especial às filiais nos seis anos anteriores, instalando móveis confortáveis, mesas, flores frescas e iluminação LED. Crucialmente, ele devolveu o poder da sede e reenergizou a motivação de seu exército de funcionários bem-informados, encorajando-os a compartilhar seu entusiasmo literário com os clientes. Juntamente com um programa de redução de custos que diminuiu o efetivo, a Waterstones voltou a ter lucro, ganhando 10,9 milhões de libras no ano fiscal de 2016. Tal feito provou não se tratar de uma ocorrência pontual.

Por definição, um projeto passional não coloca a rentabilidade em primeiro lugar — exceto se o Amante ao leme entender que sem lucros sólidos não sobraria nada para continuar apaixonado. Qualquer especialista em recuperação financeira poderia ter feito o mesmo com a Waterstones, diriam os críticos. Porém, se fosse um Restaurador, que conserta corporações com uma série de decisões impiedosas, Daunt já teria pulado para outra empresa. Foi sua paixão como amante de livros e, decisivamente, como comprador de livros que lhe deu uma perspectiva extra e o respeito de seus colaboradores, que melhoraram seu desempenho.

Daunt age como qualquer lojista orgulhoso, arrumando gentilmente as vitrines e caminhando pelo piso onde os clientes procuram por presentes. Em outra vida, seria de se imaginar que ele tem apenas uma loja, não centenas. Em outra época, você o encontraria atrás do balcão, usando um avental perfeitamente engomado, e foi basicamente assim que sua história começou.

O amor de Daunt pelos livros era abrangente. Sua mãe costumava levá-lo todas as semanas à biblioteca. Como seu pai viajava o mundo como diplomata, o interesse pela leitura de viagem também foi instigado.

Aos 25 anos, ele deixou a carreira em bancos de investimentos — cuja perspectiva o deprimia — para seguir seu sonho. Não seria um empreendimento barato, mas ele queria começar com algum estilo, então pediu emprestado 240 mil libras para adquirir uma bela livraria na Marylebone High Street, no centro de Londres. Ele logo descobriu que era o trabalho que sempre quis fazer. Assim nasceu a Daunt Books, em uma rede de seis lojas espalhadas por Londres que se tornaram conhecidas pelos funcionários inteligentes e pelas festas literárias. E então, Alexander Mamut ligou. O bilionário russo, que havia adquirido a maior rival de Daunt, a Waterstones, queria que ele resgatasse a cadeia.

A história de Daunt apresenta inúmeros exemplos de como fazer as coisas de acordo com o melhor interesse do negócio, e não por resultados indiscriminados. Um exemplo foi a relutância em vender espaço na frente das lojas para editoras interessadas em promover seus produtos. De um golpe, a Waterstones perdeu 27 milhões de libras em renda — o que não parece um movimento sábio para uma empresa que já estava com dificuldade de rentabilidade. Os compradores podem nem ter notado. Entretanto, aquilo deu um sopro de ânimo internamente e ajudou a missão de Daunt de encorajar o pessoal da linha de frente a vestir a camisa de suas respectivas filiais mais uma vez.

Daunt vive a marca. O livreiro que habita nele acredita que o que é pequeno e intimista é bonito, e que há espaço para todos no mercado, se forem bons o suficiente. O preço, que para muitos na indústria varejista é a consideração principal, uma vez que a internet tem impulsionado uma maior transparência para o consumidor, foi uma consideração secundária. “Eu tenho sido resolutamente antiquado sobre isso”, confessou ele. “Precisávamos de lojas melhores.”[4] Quando era vendedor independente, precisou lutar por espaço de prateleira junto com as grandes, como a própria Waterstones e a Borders. O raciocínio dele é de que Waterstones versus Amazon é a mesma batalha ao melhor estilo David e Golias, apenas dramaticamente ampliada.

E agora ele quer fazer tudo de novo. Esse Amante está procurando repetir o truque nos EUA. Fundos assessorados pela Elliott, gestora de investimentos norte-americana, adquiriram a Waterstones das mãos de Mamut em 2018, e um ano depois agregaram a Barnes & Noble, maior livraria varejista dos EUA. Daunt foi nomeado diretor executivo de ambas as empresas e realocado para Nova York, a fim de liderar a reestruturação da B&N, que tem 627 lojas e sofre com a concorrência digital feroz. Ele descreveu o acordo como “um dia muito bom para o mercado livreiro”.[5]

Há uma ironia que a Elliott, que tem reputação de ser severa (inclusive, certa vez apreendeu um navio que era propriedade da Marinha Argentina em uma disputa sobre um pagamento de títulos pendente), tenha se tornado uma salvadora do comércio livreiro. Talvez o pessoal de lá tenha sido afetado por um pouco da paixão de Daunt, que faz com que a existência da venda de livros físicos no futuro não seja uma improbabilidade.

A paixão é desencadeada cedo. Nós sabemos o que amamos, e os líderes não são diferentes. Como fã de música adolescente, a paixão de Michael Rapino se estendeu mais do que acontece com a maioria. Aos 15 anos de idade, ele viajou dezesseis horas para saborear seu primeiro trabalho, em um show de Robert Plant, vocalista principal do Led Zeppelin. O que distingue Rapino de outros frequentadores de shows é que ele foi mais bem-sucedido em transformar seu amor em uma carreira de enorme sucesso.

Viajar longas distâncias torna-se uma segunda natureza se você morar em Thunder Bay, uma cidade na parte mais escassamente povoada de Ontário. Mal sabia Rapino que seu trabalho o levaria a muitos outros grandes espetáculos. Uma coisa que não mudou, mesmo depois de se tornar um líder, foi essa dinâmica das viagens.

Rapino assumiu o leme em 2005 como presidente e diretor executivo daquela que viria a se tornar a maior promotora de shows do mundo. Em 2019, ano em que a receita anual subiu 7% para 11,5 bilhões de dólares, a Live Nation ocupou o lugar de maior produtora de concertos de música ao vivo do mundo, levando quase 98 milhões de fãs a mais de 40 mil eventos, com participação de mais de cinco mil artistas. Em 2020, ano em que a contratação de concertos ao vivo foi dizimada pela pandemia da covid-19, a Live Nation estava programada para levar os roqueiros norte-americanos The Eagles, a sensação do k-pop BTS, Lady Antebellum, Cher, Sir Rod Stewart e muitos outros em turnê. A empresa também administra casas de eventos famosos, incluindo a Fillmore, em São Francisco e a Ziggo Dome, em Amsterdã; no Reino Unido, organiza os festivais de música Reading e Leeds. O negócio foi além e evoluiu de parcerias para turnês para parcerias de marketing com algumas das maiores bandas do mundo.

De certa forma, o momento foi favorável para Rapino. Após anos tocando o segundo violino em músicas gravadas, os concertos estavam se tornando o principal evento para os artistas que lutavam para rentabilizar seu trabalho, uma vez que as vendas de CD começaram a diminuir. Naturalmente, é impossível gerir um negócio na escala da Live Nation apenas com entusiasmo. A paixão o impulsionava, mas não era garantia de sucesso. O que mais o ajudou foi o perfeccionismo que dedicava a garantir a qualidade das performances, das instalações dos concertos, da comida e da bebida e do funcionamento do site de venda de ingressos. É notável o modo como desde muito cedo ele tinha planos de transformar seu hobby em carreira. Aos 21 anos de idade, ele esboçou em um guardanapo como queria administrar uma grande empresa de entretenimento ao vivo quando tivesse 40 anos. Os sonhos dificilmente se realizam assim, mas ter uma noção do que é o próprio sonho é o primeiro passo para realizá-lo.

"Tive sorte quando era adolescente, quando contratávamos bandas na universidade", disse Rapino. "Aqueles shows eram as melhores horas da minha vida e não havia mais nada que eu quisesse fazer. Eu conheci minha paixão cedo, o que é sempre a parte mais difícil da vida: descobrir o que te faz vibrar."[6]

Rapino tinha trabalhado na fabricação de cerveja, mas foi atraído para eventos ao vivo quando Labatt, a cervejaria canadense para a qual ele trabalhava, investiu na principal promotora de shows do Canadá. O sujeito é, sem dúvida, um Amante da música ao vivo e costumava ir a cerca de cem shows anualmente (só agora que ele roda o mundo a negócios que o número diminuiu).

A paixão que o empresário alimentou não foi diluída pela realidade comercial. Os críticos dizem que Rapino industrializou o ramo dos concertos mais do que ninguém. Hoje existem turnês demais para os fãs de música acompanharem. Entretanto, a maior crítica à Live Nation são os preços. O valor dos ingressos aumentou em dois dígitos desde 2017. A empresa diz que ainda são preços competitivos se comparados a uma noite assistindo a um jogo da NFL ou da NBA. Amantes como Rapino entendem bem a paixão pela experiência musical ao vivo — e que isso é algo pelo que os fãs estão dispostos a pagar um bom preço.

Encontre o petróleo

Alfas se apaixonam pelo poder que seu cargo lhes confere, e costumam ser apaixonados por si mesmos. Os Amantes, por sua vez, se apaixonam por algo diferente: se não é por um produto, derivado de um passatempo juvenil, é pela rotina do dia a dia, pelo processo, pela corrida competitiva nos negócios ou pelo resultado.

Não parece tão difícil ficar motivado em circunstâncias tais, dadas as recompensas financeiras para o sucesso empresarial e o estilo de vida que vem com ele. Não é tão simples quanto parece. As demandas intermináveis de todas as partes interessadas, chovendo de todos os lados, envolvem sacrifício significativo, como descrito nos capítulos anteriores. Os líderes internacionais podem ficar tanto tempo em um avião ao longo do ano que seu corpo nem sabe mais em que fuso horário está — e a família certamente não faz a menor ideia.

Considerando o estresse e a tensão, os Amantes são um tipo especial de líder, que encara suas responsabilidades de forma leve. Eles saltam da cama muito facilmente pela manhã, ansiosos para continuar. "Gosto da citação de Paul Getty", disse Dame Cilla Snowball, decana da indústria publicitária londrina. "Acorde cedo, trabalhe até tarde e encontre o petróleo."[7]

A publicidade é um negócio simples. As melhores agências produzem grandes trabalhos, que fazem com que seus clientes sejam tópico de conversa do público geral, de uma forma positiva, e, idealmente, impulsionam as vendas. No entanto, muitos líderes da indústria se utilizavam de truques e ilusionismos. Eles argumentam que seu trabalho é de alguma forma mais estratégico ou holístico do que qualquer agência que os precedeu. Eles podem ser apaixonados por seu trabalho, mas nem sempre são autênticos.

Dame Cilla lançava mão de uma visão mais fundamentada. Ela nunca deu a seus clientes a impressão de estar reinventando a roda, apenas se certificava de que a engrenagem estivesse bem lubrificada e em condições de rodar. O valor do trabalho criativo era naturalmente muito importante, entretanto, Dame Cilla percebeu cedo que a publicidade é uma indústria que prospera a partir das relações. Desde intervalos para o café até jantares corporativos, ela prezava o estabelecimento de bons vínculos mais do que qualquer outra coisa. Trajando cores ousadas e com um sorriso permanentemente estampado em seu rosto, o sucesso da Abbott Mead Vickers, a maior agência de publicidade da Grã-Bretanha e parte da rede Omnicom, se deveu em parte à capacidade de Dame Cilla de manter uma série de clientes por mais tempo do que qualquer outra pessoa no setor pensava ser possível.

Em 2014, quando Dame Cilla estava indiscutivelmente no auge, a AMV tinha um relacionamento de 30 anos com a revista *The Economist*, um de 20 anos com a BT e caminhava para 35 anos com o grupo de supermercados Sainsbury's. Era o tipo de longevidade que somente auditores de empresas podiam se gabar — e os reguladores estavam estudando como incentivar as empresas a firmar contratos como esses com mais frequência. Entretanto, no mundo inconstante da publicidade, onde as mentes mudam tão facilmente quanto a de alguém que pondera entre duas marcas diferentes de sabão líquido no supermercado, a relação média cliente-agência era de apenas dois anos e meio.

É claro que manter esses três grandes clientes não era mérito apenas de Dame Cilla, mas a relação entre os chefes não pode ser subestimada. Em uma indústria que se esforça constantemente para fazer seus clientes parecerem tão autênticos quanto possível, era impossível ignorar o entusiasmo e a atenção aos detalhes de Snowball. Ela encorajava os que estavam abaixo dela a darem tudo de si. A paixão gera os melhores negócios.

Vale ressaltar também que ela prosperou em uma indústria que nem sempre foi fácil para as mulheres. O sexismo dos anos 1960 retratado na série *Mad Men* não estava longe da realidade e ainda permaneceu muito tempo depois daquela época. Outra líder, Stevie Spring, agora presidente do conselho do British Council, foi aconselhada a se preparar bem quando entrou no mundo predominantemente masculino das agências no início de sua carreira. Às vezes, Spring faltava às reuniões porque eram marcadas em bares só para homens ou em partidas de boxe.

Dame Cilla entrou na AMV em 1992 e tornou-se diretora executiva em 2002; posteriormente, assumiu os cargos de presidente do conselho e diretora executiva do grupo AMV BBDO, em 2006. Assim como Daunt e Gonzalez, sua carreira foi focada em uma só indústria e, majoritariamente, em uma só empresa. A veterana poderia ter estado lá por mais tempo, inclusive, mas levou onze anos para conseguir ingressar na AMV, pois não conseguira obter uma entrevista assim que saíra da universidade.

Toda vez que a conta de uma empresa voltava para o mercado ou um diretor executivo mudava, ela entrava em alerta máximo. Muitas vezes, as mudanças de cargos seniores podem desencadear mudanças gerais nos quadros de colaboradores e de fornecedores. "Tentamos garantir que nossos clientes nos selecionem ativamente, e não nos herdem passivamente da administração anterior, porque é um ramo muito competitivo", disse ela.[8] A habilidade de Dame Cilla era manter boas relações com os líderes de cada negócio, mas, para além, sua amabilidade era real.

Nada é para sempre na publicidade, uma indústria que está sempre se esforçando para descobrir a próxima "melhor coisa". Em 2016, a Sainsbury's decidiu ir para outra agência, mas a AMV logo a substituiu por uma rival do setor, a Asda. Em 2019, a BT também optou por ir a outro lugar para relançar sua marca. Snowball, uma autêntica Amante de seu trabalho, aposentou-se em 2018, tendo feito mais do que a maioria para cultivar relacionamentos valiosos.

Encontre o ouro

Mark Cutifani, o diretor executivo do conglomerado de mineração Anglo American, é outro líder que se enquadra perfeitamente nessa categoria. O amor que tem pelo setor é óbvio. Extrair grandes riquezas minerais de algumas das regiões mais pobres do planeta, em ambientes de alto risco, demanda uma liderança autêntica e apaixonada. Os grandes nomes da mineração nem sempre foram capazes de oferecer isso.

Cutifani viaja pelo mundo administrando minas. Embora se vista formalmente hoje em dia, esse australiano ainda fica mais confortável vestindo macacão e capacete de segurança na inspeção em campo do que respondendo perguntas no escritório. Seria mesmo necessário amar a profissão para chegar tão longe. Para conseguir seu diploma de engenharia, Cutifani trabalhava em turnos noturnos em uma mina e frequentava a Universidade de Wollongong na Nova Gales do Sul durante o dia.

Depois de trabalhar em Toronto, Joanesburgo e nos desertos da Austrália Ocidental, ele assumiu o cargo de liderança da Anglo American em 2013, quando duas grandes mudanças aconteceram. Empresas que exploravam recursos naturais estavam enfrentando tempos difíceis após o crescimento do consumo de matérias-primas na China ter sido interrompido. Como todas as maiores mineradoras do mundo tinham se expandido em demasia, quando o crescimento das vendas desacelerou, elas foram sobrecarregadas com bilhões de dólares em dívidas.

O método de liderança para esse tipo de empresa também mudaria. A história da Anglo American era grande. Ela havia sido criada um século antes para explorar os depósitos de metais preciosos da África do Sul. Depois do ouro, passou a produzir cobre, platina e diamantes, por meio da aquisição da De Beers, mudando sua listagem principal de ações para Londres em 1999. Contudo, os dias em que líderes coloniais podiam dar ordens sobre os trabalhadores de uma cidade distante tinham acabado. A mineração era um território dominado por líderes Alfa, mas Cutifani trouxe credibilidade para o seu estilo de comandar, assim como influência.

Em primeiro lugar, esse líder Amante precisava mostrar que a paixão pelo que fazia não ofuscava a exigência de agir com desapego quando fosse necessário. Ele podia ter terra debaixo das unhas, mas isso não o impediu de colocar 15 das 69 minas da Anglo American à venda em 2014, incluindo muitas de suas mais antigas fábricas de platina sul-africanas com longa história e relações industriais sensíveis.

Cutifani também deixou claro que precisava se conectar com a força de trabalho e mostrar que se importava com suas necessidades. Quando comandava a AngloGold Ashanti, ele compareceu ao funeral em massa realizado para os trabalhadores grevistas baleados durante uma onda de violência na região em que trabalhavam. Era apropriado que assim o fizesse, mas ele era o único chefe de mineração a ter esse posicionamento. "As pessoas são o negócio", disse ele. "O dia em que você se esquecer de que são as pessoas que fazem a verdadeira diferença em seu negócio é o dia em que você deixa de ser um líder."[9]

A paixão de Cutifani não ia deter o progresso. Na verdade, ele a utilizou para organizar um programa significativo de mudança. Em uma espécie de "sala de crise" perto da entrada da sede da Anglo em St. James's, em Londres, ele parecia um estudante ansioso para colocar suas ideias mirabolantes em prática.

Os líderes adoram um drama. Se não há um incêndio, eles criam um. No entanto, o Amante em questão não pretendia realizar reparos rápidos. Os diagramas e os textos espalhados pelas quatro paredes explicavam as ambições a longo prazo: conduzir melhor a mineração adotando tecnologias que Cutifani havia observado em indústrias adjacentes e que ainda não tinham chegado ao mundo sujo e poeirento da extração mineral.

Nos anos que se seguiram, aquela ambição inicial se solidificou em uma nova forma de trabalhar. Uma marca criada sob o domínio da Anglo, a FutureSmart Mining, fez esforços para melhorar o modo de operar as minas, com maior precisão para produzir menos resíduos, reduzindo a dependência da água e tornando as instalações mais seguras.

Esse plano poderia ter sido formulado por um estrategista de terno, entretanto, implementado por um Amante do setor com profundo entendimento, o fator da credibilidade foi agregado. Cutifani provou ao longo do tempo que não tem medo de tomar decisões difíceis, tanto para o bem de seus acionistas, quanto para o bem de seus colaboradores.

Fazer mais

Faz sentido que numerosos Amantes ocupem espaço nos setores sem fins lucrativos. Tire o dia do pagamento e a revisão dos lucros da equação e os líderes se concentrarão ainda mais naquilo que desperta sua paixão. Beccy Speight é um desses casos. Em 2019, ela se tornou diretora executiva da Royal Society for the Protection of Birds, cuja escala é frequentemente subestimada.

A RSPB é a maior organização da Europa que luta pela preservação natural, com mais de 1,2 milhão de membros, mais de dois mil funcionários e 12 mil voluntários, que mantêm mais de 200 reservas naturais, abrigo para 80% das espécies de aves mais raras ou mais ameaçadas do Reino Unido. Seu papel na preservação dos recursos naturais do Reino Unido é fundamental.

A nomeação de Speight não foi uma surpresa. Ela trabalhava na Woodland Trust, onde era diretora executiva desde 2014, antes de ser contratada pela instituição de caridade centenária. Antes mesmo de a Shell e qualquer outra corporação se sentirem culpadas por não estarem fazendo o suficiente pelo meio ambiente e prometerem plantar milhões de árvores, a Woodland Trust já fazia campanha para plantar 50 milhões de árvores em todo o norte da Inglaterra, para criar uma nova "Floresta do Norte". Speight era uma líder beneficente a ser observada.

Seu amor pela natureza começou na infância. "Cresci em Dorset e era um hábito nosso acampar, pescar ou caminhar em leitos secos de rios, então basicamente cresci em meio a tudo isso", disse ela. "Lembro-me de dar longos passeios em meio à flora silvestre, pensando que era enfadonho, mas na verdade aprendendo muito. Sempre carreguei comigo aqueles momentos." Ela estudou língua inglesa durante sua formação, em vez de geografia, e acabou se tornando consultora de gestão. "O agito da área era fantástico, mas cheguei a um ponto em que percebi que aquilo não era suficiente para mim. Eu queria fazer algo que fosse realmente importante e, para mim, esse algo foi voltar meus esforços ao meio ambiente e tentar lutar na grande batalha que está acontecendo em torno disso nesse momento."[10]

Isso levou a quatorze anos dedicados ao National Trust até se tornar diretora das atividades na região das Midlands. "Para mim, o atrativo do cargo na RSPB é que a organização tem larga escala e firme determinação de fazer a diferença nos maiores problemas que enfrentamos hoje, que são as mudanças climáticas e a perda de espécies. Eu queria estar em algum lugar onde eu pudesse fazer a maior diferença com meu pouco tempo", acrescentou ela.

O amor pode ser severo também

Os Amantes são um dos tipos de liderança mais importantes que surgiram nos últimos anos. Eles são quase o pacote completo. Muito mais do que apenas gerentes profissionais, eles têm uma conexão genuína e pessoal com a organização que lideram. Isso pode ser extremamente poderoso na celebração de uma marca, pois assim eles motivam outros e incutem a própria paixão para a força de trabalho.

Os Amantes tendem a ser bons comunicadores e a se entusiasmar com seu assunto favorito, mas tanta autenticidade precisa de atos mais do que palavras para se provar. Eles não precisam convencer ninguém sobre aquilo em que acreditam. São sujeitos que não agem a seu próprio favor, a única coisa em sua mente é a fidelidade à causa e aos funcionários. Esse enfoque em uma só coisa faz com que seja menos provável que eles aceitem inúmeros cargos não executivos para encher a própria agenda. Há poucas evidências de que a falta de ambição para encontrar o próximo cargo os deixa confortáveis a ponto de ter uma queda de desempenho. O amor severo se faz presente quando é necessário.

A única questão é como a paixão é colocada para trabalhar. Alguns Amantes precisam unir sua paixão com um propósito, para alcançar mais objetivos com a lealdade e a confiança que inspiram. Para essa finalidade, eles poderiam aprender uma coisa ou duas com o próximo tipo de liderança que abordarei: os Ativistas.

OS AMANTES EM RESUMO

Pontos fortes: têm profunda paixão e conhecimento de seu setor; sua autenticidade inspira a lealdade dos colaboradores.

Pontos fracos: talvez pudessem conduzir seus negócios com punho mais forte; há risco de não tomarem decisões difíceis.

Habitat natural: empresas que precisam de uma figura de liderança engajada e empática.

Onde você os encontrará: onde eles querem estar.

CAPÍTULO SETE

Ativistas

Fazendo valer a pena

Quando Ajay Banga se mudou para Nova York em 2000, sua carreira estava em alta. Depois de quatro anos no Citigroup, dos quais passou grande parte em Londres e em Bruxelas, uma promoção manteve o *hype* que havia começado quando ele ainda era estagiário de administração na Nestlé, em sua terra natal, Índia, dezenove anos antes. Em pouco tempo, despachado para liderar a região Ásia-Pacífico, ele seria considerado um líder em potencial para o banco de investimentos.

Embora ocupasse um cargo altamente remunerado em uma das instituições mais conhecidas de Wall Street, havia um problema. Banga se surpreendeu ao perceber que sua falta de histórico de crédito nos EUA afetou severamente sua capacidade de criar raízes. "Eu não podia alugar um apartamento, não podia ter um telefone", disse ele, lembrando-se daqueles dias. "A vida era uma loucura."

Banga se lembra de vagar pelas ruas de Manhattan tentando se conectar. Em uma loja da AT&T, ele entregou seu novo número de seguro social, identificação padrão nos EUA, a um jovem atrás do balcão — que coincidentemente também tinha raízes no sul da Ásia —, mas foi informado de que não era suficiente.

"Eu olhei para ele e disse: 'Escute, amigo, eu cresci na Índia, trabalhei no exterior, o meu trabalho é esse. Como assim você não pode me providenciar um celular?' Eu não conseguia acreditar. O jovem respondeu: 'Preciso de alguma prova de que você realmente vale algum dinheiro.'"

Banga voltou logo depois com uma declaração da Smith Barney que detalhava a conta de corretagem privada que ele tinha aberto enquanto morava em Londres. Ele se lembra do assistente da loja dando uma olhada e, com uma risada, dizendo: "Você tem dinheiro demais para não ter um histórico de crédito." Ainda assim, levou várias horas para obter aprovação, enquanto os detalhes da riqueza de Banga eram espalhados entre os administradores, até que lhe entregassem um aparelho. Alugar um apartamento foi ainda mais complicado e exigiu uma carta de garantia do Citigroup.

Esses incidentes foram uma pequena amostra do problema que seria sinalizado por aquele homem, que se tornaria presidente e diretor executivo da Mastercard, gigante de serviços financeiros, em 2010. Anos mais tarde, e em várias ocasiões, Banga debateu as complexidades de se estabelecer nos EUA com os altos escalões do governo norte-americano. "Nosso sistema não é construído para imigrantes, nosso sistema é construído para aqueles que já estão aqui, e isso é uma forma de exclusão que me parece punitiva", disse ele.

Banga fez da exclusão financeira um tema-chave de sua liderança de uma década na Mastercard, uma das marcas mais reconhecidas do mundo que adorna bilhões de cartões de crédito e débito e processa transações de pagamento entre comerciantes e bancos. O que ele tinha em mente era muito mais do que simplesmente ajudar os banqueiros nova-iorquinos levemente prejudicados.

Quem está incluído financeiramente no sistema é a maioria que tem uma conta no banco: os membros do sistema monetário global que podem fazer transações e economizar com facilidade. A ambição é trazer para dentro do cercado o resto da população, abrindo acesso a uma conta bancária ou carteira eletrônica que lhes permita armazenar dinheiro digitalmente e enviar e receber pagamentos pela primeira vez. É um passaporte para um mundo diferente, um primeiro passo para administrar as finanças da família, aproveitando outros serviços financeiros, como crédito e seguros, e até mesmo para iniciar um negócio ou investir em educação.

Em conjunto, essas medidas comprovadamente aumentam a qualidade de vida, reduzem a pobreza e incentivam o crescimento econômico. Os principais beneficiários são as mulheres. Em todo o mundo, apenas 69% dos adultos têm sua própria conta, enquanto 1,7 bilhão permanecem sem conta, de acordo com o banco de dados da Global Findex em 2017.[1] Embora esses números apresentem uma melhora acentuada em relação a uma década atrás, ainda é chocante que uma pesquisa da Federal Deposit Insurance Corporation em 2017 tenha constatado que 14 milhões de norte-americanos não tinham uma conta bancária.[2] Uma das razões pelas quais os números estão melhorando é que a Mastercard estabeleceu uma meta em 2014 de conectar pelo menos 500 milhões de pessoas fora do sistema financeiro até o ano de 2020. Essa missão tornou-se sinônimo de Banga, o Ativista.

Os Ativistas acreditam que suas atribuições vão além de impulsionar o desempenho corporativo para atingir o lucro — elas devem também atingir um propósito social. Esses líderes se esforçam e usam sua empresa como uma plataforma a partir da qual projetam uma visão de mundo mais igualitário, diversificado e verde. Eles arriscam sua reputação, defendendo apaixonadamente uma causa, muitas vezes comprometendo fundos de acionistas para fazer boas ações. São sujeitos que frequentemente têm a paixão dos Amantes, liderança discutida no capítulo anterior, mas buscam transformar isso em algo maior.

Há cerca de uma geração, os líderes promoviam iniciativas para desenvolver o melhor produto ou superar a concorrência. Hoje, a perspectiva desses Ativistas está alinhada com a geração de millennials (que encara o tamanho do salário apenas como parte do que os leva a se candidatar a uma vaga) e com os consumidores que se preocupam em fazer a coisa certa. Os políticos também favorecem empresas que beneficiam a comunidade onde operam.

Alguns Ativistas acreditam que são visionários; outros são muito mais humildes. Contudo, nenhum deles deve ser confundido com Greta Thunberg. Estão preocupados em alinhar boas causas com interesse próprio: algo que seja bom para o mundo, para os negócios e, cinicamente, talvez também para si mesmos. Em um mundo que se afoga em lideranças baseadas em pensamentos bem-intencionados, o desafio é transformar grandes ideias em ação concreta, sem perder de vista o resultado final — e devem fazê-lo de forma crível, conscientes de que os multimilionários ecoguerreiros nem sempre dão o tom certo.

No Citigroup, Banga tropeçou no microfinanciamento e começou a entender que pequenos fluxos de dinheiro poderiam ter um grande impacto. Um colega estava securitizando empréstimos para a Brac, organização internacional de desenvolvimento sediada em Bangladesh. Era uma evidência de que transações tão baixas, de apenas alguns dólares, poderiam ser agrupadas para que os bancos que normalmente negociavam quantias muito maiores pudessem negociar naquela vertente.

"Comecei a entender como era importante para essas instituições liberar seu balanço, de modo que pudessem continuar fazendo o trabalho que estavam fazendo", disse Banga. O empresário também leu *The Fortune at the Bottom of the Pyramid*, um livro de 2004 do acadêmico indiano C.K. Prahalad que defende o incentivo ao empreendedorismo entre os mais pobres como um método para erradicar a pobreza.

"Também entendi que não há dinheiro suficiente injetado na filantropia e nos governos ao redor do mundo para resolver nossos problemas. Isso significa que temos que colocar capital, engenhosidade e tecnologia do setor privado para trabalhar", acrescentou ele.

Quando começou na Mastercard em 2009, Banga não conseguia descobrir como essa ambição de desenvolvimento se encaixava no modelo de negócios da empresa. A Mastercard já tinha uma fundação beneficente, criada na época da oferta pública inicial do grupo, que investia em programas educacionais em mercados em desenvolvimento. Além disso, Banga sabia que não podia misturar negócios com filantropia.

Uma parceria com a South African Social Security Agency (SASSA) mostrou-lhe o caminho. A Mastercard ajudou a digitalizar um sistema de benefícios em dinheiro que era problemático e propenso à fraude. Em um período de quatro meses durante 2012, o cartão de débito que criaram para o pagamento de subsídios aumentou de 63% para 67% a população inscrita no sistema bancário da África do Sul. Em meados de 2013, havia 10 milhões de cartões ativos no programa.

Banga resolveu que faria mais. A campanha precisava de um alvo, que surgiu em 2014, nas reuniões do Banco Mundial e do Fundo Monetário Internacional (FMI), um encontro anual de banqueiros centrais, políticos e líderes de empresas e da sociedade civil discutindo economia mundial.

Banga foi convidado a dividir um palco para falar sobre inclusão financeira com o presidente do Banco Mundial, Jim Yong Kim, a diretora do FMI, Christine Lagarde, e a Rainha Máxima da Holanda, encarregada do tema em nome das Nações Unidas. Antes de terminarem, a Rainha Máxima pediu que Banga desse alguma noção da escala da ambição da Mastercard sobre o assunto. Sem planejamento, no meio da discussão, ele anunciou uma meta de 500 milhões.

"Acho que ela quase caiu do palco", disse ele, referindo-se à Rainha Máxima. "Há fotografias que nos mostram rindo histericamente. Ela me disse: 'Eu esperava algo como 50 milhões. Você está louco?' Era uma meta difícil, mas deu certo."

Com o objetivo formalmente anunciado um ano depois como um compromisso de *universal financial access* [acesso universal ao sistema financeiro], a Mastercard teve ímpeto claro desde o início e uma métrica a ser comparada. Sempre que Banga subia ao palco de uma conferência em algum lugar do mundo, era invariavelmente questionado sobre sua iniciativa. Por trás daquele primeiro gesto não havia um esquema projetado, mas 750 programas de inclusão financeira cresceram posteriormente, em mais de 80 países, para enfrentar os desafios da desigualdade de renda. Ao invés de insistir em mercados com baixa penetração, a Mastercard ofereceu inúmeras razões para que quem não tinha conta em algum banco se inscrevesse.

Por exemplo, no Egito, a empresa foi pioneira em desenvolver um método para que as mulheres recebessem pagamento de pensão diretamente em seu cartão, de modo que não precisassem mais entrar em uma agência bancária e se identificarem como divorciadas. Na África Oriental, em 2017, a plataforma digital 2KUZE foi desenvolvida para conectar pequenos agricultores, agentes, compradores e bancos. No Quênia e na Tanzânia, a maioria dos fazendeiros cultivava apenas alguns acres de terra e, antes de começarem a fazer transações por telefone, tinham que caminhar horas até as regiões de comércio para encontrar um comprador para seus produtos. A meta da Mastercard foi atingida rapidamente e aumentada para o valor de um bilhão até 2025, algo que exigirá a atenção de Banga, depois de ser elevado ao cargo de presidente do conselho de diretores do grupo em janeiro de 2021.

Esse Ativista foi bem-sucedido por seus próprios méritos, mas também teve a sorte de estar em uma empresa em rápido crescimento e extremamente lucrativa como a Mastercard — e que prosperava ainda mais ao fim da jornada de Banga como diretor executivo. Em 2019, a receita líquida subiu 16% para 16,9 bilhões de dólares, e o lucro líquido subiu 42% para 8,1 bilhões de dólares. A Mastercard tinha nove bilhões de dólares de caixa e equivalentes de caixa em seu balanço patrimonial e comprometeu 500 milhões de dólares para inclusão financeira, uma soma não desprezível e que podia fazer o bem.

O alcance da Mastercard provou-se internacional. Os clientes do grupo acumulavam 2,6 bilhões de cartões emitidos (embora muitos deles não fossem cartões físicos) e os volumes brutos de transação totalizavam 6,5 trilhões de dólares. O grupo possuía uma rede global por meio da qual podia investir em tecnologia e adquirir um bom entendimento local do que cada mercado precisava.

É importante reconhecer a história da Mastercard. O negócio começou em 1966 como uma associação de cartões de crédito de bancos dos EUA e só se tornou independente em 2006, quando se converteu em uma empresa privada e negociou suas ações na Bolsa de Valores de Nova York. Na época, foi a 12ª maior IPO doméstica na história dos EUA. Antes, costumava ser o lugar "para onde os banqueiros iam quando suas antigas empresas os mandavam 'ir pastar'", Banga comentou em uma entrevista em 2019. "Mas a vida não era ruim."[3]

Aquela cooperativa que reunia milhares de instituições financeiras foi agrupada em "feudos" regionais ao redor do mundo, com uma tremenda mistura de sistemas. O antecessor, Robert Selander, deu grandes passos em direção a conciliar tudo isso em uma entidade única, porém, na época em que Banga assumiu o comando ainda era uma empresa que descobria sua cultura e suas crenças. A inclusão financeira não só foi uma iniciativa oportuna, como também uma força unificadora.

Banga julgou bem o cenário. Ele se certificou de que a Mastercard não estava agindo sozinha. Seu espírito de ativismo levou outros junto com ele, dentro e fora da empresa: a Mastercard trabalhou em parceria com governos e organizações internacionais de desenvolvimento. Por exemplo, na África Oriental, a 2KUZE foi comandada com a Cafédirect Producers Foundation e desenvolvida com a ajuda de uma doação da Bill & Melinda Gates Foundation.

É claro, a inclusão financeira não foi completamente altruísta. Duelando com sua arquirrival, a Visa, para ser o sistema de pagamentos global preeminente, a Mastercard queria claramente recrutar o maior número possível de novos clientes. Além disso, Banga estava atento à abundância de fintechs que ameaçavam seu modelo de negócios — e ao fato de que o verdadeiro inimigo comum contra o qual estavam lutando era o dinheiro físico. O contraponto é que aqueles recém-inscritos gerarão prejuízos por um longo tempo.

"Comercialmente sustentável não significa necessariamente lucrativo de imediato", disse Banga. "Só significa que, se investir nisso por um período de tempo, no fim das contas, seu negócio poderá ser mais bem administrado e mais rentável para você e para aqueles com quem você trabalha."

Banga uniu com sucesso uma boa causa com o investimento no futuro da Mastercard, ao mesmo tempo em que continuou a impulsionar os retornos. Nem todos os Ativistas têm um histórico de crédito do qual podem se orgulhar tanto.

Alimentar o mundo

Em 2009, no mesmo ano em que Ajay Banga se juntou à Mastercard, Paul Polman chegou à Unilever, lar dos familiares chá Lipton, sabonete Dove, sorvete Ben & Jerry's e sopa Knorr que preenchem as prateleiras dos mercados do mundo todo. Polman, que trabalhara vinte e seis anos na Procter & Gamble antes de uma breve passagem pela Nestlé, conhecia muito bem a indústria de bens de consumo. Ele também conhecia sua própria mente. O holandês tinha pouco interesse em liderar um grupo que simplesmente preenchia o requisito de manter os acionistas satisfeitos com crescimento sólido de vendas e dividendos confiáveis. Com uma dose de ousadia, um de seus primeiros passos significativos foi abandonar a orientação financeira trimestral compartilhada com o mercado de ações para assegurar aos investidores que tudo estava de acordo com o planejado.

No ano seguinte, ele foi ainda mais ousado (e não apenas porque em um evento público de alto nível ele ousou beber um copo de água tirado diretamente do rio Tâmisa). Em novembro de 2010, Polman fez uma declaração sobre o futuro da Unilever, ao mesmo tempo em que mostrou ao mundo o homem que estava liderando o negócio. Lançado com eventos em Londres, Roterdã, Nova York e Déli, o Plano de Vida Sustentável da Unilever (SLP) tomaria grande parte de seu tempo no cargo durante a próxima década.

Alinhado a muitas das metas de desenvolvimento das Nações Unidas, o esquema visava a melhorar a saúde e o bem-estar de mais de um bilhão de pessoas, melhorar a qualidade de vida dos colaboradores da Unilever e provar que era possível crescer de forma sustentável na década seguinte sem que a empresa aumentasse seu impacto sobre o meio ambiente. Polman quis demonstrar que a Unilever poderia provocar efeitos resolutamente positivos, através de projetos como o Pureit, sistema de purificação de água que torna segura para consumo a água turva de qualquer rio.

Havia metas para aumentar o valor nutricional dos alimentos da Unilever, vincular mais 500 mil pequenos agricultores e distribuidores em mercados em desenvolvimento à sua cadeia de produção, e reduzir pela metade o uso de água associado à fabricação de seus produtos. O mais revolucionário nisso tudo foi que a iniciativa não propunha interferir apenas na pegada ambiental do próprio grupo, mas também na de seus fornecedores e consumidores. Polman avaliou que era possível mudar comportamentos muito além das próprias linhas de produção e escritórios da organização, de modo que, por exemplo, os compradores de seus xampus tomassem banhos mais curtos para economizar água. A grande questão era se essa missão era compatível com os interesses dos acionistas, bem como do planeta. Para aumentar a pressão, a Unilever também pretendia dobrar as vendas do grupo no mesmo período de dez anos.

"Não acreditamos que haja conflito entre sustentabilidade e crescimento lucrativo", escreveu Polman, o Ativista, no documento de lançamento do SLP. "O ato diário de fazer e vender bens de consumo impulsiona o progresso econômico e social. Há bilhões de pessoas em todo o mundo que merecem a melhor qualidade de vida que produtos do dia a dia como sabonete, xampu e chá podem proporcionar."[4]

Esse não era um território totalmente novo para a Unilever. Sua busca por lucro que acompanha propósito remonta ao fundador, Lorde Leverhulme, que construiu casas para os funcionários de sua fábrica de sabão em Port Sunlight, no Wirral, mais de um século antes. Em vez de "compartilhar lucros", Leverhulme chamou de "compartilhar a prosperidade" a ideia de dar aos colaboradores casas decentes e acessíveis e acesso a outras provisões de bem-estar. Fundada em 1888, a vila, que abriga mais de 900 prédios protegidos por tombamento, situados em 130 acres de parques e jardins, ainda está de pé atualmente.

É raro que um líder Ativista moderno construa casas para seus trabalhadores — embora o diretor executivo do Google, Sundar Pichai, tenha se aprofundado no desenvolvimento imobiliário para amenizar a crise habitacional que afeta muitos na cidade natal do grupo, São Francisco. Em vez disso, a maioria dos Ativistas modernos se preocupa com outros aspectos. Agora, o "compartilhamento da prosperidade" abrange a tentativa de fazer o melhor por seus funcionários e pela comunidade mais abrangente que é tocada pela empresa.

Polman era um tipo único de líder: ao mesmo tempo um Ativista com ideias muito inovadoras e quase um Alfa da velha guarda por causa da maneira como conduzia a entrega de resultados. Alto, imperioso, falador; tanto sabia subir em palanques durante o Fórum Econômico Mundial em Davos, na Suíça, ou uma conferência das Nações Unidas em Nova York, quanto sabia comandar seus negócios.

O apaixonado Polman — que poderia ter se tornado padre após estudar em um seminário carmelita — levou fervor religioso ao seu método de liderança empresarial, o que conquistou tanto críticos quanto admiradores. Seu plano de sustentabilidade alimentou seu regime de uma forma que o fascínio pelo desenvolvimento de produtos, vendas e marketing não faria.

Também definiu seu perfil. Se o objetivo é influenciar os outros, as iniciativas raramente funcionam, a menos que sejam bem divulgadas. Por definição, uma proporção mais elevada de Ativistas frequenta os canais de mídia para falar sobre sua causa. Polman estava consciente de que sua campanha estava nas mãos dos acionistas. "Se eu não obtiver os resultados esperados para o negócio, as armas serão apontadas muito rapidamente", admitiu ele em 2013, quatro anos depois do início de seu reinado, altura em que o preço das ações da Unilever havia dobrado.[5]

Polman é um líder que reuniu muitos objetivos em missão. Já faz anos que alguns investidores demandam que os diretores executivos façam mais. No Reino Unido, a revisão de uma lei fez com que os administradores de fundos de pensão tivessem que declarar até que ponto levavam em conta considerações sociais e ambientais em suas políticas de investimento. Um ano depois, a ONU lançou seu Pacto Global para incentivar os chefes de corporações a seguirem políticas sustentáveis em áreas que vão desde a anticorrupção até os direitos humanos.

Fazer o bem e fazer sucesso simultaneamente era uma boa ideia que não dava certo com frequência suficiente. As políticas de responsabilidade social empresarial (RSE) deram lugar a práticas de investimento socialmente responsável (ISR) e depois às práticas ambientais, sociais e de governança (ASG). Os acrônimos só valem a pena se o líder comprar a ideia do que é almejado. Muitas boas obras foram soterradas e desligadas de seus objetivos principais.

O avanço veio quando empresas e investidores entenderam que poderiam defender causas que também aumentavam o valor do negócio, e perceberam que deveriam fazê-lo. Líderes Ativistas não foram apenas aceitos, mas em certa medida esperados. Foi criada nos EUA, em 2006, uma organização sem fins lucrativos para credenciar empresas que poderiam contribuir para o bem geral. O conceito de B-Lab, ou Empresa B, foi criado por três amigos — Andrew Kassoy, Jay Coen Gilbert e Bart Houlahan — que deixaram suas carreiras nos negócios na esperança de fazer a diferença para a sociedade. Até agora, existem mais de 2.500 Empresas B certificadas em mais de 50 países como corporações benéficas, cujo desempenho social e ambiental tem sido fiscalizado para atender a padrões elevados.

As boas práticas ambientais, sociais e de governança estavam em posição de destaque. O encontro Business Roundtable de 2019, nos EUA, que reuniu um grupo de diretores executivos de grandes empresas norte-americanas, encabeçado por Jamie Dimon, presidente do conselho e diretor executivo da JPMorgan Chase, deixou isso bem claro. Eles se comprometeram a aumentar o valor intrínseco de suas empresas, para além do valor de suas ações; uma mudança importante de foco, se as palavras pudessem ser acompanhadas por ações.

Em fevereiro de 2020, o novo diretor executivo da BP, Bernard Looney, estabeleceu uma meta para reduzir a pegada de carbono da empresa petrolífera a uma liquidez zero até 2050. Suas credenciais como Ativista foram estabelecidas antes que os investidores realmente soubessem de sua estratégia corporativa — embora qualquer tentativa inicial tenha sido cerceada pelo colapso do preço do petróleo devido aos conflitos entre os EUA e a Arábia Saudita e pela queda de demanda durante o lockdown causado pela pandemia da covid-19. Cinismos à parte, se é assim que uma das maiores empresas do Reino Unido é dirigida agora — orientada pelo senso de uma missão em prol do bem comum acima do retorno para os acionistas —, a hora dos Ativistas brilharem chegou.

Contudo, os acontecimentos no final do mandato de Polman na Unilever foram um lembrete do delicado equilíbrio que essas cruzadas precisam manter. Uma proposta de incorporação indesejada deu nova atenção às causas que o empresário defendia. No início de 2017, a Kraft Heinz propôs uma fusão com a Unilever que forjaria uma nova gigante de bens de consumo, de duas culturas corporativas muito diferentes. Em comparação com a missão da Unilever de alimentar o mundo, a Kraft tinha sido um veículo de alimentar os bolsos dos investidores. A Kraft recebera financiamento da 3G Capital, empresa de private equity fundada por três negociantes brasileiros e pelo lendário investidor Warren Buffett. Seu modelo de compra de ativos em indústrias de baixo crescimento, como fabricantes de alimentos embalados, e de comprimir agressivamente os custos de produção não poderia estar mais longe do ideal de Polman.

A proposta não foi para frente, mas gerou questionamentos sobre as táticas de Polman. Se ele comandasse a Unilever de forma mais agressiva, talvez os produtos de baixo desempenho — incluindo os das marcas Blue Band e Flora — pudessem ter sido despachados antes. No final de 2017, essas e outras marcas foram vendidas à empresa de private equity KKR por 6,8 bilhões de euros. Um ano depois disso, Polman anunciou que estava se aposentando.

Houve outro passo em falso no caminho. A Unilever declarou em março de 2018 que estava abandonando a estrutura acionária dupla — um legado da fusão da Lever Brothers com a Margarine Unie em 1930 — e que a listagem principal das ações da empresa seria transferida para Roterdã. Tal tentativa acabou sendo derrotada pelos acionistas britânicos que não queriam que as ações saíssem do índice FTSE 100, que se refere às cem maiores empresas listadas na Bolsa de Valores de Londres. Os críticos alegaram que aquela confusão se devia ao fracasso de Polman em ler os investidores porque seu foco estava em outro lugar.

Enquanto isso, o Plano de Vida Sustentável tem registrado resultados mistos. O progresso até 2019 mostrou que a Unilever havia superado sua meta em saúde e higiene, atingindo não apenas um bilhão, mas 1,3 bilhão de pessoas, ajudando, por exemplo, a reduzir os índices de ocorrência de diarreia através do incentivo à lavagem das mãos, entre outras iniciativas. Entretanto, o uso de água associado à fabricação de seus produtos, que deveria diminuir pela metade até 2020, na verdade aumentou em 1% desde 2010. Em seu relatório de progresso de 2015, a Unilever empurrou em uma década sua meta de reduzir pela metade o impacto de gases de efeito estufa provocados por seus produtos ao longo do ciclo de vida.

Os representantes da empresa explicaram: "A transformação em grande escala dos sistemas é necessária para impulsionar uma mudança mais rápida em prol de nossa meta de cortar gases de efeito estufa."[6] Em outras palavras: não podemos fazer nada por conta própria. Polman pode ser capaz de convencer políticos e investidores de seu ponto de vista, mas os consumidores, que normalmente geram dois terços das emissões de gases de efeito estufa associadas aos produtos da Unilever — como, por exemplo, aquecendo água para lavagem —, têm sido mais lentos em termos de uma mudança de comportamento.

Se uma iniciativa precisa ser bem-sucedida para que o Ativista que a concebeu seja visto como bem-sucedido é um ponto discutível. Estabelecer um objetivo complicado — como fez Ajay Banga na Mastercard — alimenta o debate, mobiliza a população, leva colaboradores e gestores a pensar e gera o começo de uma ação positiva, porém também faz do Ativista o alvo a ser apedrejado caso não dê certo. Ao insistir que sua organização deve espalhar o bem pela comunidade ao redor — e, por consequência, insinuar que outras empresas também deveriam fazer o mesmo —, esses líderes atraem críticos e levantam suspeitas de que disciplina financeira não está no topo de sua lista de preocupações.

Polman teria sido demitido se as finanças da Unilever tivessem se desviado drasticamente dos trilhos, ao passo que nunca seria banido do reino por simplesmente não conseguir reduzir o uso de água ou emissões de carbono na produção. "Eu sempre digo que represento uma das maiores ONGs do mundo", declarou Polman em um evento, quando ainda era o diretor executivo, demonstrando o que realmente pensava.[7]

Durante um evento virtual em 2020, realizado para marcar o último ano do Plano, Alan Jope, sucessor de Polman, disse: "O Plano de Vida Sustentável da Unilever mudou o nosso negócio. Algumas metas foram atingidas, em outras falhamos, mas somos uma empresa melhor por tentar. Foi preciso imensa engenhosidade, dedicação e colaboração para chegarmos aonde estamos agora. Fizemos grandes progressos, mas ainda há mais a fazer."[8]

A empresa admitiu que medir o impacto — como, por exemplo, de seus esforços para melhorar oportunidades para mulheres — havia se mostrado difícil. Ainda assim, o Plano os ajudou a contratar talentos fortes. O próximo passo seria o Unilever Compass, estratégia sucessora com quinze anos de duração, baseada na crença de que "marcas com propósito crescem, empresas com propósito duram, e pessoas com propósito prosperam". O legado de Polman continua vivo.

Iniciativas críveis

Algumas empresas vivem por um propósito, assim como seus líderes. Os Fundadores que também são Ativistas podem garantir que isso aconteça porque são eles que estabelecem os termos sob os quais sua empresa é administrada. Na verdade, a causa central da organização pode simplesmente ser a razão pela qual ela foi criada. Os lucros não superam o propósito; contrariamente, o propósito busca um eixo de lucro que o sustente.

A Patagonia, empresa de vestuário sediada na Califórnia, famosa por seus casacos de lã e roupas impermeáveis, doa 1% das vendas para causas ambientais. É conhecida por fechar suas lojas e escritórios para que os funcionários — incluindo Rose Marcario, diretora executiva até junho de 2020 — possam se unir a protestos climáticos, e também por suas tendências anticapitalistas, tais como incentivar sua base de clientes fiéis a consertar as próprias roupas em vez de simplesmente comprar novas peças. Em 2018, Marcario fundou a Time To Vote, uma coalizão neutra empenhada em aumentar a participação de eleitores nas eleições norte-americanas, que atraiu quase 500 empresas para a causa.[9]

Ela estava em sincronia com o fundador Yvon Chouinard, que fazia escaladas quando criou a Patagonia em 1973. Embora a empresa já esteja fazendo mais pelo meio ambiente do que muitas de suas colegas, Chouinard queria acelerar os esforços à medida que a crise climática se tornava mais aguda. Em dezembro de 2018, o grupo fez uma declaração mais afiada sobre sua missão: "Estamos neste negócio para salvar nosso planeta." Chouinard também orientou a equipe de recursos humanos a sempre contratar a pessoa mais comprometida em salvar o planeta em qualquer oportunidade.[10]

A Toms Shoes também encontrou a simbiose sustentável. O homem que viria a se tornar o Ativista ao leme, Blake Mycoskie, viu as dificuldades enfrentadas pelas crianças que cresciam sem sapatos enquanto viajava pela Argentina. Ele procurou fazer o bem enquanto fazia sucesso. Para cada par de sapatos vendidos, a Toms doava outro par a alguém necessitado. Graças ao seu modelo "Um por Um", muito popular, mais de 86 milhões de pares foram doados a crianças desde 2006 e o grupo expandiu sua linha de produtos.[11]

A prova positiva de que Mycoskie havia construído a ponte entre lucro e propósito social veio em 2014, quando o grupo de private equity Bain Capital comprou uma participação de 50% da Toms, em um acordo que avaliou a empresa em 625 milhões de dólares. Ainda assim, evidências de que fazer o bem não era sinônimo de fazer sucesso surgiram em 2019, quando a Toms foi assumida por seus credores, pois os empréstimos pendentes foram associados a um sinal de que os consumidores estavam cansados do conceito.[12]

Os Ativistas que não são Fundadores devem pisar nesse terreno com mais cuidado. Não é que seja mais difícil para eles deixarem sua marca, é apenas um processo diferente. Em ambos os casos, eles podem ser tanto celebrados por identificarem uma nova causa ou método de ajudar quanto podem ser ridicularizados. Mas nada disso implica que não estarão do lado da razão no final. Um bom exemplo é Jochen Zeitz e tudo que ele falava há uma década atrás, que agora está sendo debatido em meio à agenda corporativa e ambiental.

Pés rápidos

Jochen Zeitz ficou conhecido ao reformular a Puma, marca de artigos esportivos em que foi presidente do conselho e diretor executivo por dezoito anos, até 2011. Com um orçamento apertado, Zeitz restaurou o entusiasmo dos consumidores pela marca, que no passado havia sido usada pelo lendário jogador de futebol brasileiro Pelé, e que passara a se concentrar em times africanos com menos recursos e atletas que ressaltavam o espírito de aventura como estratégia para superar a Nike e a Adidas. Um tanto quanto fortuitamente, isso envolveu um contrato com um jovem velocista chamado Usain Bolt, que posteriormente se tornaria recordista mundial.

Mesmo assim, o que Zeitz fez em seguida foi o que realmente deu o tom para o resto de sua carreira. Ele colocou a sustentabilidade na frente e no centro do renascimento da Puma. Com poucos recursos, não seria uma decisão que todo diretor executivo teria tomado. A estratégia também não foi capitalizada como um estratagema de marketing para vender mais produtos. Zeitz desenvolveu uma conta de ganhos e perdas que expôs o que a poluição do ar, o uso da terra, o uso da água e o consumo de carbono da empresa custou ao planeta, publicada pela primeira vez em seu último ano no comando.

"Com isso, tratamos nosso meio ambiente como um sócio igualitário que nos cobra pelo fornecimento de água e ar limpos, pela restauração dos solos e da atmosfera e pela decomposição adequada de resíduos", diz a Puma hoje.[13] Deve ter sido mais fácil para o grupo defender essa abordagem porque ele não era o líder do mercado. Como muitas marcas que desafiam as grandes dos setores, a Puma estava preparada para experimentar algo novo enquanto buscava seu diferencial.

A perspectiva original de Zeitz pode ser atribuída à sua idade. Ele tinha apenas 29 anos quando foi promovido a diretor executivo da Puma em 1993. O empresário ingressara no negócio como comerciante ao retornar à Alemanha, depois de passar um tempo trabalhando para a Colgate-Palmolive, em Nova York.

Zeitz entendeu que o segredo para ser um Ativista de sucesso era buscar vitórias de todos os lados. Qualquer empresa criadora de produtos, empregadora de pessoas e geradora de lucro tem uma ampla gama de stakeholders. Havia também um senso de tentativa e erro em sua abordagem.

"Você sabe que não é uma única coisa que o levará adiante, é a combinação de muitas coisas", disse Zeitz, tranquilo, com sua aparência de estrela de rock. "Quanto mais tentamos encontrar soluções tangíveis para os problemas, maiores serão as chances de realmente encontrá-las."[14]

A chave para qualquer Ativista eficaz é defender sua missão, assim como Polman e Banga fizeram. A ideia de que as caixas dos tênis de corrida um dia detalhariam as "calorias ambientais" que foram gastas em sua fabricação — semelhante ao modo como os pacotes de biscoitos e afins listam a quantidade de açúcar e sal — parecia um tanto rebuscada quando foi anunciada, mas Zeitz acreditava que era a coisa certa a fazer. Ele calculou que um grupo de stakeholders, os investidores, começaria a se importar com a causa quando outro grupo, os consumidores, também o fizesse. E assim aconteceu.

A indústria da moda é responsável por 10% de todas as emissões de carbono, mais do que os voos internacionais e o transporte marítimo combinados.[15] Os fabricantes de roupas que têm aumentado rapidamente a escala de produção e o número de peças que produzem a cada ano estão sob pressão para repensar o modelo de seus negócios. Há consumidores que estão se comprometendo a não comprar nenhum item novo por um ano.

Depois de deixar o cargo de líder da Puma, Zeitz foi trabalhar para a Kering, holding francesa de artigos de luxo que adquiriu a Puma. Ele introduziu a noção de ganhos e perdas no sentido ambiental em muitas das marcas da Kering — que incluem Alexander McQueen e Gucci — e deu a impressão de que trabalhar em tempo integral para uma empresa atrapalhou sua missão. "Poder dedicar 100% do meu tempo a impactar mais negócios sem estar engajado operacionalmente me dá uma plataforma maior", acrescentou ele durante uma conversa em 2015.[16]

Zeitz também ajudou a Harley-Davidson a desenvolver uma bicicleta elétrica e resgatou espécies ameaçadas de extinção para viver no Segera, seu rancho 50 mil acres localizado no Quênia. Em parceria com Sir Richard Branson, lançou o The B Team, um grupo de líderes empresariais, incluindo Ratan Tata, que acreditam que há mais na vida corporativa do que o "plano A", ou seja, a busca incessante pelo lucro.

A Puma não teve, inicialmente, um desempenho financeiro tão bom. Em 2013, não estava atingindo as metas financeiras, apesar de uma série de patrocínios de alto nível. Em 2018, quando a empresa-mãe Kering isolou a marca, em uma tentativa de se concentrar nos artigos de luxo de alto nível, a coisa fluiu melhor. Em cinco anos, a margem de lucro bruto do grupo subiu de 46,5% para 48,4% e os ganhos subjacentes passaram de 191 milhões para 337 milhões de euros.

No mesmo período, o valor dos ganhos e perdas ambientais da Puma caiu 13,6% como proporção da receita, o que significa que a marca reduziu significativamente seu impacto sobre o planeta.[17] Foi mesmo um caso em que o líder Ativista se saiu bem e comandou a empresa de forma memorável. É difícil verificar se o lucro aumenta o propósito ou vice-versa — se o superávit induz a esforços de sustentabilidade redobrados, ou se uma imagem ambientalmente correta impulsiona as vendas —, porém, no caso da Puma, há fortes evidências de que os dois não precisam andar separados.

Os esforços de Zeitz e da Puma não pareceram superficiais. Ao leme da Philip Morris International (PMI), uma das maiores empresas de tabaco do mundo, o diretor executivo André Calantzopoulos se deparou com dificuldades maiores ao tentar assumir o papel de líder Ativista. Nascido na Grécia, compacto, intenso e um tanto agitado, André é um Marlboro Man corporativo com voz áspera, improvavelmente tentando convencer o mundo a deixar de fumar.

"Espero que esse esforço genuíno seja apreciado pela sociedade", disse ele, apresentando o dispositivo iQOS da PMI, um tipo de cigarro eletrônico que não produz fumaça ao utilizar uma tecnologia de aquecimento ao invés de queima. Em tese, esse dispositivo liberaria menos toxinas do que o fumo convencional.[18]

Isso não parecia um propósito nobre para acompanhar o lucro. Provavelmente não passou de um ato de autopreservação de uma empresa que ainda vendia 847 bilhões de cigarros em 2015, ano anterior à entrevista mencionada, e 707 bilhões em 2019. Como seu produto principal continuava a declinar, a PMI buscava um futuro em que comercializariam algo com margens de lucro mais altas e impostos mais baixos, e esperava convencer a Food and Drug Administration (FDA), órgão regulador dos EUA, a permitir que aquele dispositivo fosse vendido aos consumidores como uma alternativa mais segura do que os cigarros tradicionais.

Calantzopoulos merece crédito por tentar. Ele foi nomeado diretor operacional quando a PMI se separou da Altria, que é proprietária da Marlboro nos EUA, e depois diretor executivo. Era nítido que liderar o debate à frente de outras empresas de tabaco, que estavam correndo para desenvolver seus próprios produtos, estava além de sua zona de conforto. Ainda assim, apenas duas décadas depois que as gigantes do tabaco admitiram que o fumo causa câncer de pulmão e enfisema (e tiveram que pagar acordos judiciais de grande prejuízo), aquela era uma mudança de opinião pouco crível, tanto da parte da empresa quanto da parte de seu líder, que vendia cigarros desde que entrou no ramo em 1985.

A PMI e Calantzopoulos não desistiram. Uma campanha publicitária, intitulada "Unsmoke", trazia slogans como: "Se você não fuma, não comece. Se você fuma, pare de fumar. Se não for parar, troque." De uma perspectiva pessoal, ele admitiu que seria bom ter um impacto positivo sobre a saúde global. "Ser constantemente difamado não é exatamente a experiência mais agradável que se pode ter", disse ele.[19]

Este Ativista controverso foi bem-sucedido. Em julho de 2020, a PMI obteve a aprovação da FDA para comercializar o iQOS como um produto de tabaco de risco modificado, o primeiro dispositivo eletrônico de nicotina a receber tal autorização. "A decisão da FDA é um marco histórico na saúde pública", disse Calantzopoulos. "Muitas das dezenas de milhões de homens e mulheres norte-americanos que fumam hoje deixarão de fumar, mas muitos não o farão. A FDA determinou que estudos científicos demonstraram que trocar cigarros convencionais para o iQOS reduz a exposição a substâncias nocivas ou potencialmente nocivas."[20]

Senso de missão

Quando Ajay Banga começou a procurar o primeiro emprego aos 21 anos, ele tinha apenas duas exigências. Graduado em economia pela Universidade de Déli, buscava entrar em uma empresa que fosse global. E que também fosse boa, se possível. A Nestlé, gigante do ramo alimentício, preenchia os requisitos.

A carreira de cada líder é trilhada a partir de suas primeiras experiências. Os Amantes conseguem forjar suas carreiras em cima daquilo que amam. Os Ativistas trabalham melhor se puderem levar consigo uma missão de semear a mudança para a sala da diretoria.

O impulso de Banga em promover diversidade nos negócios e sua visão global foram alimentados por sua criação na Índia, um país que mais parece um caldeirão religioso e cultural borbulhante, o qual ele percorreu à medida que seu pai, um oficial sênior do exército, mudava de base. Seu traço de bondade veio do sikhismo e do fundador, Guru Nanak, que gastou o dinheiro que herdara do pai com a organização de um programa para alimentar pessoas famintas e vulneráveis. A inclusão financeira foi o ângulo mais natural que a Mastercard poderia vislumbrar para contribuir com o esforço de inclusão social. "Não se trata apenas de onde você veio ou como é a sua aparência, trata-se de ser respeitado por quem você é", complementou Banga.

Winnie Byanyima, que por muitos anos foi diretora executiva da Oxfam International, consegue traçar uma linha direta entre suas primeiras experiências e a executiva que se tornou. Byanyima herdou a veia do ativismo de seus pais. Moravam na Uganda, sob o brutal regime de Idi Amin, e seu pai era um político local que entrava e saía da prisão por se recusar a jurar lealdade ao partido no poder. Sua mãe era uma ativista dos direitos da mulher.

Os opositores do governo e toda a classe de oprimidos — aqueles cujas terras eram tomadas ou cujos direitos eram negados — apareciam na casa de Winnie, que ela compartilhava com cinco irmãos. A vida era dura, mas Byanyima explica que tudo aquilo formou seu caráter. "Foi uma época de alegria que me moldou", disse ela em 2015. "Eu cresci e aprendi a confrontar a autoridade."[21]

Byanyima foi para a Grã-Bretanha aos 17 anos de idade e em 2013 tornou-se a primeira africana a dirigir uma agência de desenvolvimento internacional. A Oxfam International é uma confederação atuante em 96 países, com programas em saúde e educação e numerosas campanhas de igualdade. No fim de 2019, Winnie passou a liderar o programa conjunto das Nações Unidas sobre HIV e AIDS (UNAIDS), destinado a coordenar as ações globais para lidar com a doença.

Dame Helena Morrissey também enfrentou injustiças. Essa líder Ativista não estava procurando por uma causa, porém a causa apareceu em meio às rotinas de sua vida profissional. Seu projeto, o 30% Club, foi concebido em novembro de 2010 após um almoço para líderes empresariais na sede da Goldman Sachs. Quando se falou sobre como as mulheres poderiam quebrar o teto de vidro, Morrissey, diretora executiva da Newton Investment Management, resolveu não esperar a reunião seguinte para sair do campo das ideias. Ela começou a contatar os presidentes das empresas no índice FTSE 100, pedindo-lhes que se comprometessem a ter 30% de representação feminina em seus conselhos de gestão até 2015 — o que seria um aumento considerável em relação à taxa de 12,5% daquela época.

A iniciativa caiu como uma luva. Quebrar tetos de vidro era algo a que Morrissey estava acostumada. Ao ingressar na Schroders no começo de sua carreira, tornara-se a única mulher em uma equipe de dezesseis traders. Aos 25 anos de idade, logo após retornar de um período de licença-maternidade, Morrissey foi ignorada na hierarquia de promoção e decidiu procurar outras oportunidades de carreira. Foi parar na Newton onde, ironicamente, recebeu uma série de promoções a partir de 1995, quando a sócia sênior deixou a empresa por conta de uma gravidez.

O 30% Club foi criado concomitantemente a uma campanha de incentivo à diversidade do governo britânico, que tinha metas mais modestas. De repente, todos estavam a bordo do comboio da diversidade, mas Morrissey — polida, firme, determinada — se destacou. Posicionada no topo dos bilhões acumulados pela Newton, ela conseguia argumentar de forma convincente que conselhos equilibrados em termos de gênero resultavam em negócios melhores. Mãe de nove filhos, de alguma forma ela superou os obstáculos que a vida doméstica impõe à carreira de tantas mulheres trabalhadoras. Em 2014, o projeto se expandiu para os EUA, com o objetivo de colocar um contingente de 30% de mulheres nas diretorias das empresas que constam no índice S&P100 até o ano de 2020.

"É o tipo de projeto que chama a atenção por ter as características de um empreendimento de sucesso para o futuro", disse Morrissey em uma entrevista de 2012. "[O clube] pode fazer uma grande diferença no ritmo com que as mudanças são implementadas, porque os presidentes das empresas não gostam de ser incomodados pelos investidores."[22]

Apesar do forte senso de missão a cumprir, somente em setembro de 2018, com três anos de atraso, as empresas do FTSE 100 atingiram coletivamente o objetivo concebido quase oito anos antes. O objetivo seguinte foi induzir as diretorias das empresas do índice FTSE 350 a colocarem 30% de representação feminina nas diretorias até o fim de 2020. Isso foi alcançado antes do tempo, em setembro de 2019.

O esforço coletivo iniciado por Morrissey, que abarcou investidores, headhunters, presidentes e diretores, foi uma vitória em termos de correção de uma injustiça muito visível. Havia, no entanto, a sensação de que atingir os 30% foi uma vitória pírrica. A campanha provavelmente inspirou mais mulheres a mudarem de um cargo em tempo integral para um portfólio de vários cargos não executivos em tempo parcial, o que pode ter depauperado o recurso já limitado de líderes mulheres. Além disso, advogar por apenas uma forma de diversidade pode ter monopolizado as manchetes e sido um esforço bem-sucedido às custas de progressos em outras áreas.

Sem se intimidar, Morrissey continuou sua iniciativa, mudando de rumo com base no que aprendia ao longo do caminho. O Diversity Project, lançado por ela em 2016, fez pressão para que as empresas criassem uma cultura mais inclusiva no setor de economia e investimento. Foi um mergulho mais profundo, que buscou formas de melhorar a representatividade de vários grupos — pessoas não brancas, deficientes, pessoas de diferentes gêneros e orientações, neurodiversos — em 50 empresas que se inscreveram. Não havia metas numéricas concretas para disfarçar mudanças reais. "É hora de as empresas do setor econômico buscarem a diversidade em seu quadro de colaboradores em sentido amplo, de modo a garantir que a indústria tenha a diversidade cognitiva e experiencial necessária para ser moderna, para representar a sociedade e para que decisões mais eficazes sejam tomadas", disse Morrissey no lançamento.[23]

Conclusão

Houve um tempo em que parecia contraintuitivo, para empresas e líderes, adotar uma causa que não fosse a maximização do lucro para os acionistas. Esse tempo já passou.

Na verdade, ainda que comprometer-se com uma missão paralela aumente o perfil de risco de um cargo — algo que os líderes mais astutos calculam que seja melhor deixar no nível mais baixo sempre que possível —, não defender algo que beneficia a sociedade em geral é um risco ainda maior. As exigências de engajamento hoje em dia são tão grandes que todo líder corporativo precisa ser em parte um Ativista se quiser prosperar.

Nem todos os líderes estão à altura do desafio. Ser um Ativista eficaz é um teste de como colocar aquilo que se defende em prática. Também é um teste de quão bem um líder conhece seus clientes, funcionários, fornecedores e investidores. A causa escolhida tem que ter plausibilidade.

Deve ser suficientemente ampla para que todos possam contribuir e sentir orgulho, porém estreitamente alinhada com a empresa. Deve ter metas alcançáveis para manter todos interessados. Não pode ser ou parecer uma tentativa cínica de impulsionar as vendas.

Tudo isso demonstra o porquê de as personalidades dos líderes Ativistas serem tão importantes. Uma causa pode ser muito pessoal, mesmo que envolva uma corporação inteira. Cada um dos envolvidos precisa acreditar no que está fazendo. É por isso que os Ativistas são muitas vezes uma parte Alfa, uma parte Amante — a combinação entre grande força de vontade e grande paixão.

Voltando brevemente à Dame Helena Morrissey e Winnie Byanyima: ambas são Ativistas com muito em comum, ansiosas por corrigir os erros que encontraram em suas vidas pessoais e profissionais. A diferença entre elas é que uma incentiva mudanças que andam lado a lado com o lucro, enquanto a outra arrecada fundos para dedicá-los a seus objetivos. O lucro com propósito espelha o propósito com lucro — em outras palavras, as instituições de caridade agem mais comercialmente hoje para atingir seus objetivos.

Isso ofusca a distinção entre qualidades de liderança exigidas em ambientes corporativos e filantrópicos. Considere que a Oxfam International contabilizou receitas superiores a um bilhão de euros no último ano financeiro — provenientes de subsídios governamentais, arrecadação de fundos e renda de varejo. Para tal desempenho, um líder precisa se esforçar para obter apoio dos "clientes" e criar margens de lucro antes de ir atrás de seus objetivos.

"Não somos uma instituição de caridade" costumava ser a resposta dos acusados de não agirem de forma suficientemente filantrópica. No entanto, os líderes empresariais podem aprender algo com os líderes filantrópicos, que têm grande clareza de seus propósitos e conseguem inspirar paixão em colaboradores (em grande parte voluntários), manter um controle rígido sobre os custos e firmar parcerias para maximizar seu impacto. Por sua vez, os líderes filantrópicos, que precisam primordialmente inspirar a confiança das partes interessadas, podem aprender algo com a disciplina e a boa governança que os líderes corporativos oferecem.

Os dois tipos de Ativistas podem também considerar o exposto no próximo capítulo, no qual falarei sobre os Diplomatas, sujeitos cheios de lábia e flexíveis, que se esforçam para manter toda uma gama de stakeholders felizes, em ambientes lucrativos e sem fins lucrativos. Eles são ao mesmo tempo subordinados e superiores.

OS ATIVISTAS EM RESUMO

Pontos fortes: são movidos por um propósito, têm bravura, são inspiradores, corrigem injustiças, assumem riscos.

Pontos fracos: podem ficar presos em meio a conflitos de interesses e desequilíbrios estratégicos.

Habitat natural: no comando de grandes marcas — empresas de escala verdadeiramente grande que podem fazer a diferença; ainda assim, os líderes de pequenas empresas devem tentar mudar a realidade em seu entorno.

Onde você os encontrará: cada vez mais em todos os lugares, pois o lucro combinado com propósito social está se arraigando na vida corporativa.

CAPÍTULO OITO

Diplomatas

Uma maioria expressiva

Do outro lado da ponte sobre o riacho que separa o estacionamento da cafeteria, as crianças gritavam de alegria enquanto brincavam em meio às cores da flora e da fauna. Em uma tarde de sol, no verão, eis a Inglaterra: chá e bolo servidos, um parque cheio e, através de um arco de pedra, uma gloriosa visão da Londres residencial.

Bem-vindos ao Morden Hall Park, um outro mundo, afastado do centro da cidade de Morden, que fica na ponta sul da Northern Line do metrô de Londres, e um pouco longe demais para a maioria dos habitantes de Wimbledon reivindicarem como seu. É um local que cumpriu muitas funções em seu tempo. Outrora um parque frequentado apenas pelos cervos, depois um local para festas de estrelas do cinema dos anos 1940 e lar de uma fábrica de rapé, agora o que vagueia por seus terrenos são famílias que procuram o melhor lugar para fazer um piquenique ou jogar frisbee despreocupadamente.

A construção cor creme do século XVIII no coração do parque também passou por sua cota de reinvenção: foi uma escola para meninos, um abrigo para militares feridos e, hoje, é utilizada para casamentos. Após 75 anos sob posse de uma família, o núcleo da propriedade foi transferido para o National Trust, organização de preservação de patrimônios da Inglaterra, País de Gales e Irlanda do Norte. A instituição de caridade assumiu a administração direta em 1980, como fez com inúmeras propriedades notáveis cujas gerações que as herdavam não podiam mais mantê-las.

Se o National Trust fosse uma empresa, então passear pelo Morden Hall Park seria o equivalente a uma visita à fábrica. No entanto, a organização é muito mais do que uma mera corporação que tem a geração de retornos financeiros sustentáveis como cerne. A guardiã dos tesouros nacionais do Reino Unido — incluindo a Giant's Causeway, na Irlanda do Norte, a Fountains Abbey, em North Yorkshire, numerosas mansões antigas e quilômetros de belas costas — afeta muito mais vidas do que a média das empresas.

Tal alcance apresenta grande desafio e grande oportunidade para o diretor-geral. Até março de 2018, essa função foi exercida por Dame Helen Ghosh, ex-funcionária pública de alto escalão, formal, mas simpática. Durante a minha ida ao Morden Hall Park, ela prendeu um crachá com seu próprio nome no casaco e verificou as atividades no centro de jardinagem. Depois foi para o recém-construído pátio, onde chá e bolo estavam esperando.

Se os Alfas são criados pela força de vontade ou pela implacabilidade competitiva, e os Ativistas aproveitam a plataforma que possuem para fazer a diferença, os Diplomatas oferecem uma forma mais gentil de liderança. Muitas vezes eles são um produto de seu entorno e sabem confortar tanto quanto sabem cobrar. Mais do que qualquer outro tipo de líder, é provável que os Diplomatas tenham impressionado muitas pessoas para chegar aonde estão. Com frequência são colocados em seus cargos democraticamente, ou são funcionários públicos que vão parar no ambiente corporativo privado prometendo agir de acordo com suas promessas.

Eles arriscam governar por consenso. O Diplomata deve apresentar a face bonita de uma organização enquanto administra a burocracia de diversos stakeholders nos bastidores, que podem ter participação na empresa ou simplesmente pensar que tem.

Os diretores executivos de empresas que têm um grande número de funcionários contratados por seu intelecto pensam que uma abordagem de liderança de cima para baixo não é apropriada, dando atenção às ideias que "sobem escada acima" na hierarquia. Apesar do fluxo de conversa honesta, em organizações como o National Trust, a tradição supera descaradamente as tentativas de transformação. É necessário um estilo delicado de liderança; um Diplomata ao leme que carrega as pessoas consigo debaixo do braço não pode ser menos eficaz do que um líder que tenta comandar tudo a partir de seus próprios pensamentos e ações.

Em uma época em que as organizações estão lutando contra o interesse reduzido pelas muitas distrações ao redor, o National Trust conta com 5,6 milhões de membros, o que o torna a organização com maior contingente de membros do Reino Unido. Foi feito um esforço de recrutamento, voltado para a população mais jovem, que fez com que o número chegasse ao quinto milhão em pouco mais de seis anos, em 2017. Comparativamente, levou 86 anos para que atingissem seu primeiro milhão. A organização foi criada em 1895 por três vitorianos apaixonados, incluindo a reformista social Octavia Hill, que queriam preservar espaços ao ar livre.

Há de se comparar sua popularidade com a dos 3,2 milhões de membros da Associação Automobilística, que, embora numerosos, só se inscreveram em cima na hora, em casos de avaria na beira da estrada; ou com os 191 mil que juram fidelidade ao Partido Conservador do governo britânico; ou com o grupo cada vez mais enxuto que vai à igreja aos domingos de manhã.

O Trust é encarregado de preservar a história da nação, e com essa responsabilidade vem uma pletora de stakeholders. Há as famílias mais antigas do Reino Unido, que já foram donas de muitos desses edifícios históricos, há os interesses dos locais, conselhos municipais, protetores da vida selvagem, 14 mil funcionários permanentes e sazonais e 65 mil voluntários. Tal dimensão se reflete na estrutura de administração do National Trust, que inclui um conselho de 36 pessoas — metade eleita pelos membros — que fica de olho nos 12 administradores. Há, ainda, a visibilidade nacional e a voz da opinião pública, talvez representada pelas páginas do *Daily Mail* ou do *The Guardian*, que expõem o modo como a população pensa que o patrimônio deve ser tratado. O desafio é agradar a todos.

Muitas vezes, a pessoa que desempenha esse papel é um conservacionista ou similar, mas Dame Helen assumiu a posição e levou consigo todo o seu senso de diplomacia. Ela passou 33 anos no setor público do governo britânico, como parte da força de trabalho politicamente imparcial que faz o que precisa ser feito. Os funcionários públicos eram satirizados na figura de Sir Humphrey no programa de televisão *Yes, Minister*, comédia preferida da primeira-ministra britânica Margaret Thatcher.

Atualmente, em uma época de tumulto político aparentemente interminável, esses servidores são a memória do maquinário do governo, depois de tantos ministros que entraram e saíram. O Brexit colocou mais pressão sobre eles para que permanecessem rigidamente independentes, ao passo que mantivessem as engrenagens do governo funcionando, e que evitassem se tornar politizados e divididos como os norte-americanos. Em outra comédia da BBC, *The Thick of It*, o personagem desbocado Malcolm Tucker arquivou o National Trust em seu "pequeno arquivo de coisas que eu realmente não estou nem aí".[1] Ele era uma minoria nesse aspecto.

Durante seu reinado de seis anos, às vezes parecia que tudo o que Dame Helen fazia era motivo para críticas, como elogiar as turbinas eólicas por sua beleza, aumentar os preços de admissão para pessoas mais velhas, pagar caro pelo terreno da fazenda Lake District, intrometer-se no debate sobre mudanças climáticas e supostamente debilitar as exposições do Trust, colocando menos artefatos em exposição ou distribuindo almofadas pelo chão para que as pessoas se espalhassem e perdessem mais tempo admirando os arredores.

Algumas eram queixas pequenas, mas Dame Helen deixou claro que não se intimidaria. Ela explicou que seu papel não era puramente o de preservar as coisas no formol. "A conservação de bens e espaços se trata de administrar o processo de mudanças com o tempo, não manter as coisas exatamente como elas são", disse ela.[2] Mesmo assim, era um cargo que exigia consenso, o que às vezes era difícil de alcançar, apesar de seu tato para a diplomacia, conquistado ao longo dos anos trabalhando no maquinário governamental.

"Como alguém muito racional, aprender que a inteligência emocional é tão importante quanto o argumento lógico, especialmente quando você está liderando uma frente de mudanças, foi uma dura lição", disse Dame Helen em outra entrevista em 2015.[3]

Ironicamente, choveram críticas quando o National Trust tentou negociar a "tirania da escolha" que veio junto com as finanças fortemente melhoradas. Assim como a mudança de papel do Morden Hall Park ao longo dos anos, o Trust também mudou de rumo. Era um gigante que precisava ser manuseado com cuidado, haja vista a renda anual de 634 milhões de libras contabilizada em fevereiro de 2019. Dame Helen precisava decidir se gastava cem milhões de libras por ano em reformas ou na mais nova missão do National Trust de adquirir e manter terras costeiras e agrícolas.

Essas decisões estratégicas devem ser tomadas por alguém de um jeito ou de outro, independentemente da cisão que podem provocar. Revendo sua carreira, Dame Helen se considera como uma intermediadora honesta a quem jogaram desafios organizacionais complicados, como regenerar o lado leste de Londres, introduzir um novo esquema de crédito fiscal e fundir duas autoridades fiscais, a Inland Revenue e a HM Customs and Excise. Ela foi elevada a um cargo alto no Ministério do Interior, onde enfatizou suas habilidades de colaboração. "Uma coisa que você pode identificar em qualquer ponto da minha trajetória profissional é a frase: não é uma competição", disse.[4] Dame Helen deixou o National Trust em 2018 para se tornar diretora do Balliol College na Universidade Oxford.

Não importa se os Diplomatas obtêm sucesso ao colaborar com todos ou negociar concessões, desde que apelar ao menor denominador comum não se torne uma receita para o desastre. O National Trust precisava de alguém para ouvir e depois agir com cuidado. É um exemplo de organização que influencia fortemente o tipo de líder que requer.

É uma corrente de pensamento sugerir que estar isolado no comando é um conceito ultrapassado, e que o sucesso através da inclusão é um antídoto moderno para o estilo Alfa de controle. Por outro lado, uma boa liderança não pode ser definida pela falta de controle. Um líder não deveria ter que moderar radicalmente seu comportamento para se enquadrar em uma organização que vive pelos interesses de uma gama de stakeholders. Muitos Diplomatas não têm problemas para se encaixar porque foram escolhidos diretamente pelo grupo de pessoas que lideram.

Tropa do colarinho branco

Muita coisa mudou em poucos anos na área financeira de Londres. Prédios enormes com visual estranho brotaram na linha do horizonte, um sinal de exuberância e de riqueza internacional. Boutiques de luxo foram espalhadas ao longo das ruas, com a luxuosa mercearia Fortnum & Mason colonizando um dos centros originais do comércio, a Royal Exchange.

Menos agitado, mais profissional, a movimentação do trading no coração do distrito financeiro se transformou de uma gritaria ensandecida em um local permeado pelo baixo zumbido dos computadores mainframe, algoritmos e indexação silenciosamente calculados. A influência da região se espalhou em outras áreas de Londres, com empresas se instalando mais ao leste e ao sul, onde advogados e contadores compartilham a orla do rio com a construção de vidro da prefeitura.

Os bancos que viveram na era de empréstimos mais fáceis e regras mais frouxas foram restringidos por novas regulamentações e novas promessas dos líderes. A tecnologia se infiltrou com a chegada de novos jogadores que desafiam a hegemonia de financeiras e seguradoras vetustas, e novas startups invadiram o Broadgate, outrora um templo concreto de fortunas históricas. A importância da boa administração, dos controles de risco, da igualdade no local de trabalho e da diversidade aumentaram em demanda, embora ainda haja muito trabalho a ser feito.

Sob a superfície deste cenário acelerado, competitivo, exuberante, globalizado e altamente tecnológico, muita coisa permanece igual: a confraria de advogados, contadores e consultores — o exército de colarinho branco que patrulha a cidade em busca de clientes e comissões. Esses personagens típicos podem desempenhar papéis diferentes hoje em dia, usar menos papel e mais smartphones e inteligência artificial, mas as rotinas corporativas centrais que percorrem a vida útil de uma empresa — angariação de fundos, negociações, garantias, conformidade, estratégia e reestruturação — pouco se modificaram.

A estrutura da maioria dessas empresas também pouco se modificou. Não é todo dia que algo como o Big Bang de 1986 acontece, deixando ricos uma série de corretoras e bancos ao derrubar as restrições de propriedade para empresas estrangeiras em Londres. Contadores e advogados têm aproveitado as boas oportunidades que podem, mantendo modelos de parceria que proporcionam lucros a todos — ou pelo menos a um certo quadro de colegas.

Essas empresas não têm acionistas a quem se reportar, nem têm ações publicamente listadas, o que demandaria atualização contínua sobre as estimativas dos ganhos. Em vez disso, os colaboradores são responsáveis uns pelos outros, por seus clientes e por seu futuro, fator que orienta o quanto investem de volta à empresa a cada ano para acompanhar o ritmo da concorrência. A ironia é que estas são empresas que colocam a segurança em primeiro lugar, mesmo que externamente exalem ares de mudanças e às vezes orientem seus clientes a jogar tudo para cima e começar do zero. O conservadorismo tem como objetivo proteger a franquia acima de tudo.

A liderança dessas firmas, que incluem o Big Four (as quatro maiores empresas contábeis) — Deloitte; PWC; EY; e KPMG —, as firmas de advocacia do Magic Circle — Linklaters; Freshfields; Allen & Overy; Clifford Chance; e Slaughter and May —, além de um punhado de consultoras, é tão cuidadosamente escolhida quanto sua oferta de produtos e política de precificação. Normalmente o homem à frente — raramente uma mulher, ainda nos dias de hoje — é uma escolha segura, confortável; alguém que é confiável e que trabalha há muito tempo no ramo, que é enérgico, inteligente, apresentável e talvez um tanto franco. Quando as coisas dão errado, são eles que aparecerão como o rosto representativo, que pintarão o cenário com outras cores e expressarão as emoções adequadas. Raramente falam fora de hora. Com centenas de parceiros muito bem pagos os ajudando, são uma classe específica de Diplomatas.

David Sproul tinha a confiança de seus colegas porque seu papel na criação da Deloitte moderna tornara-se parte do folclore da firma. O local onde trabalhava anteriormente, a Arthur Andersen, estava caminhando para o colapso depois da implosão da Enron, empresa norte-americana de distribuição de energia que, em 2001, foi envolvida em um escândalo de fraude contábil. Como chefe de operações no Reino Unido, Sproul fora enviado para Nova York em abril de 2002 para negociar a venda da firma à rival, Deloitte &

Touche. Para centenas de seus colegas, cujas fortunas estavam atreladas à Andersen, tudo estava nas mãos de Sproul. Demorou mais tempo do que ele pensava (uma bolsa com roupas para três dias foi usada por duas semanas), mas o negócio acabou sendo fechado. Uma década depois, ele foi recompensado ao ser eleito sócio sênior e diretor executivo do grupo como um todo, assumindo o leme em 2011.

A Deloitte tem crescido rapidamente. Durante o mandato de oito anos de Sproul, que durou até 2019, o número de funcionários aumentou para 19 mil em meio à parceria combinada do Reino Unido e da Suíça, incluindo 700 sócios. As receitas praticamente dobraram para quatro bilhões de libras.

Não muito tempo antes, a Deloitte preferia operar discretamente com a avalanche de empresas para as quais trabalhava. Com o intenso escrutínio da produção do setor, especialmente em relação aos paraísos fiscais e às falhas graves de auditoria ocorridas no passado, isso não é mais possível. Os Diplomatas tiveram que pôr a mão na massa e melhorar o perfil público de suas empresas — e, até certo ponto, o seu próprio.

Ao pensar em seu legado, Sproul — enérgico, amigável, fluido e direto — apontou duas conquistas em particular: a melhoria no modo como a Deloitte tratava seu quadro de colaboradores, incluindo melhores rotinas de recrutamento e treinamento, e como a empresa havia se globalizado para trabalhar com clientes além das fronteiras. O aumento das demandas externas correspondeu ao que os colegas esperavam dele internamente.

"Passo muito mais tempo agora falando com nossos funcionários sobre quem somos, o que defendemos e o que significam nossos valores", disse Sproul, que havia ido participar de campanhas de caridade com a equipe e se instalara em um escritório próximo da ação. "Não estamos tentando tomar decisões moralmente ajustadas para cada um de nossos funcionários individualmente, eles querem estar ligados ao que representamos de uma forma que talvez não fosse tão importante há dez anos."[5]

Os observadores externos podem dizer que tudo parece o mesmo de sempre. Sproul teve que ponderar visões contrastantes e formas de estabelecer o equilíbrio entre investir na empresa e distribuir lucros aos sócios. Havia um controle sobre sua liderança, mas também uma licença para operar em nome dos colegas. "Algo te faz não ignorar os interesses dos proprietários, mas eles também esperam que você tome as decisões corretas", acrescentou. "Nunca achei difícil convencer os sócios de que precisávamos investir mais, porque investimentos levam a retornos no futuro, dos quais todos se beneficiam."

Uma história semelhante aconteceu na PwC, rival da Deloitte, cujas receitas combinadas entre o Reino Unido e o Oriente Médio atingiram 4,2 bilhões de libras em 2019. Kevin Ellis, o sócio sênior e presidente do conselho de diretores da filial do Reino Unido desde 2016, tinha muitos fatores externos para considerar, mas intencionava fazer um trabalho melhor a partir das conversas internas que mantinha com os 24 mil funcionários, incluindo 900 sócios britânicos.

"Quando comecei no primeiro ano logo após o referendo (do Brexit), os negócios estavam difíceis, mas achei que estávamos indo bem e que eu me comunicava bem. No fim do ano, percebi que ninguém estava ouvindo", disse Ellis.

"As pessoas ficam presas em seus próprios mundos. Todos têm que conhecer seu papel na organização e como se encaixam na estratégia. Meu aprendizado é que preciso falar mais de dez vezes tudo aquilo que acho que estou comunicando bem."[6]

Esses desafios recorrentes explicam por que as organizações optam por um tipo recorrente de líder — alguém que represente uma força apaziguadora e com boas habilidades de comunicação. Também é bom quando as experiências no currículo demonstram uma combinação infalível. Assim como seu antecessor na PwC, Sir Ian Powell, Ellis sempre trabalhou na empresa, estudou nas Midlands inglesas e escolheu a reestruturação corporativa como especialidade e caminho para o topo. Ambos têm quatro filhos.

Diplomatas como Sproul e Ellis têm que pisar em ovos. As centenas de sócios de cada firma possuem visão própria do que a empresa deve ser. Os auditores pensam que a divisão de auditoria é a mais importante, e, tradicionalmente, é mesmo, devido à sua ligação umbilical com os maiores clientes. Naturalmente, os consultores favorecem a divisão de consultoria, seja oferecendo aconselhamento estratégico ou executando grandes projetos de TI. É uma área que está crescendo rapidamente, com menos restrições regulamentares. Reduzir as distâncias e unir as cisões dentro de uma empresa é um trabalho de diplomacia, especialmente à medida que os reguladores procuram afastar as partes para aumentar a concorrência no setor. Se os Diplomatas puderem permanecer conectados com todos os lados, é sinal de que seu poder de persuasão e mediação será altamente eficaz para manter os negócios funcionando.

Sócio sênior da Slaughter and May, Christopher Saul estava ansioso para explicar o quanto seu escritório de advocacia é lendário. Em uma indústria jurídica que correu para se consolidar ao redor do mundo, a Slaughters, fundada por dois jovens advogados em 1889, poderia ter se tornado um anacronismo.

Com clientes bancários históricos como os Schroder, Rothschild e Baring, a firma passou pelo governo Thatcher dos anos 1980, quando as maiores privatizações estavam sendo planejadas. Hoje em dia, o aconselhamento sênior exclusivo que a empresa oferece é marca de seu sucesso. Com apenas um escritório principal — uma fortaleza elegante na Ropemaker Street —, é possível afirmar que a firma não entrega receitas tão altas quanto seus rivais do Magic Circle, porém, ainda assim, paga dividendos muito maiores aos sócios. No entanto, são muito discretos para falar de números.

Saul, que se aposentou em 2016, era como um maître: elegante, infalivelmente polido, misterioso e com uma lista de contatos mais extensa do que qualquer carta de vinhos nos melhores restaurantes da capital. Os visitantes de seu escritório, onde modelos de carros em miniatura enfeitam mesas e estantes, podem ser perdoados por querer colocar uma nota de vinte libras no bolso de seu casaco ao partirem.

Ao descrever a Slaughters, ele parece falar mais sobre um clube de membros do que de um escritório de advocacia internacional, com reuniões mensais da diretoria e reuniões de sócios uma vez por trimestre para agregar novos sócios e debater as principais decisões. O salão de jantar também é palco de conversas. Cada sócio tinha seu lugar marcado. Saul explicou que eles "estreitam o vínculo todos os dias".[7]

É fácil ver o porquê de ele ter sido escolhido para liderar. Saul descreveu seu trabalho como o ato de "celebrar e apoiar o sucesso da empresa, ser um representante, colocar as coisas na agenda e dizer 'olá a todos, o que vocês acham?'". Delicado. A Slaughters não precisava de uma personalidade agressiva para liderar seu perfil público sutil. As conversas complicadas ficam para os bastidores.

Discurso-chave

Os Diplomatas têm em comum a longevidade. Antes de ser escolhido para o cargo mais alto, David Sproul havia completado 27 anos na Deloitte; Kevin Ellis, 32 anos na PwC; e Chris Saul, 31 anos na Slaughters. A cultura e a continuidade são tão importantes nesse setor que essas empresas nunca contratarão um forasteiro, como um Restaurador ou um Vendedor, para o comando.

Sir Philip Dilley passou mais de trinta anos na Arup antes de ser nomeado presidente executivo da diretoria, cargo que ocupou de 2009 a 2014 depois de ser selecionado pelos administradores para servir um mandato máximo de cinco anos. O modelo de participação de sócios se estende de contadores a engenheiros. A firma já trabalhou em estruturas famosas, incluindo a Ópera de Sydney, o Fulton Center de Nova York, o Centro Aquático Nacional de Pequim e a Ponte do Øresund que liga a Dinamarca e a Suécia e que teve um drama televisivo sombrio com seu nome.

"É um lugar que lhe dá muita liberdade com uma pitada de rede de segurança, bem como acesso a uma fabulosa base de conhecimentos", disse Sir Philip ao explicar por que permaneceu tanto tempo na empresa.[8] Esse raciocínio não é muito diferente do de outros Diplomatas. Assim como a maioria dos Amantes, são homens e mulheres de uma só empresa. O que diferencia Sir Philip do resto de sua coorte é a orientação que recebeu do além-túmulo sobre como deveria liderar a Arup.

Em 9 de julho de 1970, preocupado com a possibilidade de os líderes originais começarem a se aposentar e a essência da firma se perder, o fundador epônimo Sir Ove Arup fez uma declaração aos colegas em um evento em Winchester. Seu "discurso-chave" cobriu tópicos como qualidade do trabalho, utilidade social e prosperidade justa. Também descreveu os princípios de liderança e propriedade que ele idealizou depois de colocar suas ações na empresa em fundos, junto com outros sócios, para benefício dos futuros funcionários.

Mais de 50 anos depois e após a morte de Sir Ove em 1988, aquele discurso ainda é um legado que paira sobre a empresa e um texto que todo novo colaborador é encorajado a ler — mesmo a parte sobre secretárias bonitas, que não envelheceu bem.

"Na Ove Arup Partnership, nós praticamente eliminamos a propriedade — os sócios seniores só agem como proprietários durante seu mandato porque tem que ser assim, de acordo com as leis do país", disse Sir Ove, acrescentando: "Pode ser possível conceber um acordo diferente e melhor do que o que temos agora — mais 'democrático', mais justo. Talvez seja possível construir algumas defesas contra líderes que se comportam mal e desenvolvem complexos de superioridade e pomposidade e que esquecem que são servos de uma boa causa, tanto quanto todos os outros funcionários — só que ainda mais."

Mais à frente no discurso, que Sir Ove confessou que deveria ter tido um terço do comprimento que teve, ele voltou ao assunto. "Acho que é inevitável que a palavra 'nós' signifique coisas diferentes em contextos diferentes. Às vezes o que é dito é relevante apenas para as camadas superiores da administração, e outras vezes é para incluir a todos. O que devemos visar é fazer com que a palavra 'nós' inclua o maior número de pessoas, sempre que possível. Devemos aumentar o número de pessoas que podem fazer alguma contribuição, por menor que seja; pessoas que concordam fervorosamente com nossos objetivos e que querem nos acompanhar na jornada. Podemos pensar nesses indivíduos como membros de nossa comunidade; os outros, que vêm e vão, podem ser chamados de 'funcionários'. Mas é claro que não podemos desenhar uma linha de demarcação. Não se trata de assinar um formulário ou conceder um título, e sim de como cada um se sente e o que sentimos em relação a eles. É uma via de mão dupla. O que une nossos membros deve ser a lealdade aos nossos objetivos, e somente enquanto os líderes da empresa forem leais a esses objetivos é que poderão esperar e exigir lealdade dos membros."[9]

Assim, Sir Philip e seus sucessores serão *primus inter pares*, representantes constantemente vigiados pelos colegas, tanto quanto são cobrados para liderá-los. Essa subversão do papel tradicional de líder não parece ser muito divertida e, no entanto, parece funcionar para o grupo. As receitas da Arup aumentaram em mais de 50% para 1,7 bilhão de libras em quatro anos, até 2019.

Alan Belfield, presidente do conselho desde 2019, não está preocupado, embora suas atividades se estendam desde a concepção de infraestruturas ferroviárias, passando por esquemas de distribuição de energia, indo ao desenvolvimento de programas para hospitais e de planos para drenagem em Xangai, cidade propícia a enchentes. Sem investidores externos para exigir foco ou retornos mais altos, os "membros" da Arup têm liberdade sobre os trabalhos que assumem. Com liderança leve, Belfield descreve as práticas da Arup em todo o mundo como rotinas de "pequenas vilas" que "podem discutir entre si", mas que no final sempre fazem as pazes.[10]

Ser escolhido

Na primavera de 2019, enquanto se preparava para renunciar ao comando após oito anos, David Sproul, da Deloitte, explicou o processo eleitoral da empresa, que oferece a cada sócio a oportunidade de votar em quem será o próximo dirigente da empresa. "Apesar de ser uma organização global e moderna, há uma coisa que é um pouco arcaica: a forma como elegemos nossos líderes", admitiu ele.[11]

Sproul identificou dois pontos em sua bem-sucedida campanha à época. "Você tem que apresentar o manifesto — o que pretende desenvolver em seu capítulo nesta grande empresa —, mas também tem que conquistar corações e mentes porque, no fim das contas, eles estão elegendo um líder, e as pessoas gostam de seguir seu líder."

As promessas dos candidatos têm muito em comum. Eles querem expandir a organização, construir relacionamentos sólidos com os clientes e melhorar as condições de trabalho. Há uma ampla gama de pontos de vista para representar e o candidato bem-sucedido é aquele que pode encontrar bases em comum. A personalidade também desempenha um papel crucial. É preciso se exibir para ganhar a confiança de seus pares.

Sproul acrescentou: "Quando fui me apresentar pela primeira vez, me levantei diante de 700 parceiros e falei sobre minha esposa e minhas filhas, quem eram e o que pensavam sobre o que eu estava fazendo. Metade pensou que aquilo era informação útil; a outra metade pensou 'por que ele está nos contando isso?'. Isso demonstra a variedade de emoções em nossa organização. Alguns se interessaram por aquilo como sinal de empatia, outros simplesmente não estavam interessados."[12]

Em vez de se apresentar formalmente para seus pares, Chris Saul, da Slaughters, explicou que o processo de seleção de sua firma se deu por uma série de conversas amistosas. Se alguém tem interesse em ser nomeado, "de alguma forma precisa comunicar sutilmente aos demais", disse ele.[13] Isso leva a uma votação secreta, e dali sai o equivalente corporativo da fumaça branca que anuncia a escolha de um novo Papa. O novo chefe deve seu lugar aos colegas e, portanto, é ao mesmo tempo líder e servo agradecido.

Não é bem assim na PwC, de acordo com Kevin Ellis, que em 2020 foi escolhido sem oposição para um segundo mandato de quatro anos e se sentiu fortalecido pelo resultado. "Isso é algo que lhe dá o direito de liderar, e acho que os demais têm que respeitar isso", disse ele. "Sei que eles (os sócios) concordam com a estratégia que estou seguindo."[14]

A ideia de escolher um candidato seguro também não é sempre consenso. Quando Richard Houston sucedeu Sproul, ele foi o primeiro líder britânico nos 175 anos de história da Deloitte que tinha uma carreira baseada em consultoria. "Isso assusta. Eu não era o que se poderia chamar de um candidato tradicional", disse ele. "Eu diria que os aspectos mais importantes para organizações societárias são engajamento e transparência."

Hora do checkout

Quando a maioria das pessoas do Reino Unido pensa em uma empresa societária, elas pensam na John Lewis Partnership (JLP), lar da muito amada loja de departamentos de classe média homônima, bem como da cadeia de supermercados Waitrose & Partners. Na era hipercompetitiva em que vivemos, a JLP tem sido considerada o epítome do que é ser uma empresa boa para os funcionários e que cuida dos clientes — além de ser referência de lugar para ir quando se quer comprar alimentos e objetos de luxo. Após a crise de 2008, os ministros do governo fizeram apelos pela criação de mais empresas que seguissem o modelo da John Lewis, no qual os funcionários recebem participação proprietária, e até desmembraram alguns empreendimentos da própria Whitehall.

O Fundador, John Spedan Lewis, deixou uma herança única para os trabalhadores das lojas quando morreu em 1963. O grupo foi colocado em um fundo para funcionários — ou melhor, "sócios" — que ganharam direito a uma parte dos lucros a cada ano. Existem também documentos escritos que estipulam que aquilo que foi chamado de "experimento em democracia industrial" continue estabelecido indefinidamente.[15]

Uma parte do arranjo, por exemplo, é a determinação do teto salarial executivo, que limita a remuneração do sócio mais bem pago a não mais do que 75 vezes a remuneração média dos funcionários que são sócios a níveis abaixo das camadas de gestão, calculada com base nas horas trabalhadas. Em outros lugares, a diferença entre o topo e a base só aumenta, de modo que a JLP é, por vezes, alvo de críticas por defender a justiça na hierarquia e por ser pioneira no estímulo à maior produtividade dos trabalhadores. As rivais dizem que essa dinâmica impede o grupo de contratar os melhores talentos do mercado, mas, na realidade, eles estão criando líderes. Assim como o discurso de Sir Ove Arup, a regra da remuneração e outras são indicativos de que o caminho da liderança tem parâmetros claros a serem seguidos. A JLP só pode ser liderada por alguém que acredite na natureza inclusiva da empresa: em outras palavras, um Diplomata.

Essa generosidade de espírito, que também se mostra em pagamentos e regalias, suscita lealdade feroz. Lorde (Mark) Price passou 34 anos na JLP depois de começar como estagiário em 1982, no departamento de iluminação da loja da John Lewis em Southampton. Ele escalou a hierarquia e se tornou diretor geral da Waitrose. Depois que deixou a empresa em 2016, ele serviu como Ministro do Comércio do Reino Unido, advogou por algumas causas e criou o site Engaging Works, uma proposta de ajudar pessoas a obterem mais sucesso em suas carreiras.

Price é um defensor ferrenho do modelo da JLP. "Nunca antes o capitalismo inclusivo foi tão importante, francamente", disse ele. "Acho que recompensar as pessoas que se dedicam ao seu negócio, pelo valor que elas criam, é uma ideia muito atual."[16]

Entretanto, durante vários anos a diferença que a John Lewis queria fazer não apareceu nos números. Em março de 2020, o grupo divulgou um terceiro declínio nos lucros anuais e o bônus dos 80 mil funcionários foi reduzido para apenas 2% do salário, o mais baixo desde 1953. Em julho, a John Lewis revelou que oito de suas 50 lojas de departamento fechariam depois que a pandemia da covid-19 acelerou a mudança de comportamento dos compradores em prol das vendas online.

O ramo do varejo é intensamente competitivo mesmo sem uma pandemia global, e a linha de produção de Diplomatas da JLP estagnou. No início de 2020, Sir Charlie Mayfield, então presidente do conselho, deixou a empresa depois de vinte anos e uma proposta confusa de juntar a estrutura administrativa das lojas de departamento John Lewis e os supermercados Waitrose, o que levou à saída de dezenas de funcionários seniores. No êxodo estavam incluídos os diretores gerais da Waitrose e da John Lewis, Rob Collins e Paula Nickolds, que também haviam ingressado na companhia ainda como estagiários na década de 1990. O sentimento avassalador era de que a liderança caseira que cultivavam na JLP era mais adequada para tempos de amenidades, não de crise.

"O instinto incutido é que fazer só um pouco mais e um pouco melhor do que você fez antes será bom o suficiente", disse Sir Charlie em uma entrevista de 2019.[17] "Pode ser que funcione por um ano ou dois, mas não para o longo prazo. Nossa estratégia precisa ser muito mais ousada." Este é o calcanhar de Aquiles dos Diplomatas. Aqueles que passam longos anos em uma organização e respiram a cultura dali muitas vezes não são os líderes que farão mudanças radicais quando elas forem exigidas.

A sucessora de Sir Charlie foi Dame Sharon White, uma recém-chegada no molde Diplomata com pouca experiência no varejo. Ela se provou um bom recurso ao liderar a Ofcom, reguladora de mídia do Reino Unido, e antes disso trilhara carreira no serviço público desde o ano de 1989, incluindo passagens pelo Departamento de Desenvolvimento Internacional, pelo Ministério da Justiça e pelo Departamento de Trabalho e Pensões.

No Tesouro, no cargo de Segunda Secretária Permanente, ela supervisionou uma revisão da resposta do departamento à crise financeira e implementou cortes de gastos. Ela consegue ser orientada pelo consenso, mas resta saber se as tomadas de decisão de Dame Sharon serão suficientemente hábeis para garantir à JLP um futuro mais saudável (quando a contratação de um impiedoso Restaurador poderia ter sido mais adequada aos problemas da empresa).

Líder da frota

Em uma travessia ao pôr-do-sol pelo rio Tâmisa, Robin Mortimer demonstrou estar à vontade em sua posição. Ele descreveu planos ambiciosos para impulsionar o volume de carga e de passageiros enquanto ocupar o cargo de diretor executivo da Port of London Authority (PLA). A bordo de um dos numerosos barcos de passeio que patrulham a parte central do rio de Londres, estava óbvio que o passeio era a trabalho, não a lazer.

O PLA atua como guardião do Tâmisa. A organização tem um papel fundamental em garantir a segurança da navegação que ocorre ali, de modo que navios cargueiros gigantes, barcos de transporte e a vida selvagem possam coexistir alegremente. O desafio será ainda maior durante a próxima década, à medida que a carga fluvial está prestes a superar o volume máximo alcançado em 1964 e que mais trabalhadores da capital utilizam o rio para chegar ao trabalho. Durante aquela travessia, ele procurou instigar o interesse dos convidados na nova estratégia do PLA: uma visão projetada para vinte anos que demonstrava que o Tâmisa poderia crescer em utilidade e contribuição econômica para Londres.

Mortimer teve uma maré crescente de receitas para colocar esses planos em ação. Em 2019, a receita subiu quase um terço, para 67 milhões de libras, valores provenientes majoritariamente das taxas cobradas de navios de carga para cobrir a manutenção e a fiscalização do rio. No entanto, o anfitrião dos stakeholders deve manobrar entre os riscos de superlotação. Ainda bem que esse Diplomata tem vinte anos de serviço público, tendo trabalhado para vários ministros do governo britânico. Informalmente, Mortimer tomou conselhos de Dame Helen Ghosh sobre como fazer a transição dos corredores de Whitehall para um cargo de liderança na PLA.

O currículo de Mortimer inclui trabalhos voltados para o meio ambiente, precificação na indústria da água e a transformação da British Waterways, propriedade do governo, em Canal & River Trust, uma instituição de caridade que supervisiona quilômetros e quilômetros de canais e rios na Inglaterra e no País de Gales. Se tivesse ficado onde estava, certamente teria se tornado um Secretário Permanente, dirigindo algum dos grandes departamentos do governo, mas Mortimer queria autonomia. "Fora do governo, você tem a capacidade de moldar seu destino e moldar a organização em que está inserido", disse ele em 2019.[18]

Apesar dessa pontada de frustração, Mortimer valoriza o que aprendeu e como aquilo o preparou para enfrentar grandes desafios como chefe. Preparar uma nova estratégia para a PLA foi muito parecido com preparar o documento de uma nova lei ou política, coletando diferentes opiniões e refletindo sobre o melhor caminho a seguir. "No melhor aspecto, eu acho que o setor governamental é realmente bom em evidenciar problemas e tentar resolvê-los. Essa maneira disciplinada e estruturada de pensar é um grande treinamento."[19]

Essas são habilidades que estão ligadas à liderança. Os ministros detêm as rédeas do poder em cada departamento, embora isso não seja tão aparente para quem está dentro do sistema, afirmou Mortimer, acrescentando que há "uma boa dose de liderança nas mãos do serviço público, e o relacionamento com os ministros requer criatividade; os funcionários públicos contribuem para as ideias que impulsionam a liderança".[20]

Conclusão

Uma das grandes habilidades de liderança é transformar o complexo em simples. É algo em que os Diplomatas devem se sobressair. O melhor contexto para eles são as situações em que é preciso encontrar um equilíbrio e escolher um caminho em meio às opiniões de numerosas partes interessadas e ao campo minado de dissidências.

Eles escutam, aprendem e mantêm o navio estável. Eles não entram e saem, não operam mudanças bruscas e podem não reagir tão rápido como alguns empresários implacáveis do mundo competitivo dos negócios.

Os Diplomatas não devem ser vistos como líderes fracos, mas podem ser prejudicados por serem colocados em posições de liderança nulas, sem real poder. Algo que é de propriedade conjunta não pode ser administrado conjuntamente. Ainda assim, há inúmeros exemplos de sucesso que resultam do trabalho colaborativo com uma liderança de mão leve. Consenso e sucesso comercial não necessariamente andam separados.

O envolvimento próximo com a força de trabalho — e voluntários, se for o caso — é crucial no mundo moderno. À medida que mais organizações tentam ser verdadeiramente inclusivas, os Diplomatas, os grandes comunicadores, têm habilidades que também se verificam no nono tipo de liderança, os Humanistas.

OS DIPLOMATAS EM RESUMO

Pontos fortes: são bons ouvintes, coletam opiniões e evidências, se comunicam bem, buscam consenso, trabalham pela evolução e não pela revolução.

Pontos fracos: cuidadosos demais, mantêm tradições, podem não ter pulso firme.

Habitat natural: empresas societárias, organizações com muitos stakeholders de diferentes interesses.

Onde você os encontrará: onde quer que tenham sido eleitos ou levados até o topo de uma organização.

CAPÍTULO NOVE

Humanistas

Um sonho verde

Sob os cintilantes lustres do Festsaal, um suntuoso salão imperial no Palácio de Hofburg, em Viena, eles se reuniram para falar sobre gestão a longo prazo. O local não poderia ter sido mais apropriado. Dali, reis e imperadores de Habsburgo governaram o Sacro Império Romano por mais de três séculos, divididos em dois períodos.

A capital austríaca foi também a cidade natal do famoso guru da administração Peter Drucker, cuja filosofia é celebrada anualmente durante a conferência intitulada Global Peter Drucker Forum. Durante três dias no mês de novembro, estrategistas de empresas, consultores e centenas de estudantes de administração vão até lá para ouvir acadêmicos, pensadores e gestores opinarem sobre os desafios da liderança e da administração moderna, e não conseguem fazê-lo sem mergulhar no passado. Afinal, foi Drucker, que morreu em 2005, que insistiu que os gerentes tinham uma responsabilidade com toda a sociedade, e não apenas com seus acionistas.

Para uma sessão pós-almoço no evento de 2018, uma das atrações foi Isabelle Kocher, diretora executiva da Engie, a gigante francesa do ramo de energia, antes conhecida como Gaz de France (GDF) Suez. Kocher, elegante e intensa, surgira com status de estrela, pois foi a primeira mulher a dirigir uma das empresas francesas do índice CAC 40. Ela estava determinada a deixar sua marca. Sentado ao seu lado estava Paul Polman, que havia acabado de chegar de Nova York depois de anunciar sua aposentadoria da Unilever no dia anterior.

Era uma passagem de bastão simbólica. Ali estava Polman, veterano Ativista apresentado no Capítulo 7 deste livro, em meio a piadas sobre estar procurando emprego porque sua esposa não o aturava em casa o tempo todo. Sem autoindulgência, Kocher expôs o rápido progresso feito até então desde que ela havia tomado as rédeas da Engie dois anos e meio antes. Ela trabalhava na empresa basicamente desde 2002, quando ingressara na Suez, que se fundiu com a GDF em 2008.

Kocher havia dado início às maiores renovações no monopólio de gás, antes de domínio estatal, desde que a União Europeia decretara que o mercado doméstico precisava ser aberto à concorrência até 2000. Logo após assumir o comando, Isabelle declarou que a gigante de energia venderia 20% dos seus ativos — no valor de cerca de 15 bilhões de euros —, enquanto ela reconfiguraria a corporação para um modelo que beneficiasse um futuro com baixa emissão de carbono, com foco em energia eólica, solar e hidrelétrica.

Ela alegou que a sociedade estava conduzindo sua estratégia, mas que os acionistas também a acolheriam de bom grado.

"Por definição, você está no centro do problema", disse Kocher durante o evento, citando estatísticas que constataram que a indústria energética foi responsável por 60% de todas as emissões de dióxido de carbono. "Você tem uma escolha a fazer: ou continua assim e se torna mais e mais parte do problema, ou tenta se tornar parte da solução."

Foi um movimento tipicamente ousado de um tipo moderno de líder. Ações de curto prazo, com o longo prazo em mente, empacotadas e entregues com suprema confiança. Kocher — que passara por um longo período de transição, depois de ocupar o cargo de vice-diretora executiva, sob a presidência e direção executiva de Gérard Mestrallet — imediatamente fez a conexão entre o bem-estar do planeta, o lucro e a comunidade ao seu redor e a usou para construir sua estratégia de uma forma que seus antecessores não haviam feito.

Eles são mais inclusivos, mais diversos, mais digitais, mais experimentais: a próxima geração de líderes corporativos quer agir rápida e não lentamente, ser cuidadosa e não descuidada, ficar perto de sua força de trabalho e colocar o propósito à frente do lucro. Carregando aquilo de melhor do que já foi feito antes deles, eles sabem que precisam justificar sua postura, muitas vezes desconstruindo o que o cargo de liderança poderia significar, de modo a agradar a uma ampla gama de stakeholders. Conscientes da importância da comunicação, eles também querem ser vistos fazendo a coisa certa. Na verdade, o que eles querem mais do que qualquer outra coisa é serem líderes considerados Humanistas.

Os Humanistas são um tipo de liderança muito distante dos donos da razão que habitavam as salas de diretoria no passado. Eles estão determinados a sair de sua torre de marfim e derrubar as paredes que circundam seu império. São indivíduos que sabem que as corporações modernas estão mais expostas do que nunca — graças às mídias sociais e sites como o Glassdoor, no qual os funcionários podem dar avaliações para as empresas em que trabalham —, mas isso não os impede de fazer o melhor que podem.

Suas empresas estão cuidadosamente entrosadas com a sociedade, e, como líderes, eles buscam estar entrosados com os colaboradores, que veem como um ativo vital, não apenas um recurso. Esses líderes procuram empregar seu tempo e seus poderes da maneira mais eficaz possível.

Kocher defendeu sua visão corporativa em múltiplas plataformas como o evento de Peter Drucker, sempre deixando claro que não estava agindo individualmente. "Não acredito em líderes que definem estratégias baseadas apenas na própria sabedoria", disse ela. "Todos devem se sentir responsáveis pelo surgimento desta visão."

Antes de assumir o leme da Engie, ela visitou as instalações da empresa para falar com muitos de seus 155 mil funcionários, organizações não governamentais, políticos e empresas de tecnologia para buscar diferentes visões sobre o caminho futuro. A contribuição desses diferentes pontos de vista correu em paralelo com uma análise aprofundada das atividades da Engie que não poderiam fazer a transição para um mundo sem emissões de dióxido de carbono. Tais operações seriam rapidamente vendidas.

Em abril de 2019, o carvão representava apenas 4% das fontes de geração de energia da Engie, em comparação com 13% no final de 2015, quando foi anunciado que as usinas a carvão do grupo na Holanda e na Alemanha seriam destituídas. Além disso, a Engie comprometeu-se a investir doze bilhões de euros em soluções energéticas mais limpas para empresas e autoridades locais, no desenvolvimento em larga escala de energias renováveis e na necessária adaptação das redes de energia e gás para a transição energética.

As consultas às opiniões dos colaboradores poderiam ter sido consideradas uma manobra publicitária se Kocher não tivesse repetido a dose para definir uma nova estratégia para a empresa, a se cumprir até o ano de 2030, encorajando os colegas não apenas a contribuir com suas ideias, mas também a consultar opiniões de clientes e contatos. Determinada a descentralizar e estabilizar a organização, ela disse: "Às vezes as pessoas pensam que é mais difícil para uma organização maior mudar suas rotinas do que para uma menor. Entendo esse ponto de vista, mas quando se tem tantas pessoas... elas também fazem parte da própria sociedade. É como se você tivesse milhares de oportunidades das quais usufruir."

O plano dela de ser a primeira escolha para clientes, investidores e funcionários em potencial estava funcionando — ao menos se pudermos usar o aumento de 60% nos currículos recebidos pela Engie como referência. Kocher estava convencida de que era um círculo virtuoso: "Não é uma arbitragem entre responsabilidade social e criação de valor. Não se pode atuar de um ponto de vista econômico se não houver alinhamento com o que o cliente precisa."

Algumas palavras de sabedoria de Drucker poderiam ter sido escritas para Kocher: "Seu primeiro e principal trabalho como líder é tomar conta de sua própria energia, e depois ajudar a orquestrar a energia dos que o rodeiam."[1]

Kocher não chegou a ver os resultados de sua transformação concluídos porque em 6 de fevereiro de 2020 a diretoria da empresa encerrou seu mandato de diretora executiva. Em 24 de fevereiro, ela tuitou: "Deixo a @ENGIEgroup com absoluta serenidade e imensa emoção."

Essa líder Humanista tentou manter todos felizes enquanto conduzia a transformação de um complicado negócio internacional, porém acabou sendo vítima das lutas internas da diretoria em meio a preocupações com o valor obtido a partir de algumas alienações de ativos e do desempenho decepcionante das ações em comparação com o de empresas parecidas. O Estado francês, acionista com participação de 24% na empresa, que apoiara um corte de 30% nos dividendos, aparentemente foi fundamental na decisão de dispensar Kocher. Em uma entrevista logo depois, o presidente da diretoria da Engie, Jean-Pierre Clamadieu, disse que Isabelle "não conseguiu demonstrar que era a pessoa certa para aprofundar a transformação do grupo".[2]

Ninguém disse que seria fácil se esforçar para encontrar uma nova maneira de liderar, e alguns podem não estar prontos para os líderes em potencial que são guiados por flashes de inspiração. O que se exige, independentemente da visão e do método, é que resultados tangíveis sejam alcançados. Os Humanistas são falhos, com certeza, mas não são sinônimo de fracasso. São um projeto em andamento. Na próxima seção, conheça os líderes que pensam que menos significa mais nos negócios modernos.

Pegando na marreta

A chegada de Zhang Ruimin, em 1984, a uma fábrica de energia elétrica que estava falindo, em Qingdao, cidade da província de Shangdong, ao sul de Pequim, entrou para a história do corporativismo. Ele foi o último de uma linha de gerentes que tinham ido e vindo em rápida sucessão.

"Meu objetivo inicialmente era viabilizar que os trabalhadores fossem pagos e que a empresa voltasse a funcionar normalmente, e depois eu partiria", disse ele em 2018.

Zhang teve interesse imediato em averiguar o controle de qualidade da fábrica, que naquela época era um conceito inexistente na China. O país tinha um sistema de classificação de produtos industriais de primeira, segunda e terceira classes — ou nenhuma classe — o que tornava aceitável o envio de mercadorias que estavam longe de ser perfeitas. "Era esse tipo de mentalidade que queríamos eliminar. Recebíamos cartas de nossos clientes afirmando que alguns dos produtos eram de baixa qualidade", explicou.

Zhang inspecionou uma remessa de 400 refrigeradores antes de serem enviados e descobriu que 76 deles tinham problemas. Ansioso para frisar seu ponto de vista, ele pegou uma marreta e convocou uma reunião de equipe.

"Descobrimos quem eram os responsáveis pelos defeitos e colocamos os nomes desses funcionários nos refrigeradores. Em seguida, pedimos a essas pessoas que esmagassem os respectivos refrigeradores. Algumas delas choraram. A crise de choro foi porque os funcionários pensavam que não havia problema se algo não fosse de primeira classe, porque poderia ser de segunda classe e assim por diante, mas eu queria comunicar a eles que um produto defeituoso era simplesmente um desperdício. Era importante corrigir a mentalidade para que houvesse gestão de qualidade total, que é a maneira japonesa de trabalhar." Para enfatizar ainda mais essa questão, ele começou a vincular os pagamentos à qualidade dos produtos.

Encontrando a liberdade

Zhang poderia ter sido um Restaurador se não fosse a forma progressiva como ele continuou a administrar sua empresa, como presidente do conselho e diretor executivo. Aquela fábrica à beira da falência foi o embrião de uma empresa que, depois de mais de três décadas, foi transformada na Haier, gigante de eletrodomésticos cujas máquinas de lavar, refrigeradores, fornos micro-ondas e aparelhos de ar-condicionado disputam a atenção dos consumidores ao lado da Whirlpool, Bosch, Miele, Hotpoint e outras. Deixando de lado a marreta — que hoje fica em uma caixa de vidro na sede da empresa —, o que Zhang fez dali para frente foi o que o marcou como um líder Humanista.

"Acredito que as empresas hierárquicas estão condenadas a sumir, enquanto as organizações em rede — que são auto-organizadas, não organizadas por outros — se manterão", declarou ele em uma viagem a Viena para uma aparição no já citado Global Peter Drucker Forum.

A China pode não ser o primeiro país que vem à mente quando o assunto é liderança livre, já que seus mestres políticos são o oposto. Mas Zhang, que recebeu prêmios por seu método de gestão, vive pela expressão "gerir sem liderar". Pode parecer uma forma de absolver-se da culpa no caso de algo dar errado, mas não é essa a ideia. Falando por meio de um intérprete em uma sala de reuniões de hotel com cerca de outras oito pessoas, incluindo uma equipe de filmagem que registrava sua viagem à Europa, ele foi cortês, mas inescrutável.

"Meu papel é construir uma plataforma e fornecer serviços para que os empresários possam ter sucesso mais rapidamente", disse ele. Parece um devaneio, mas até agora tem funcionado. A Haier continua privada, mas a principal unidade da matriz, a Haier Smart Home, cujas ações são negociadas em Xangai e em Frankfurt, teve um aumento saudável de 9% nas vendas em 2019 para 201 bilhões de remimbis, com lucros subindo quase 10% para 8,2 bilhões de remimbis graças à crescente demanda por aparelhos ligados em rede, conectados pela Internet das Coisas (IOT). O grupo comanda mais de 10% do mercado mundial de eletrodomésticos e tem presença no varejo de 160 países, com 122 fábricas espalhadas.

Zhang dá grande liberdade aos seus colaboradores. Seus empreendedores consistem em duas mil equipes Haier autogeridas, que surgiram depois das marretadas na camada de gestão intermediária. Essas microempresas fazem licitações internas dos pedidos de clientes e mais de duzentas delas já atraíram investimento de capital de risco. Invocando Drucker, Zhang acrescentou: "Nas novas formas de gestão, não precisamos mais dos líderes tradicionais porque cada um pode ser seu próprio CEO." Os funcionários decidem até o pagamento que acham que devem receber, com base no valor que criaram para a Haier.

Zhang alegou que houve duas razões para reinventar a organização, mesmo que parecesse estar funcionando bem. Primeiro, ele queria lutar contra o que chama de "doença das grandes empresas", definida como "quando uma empresa cresce a uma certa escala, tornando-se menos responsiva, ao mesmo tempo em que há conflitos internos cada vez mais profundos, e a organização fica cada vez mais distante do usuário final". Em segundo lugar, Zhang disse que todas as organizações enfrentam um duplo propósito: "Administrar os negócios conforme manda a tradição, especialmente em uma grande empresa, e, em segundo lugar, inovar. Parece que nenhuma empresa pode atingir esses dois objetivos ao mesmo tempo; parecem ser objetivos opostos e excludentes, e eu queria lidar com isso." Para além, Zhang acha que os líderes corporativos não são mais tão importantes quanto eram antes.

Aprendendo com outros

A epifania de Zhang veio quando a General Electric enfrentou dificuldades. A Haier e Zhang têm uma longa história com a gigante industrial norte-americana, cujos problemas foram abordados no capítulo sobre os Alfas. Zhang idolatrava Jack Welch, o lendário líder da GE que construiu o negócio durante vinte anos até 2001.

Em 1992, a relação das duas empresas se desgastou quando a Haier optou por não se tornar contratada da GE na região. Isso lançou a Haier na trilha das aquisições porque Zhang sabia que a empresa tinha que crescer em vendas e ideias se quisesse fazer frente aos rivais globais. Em 2016, a Haier adquiriu triunfantemente a divisão de eletrodomésticos da GE por 5,6 bilhões de dólares — cerca de 24 anos depois que a empresa poderia ter sido comprada por eles.

Diante desse histórico, não foi surpreendente que Zhang tenha se mostrado um tanto desdenhoso do "superimpério" da GE, que trocou de liderança várias vezes desde Welch. Ele comparou o modo como a empresa vinha sendo administrada à "forma como os EUA lutavam contra o terror em 2013", explicando que "eles tinham o maior poder militar e tecnologia, mas ainda assim não eram eficazes na luta contra os terroristas sunitas".

Ele continuou: "Nosso objetivo costumava ser construir um império. Então, percebemos que os impérios geralmente entram em colapso, e é por isso que mudamos nosso objetivo. Em vez de construir um enorme porta-aviões, percebemos que era melhor construir uma frota de navios de combate. Para resumir em uma frase, eu diria que estamos mudando o objetivo da organização de produzir produtos para produzir empreendedores."

Ao explicar o papel que o líder, ou capitão, desempenha nesse cenário, Zhang utilizou analogias ainda mais combativas: "Em empresas tradicionais, o capitão projeta o navio, enquanto em nossa organização o capitão projeta a frota, ou o mecanismo por meio do qual diferentes navios da frota trabalham e lutam juntos de forma flexível. Na Segunda Guerra Mundial, a estratégia mais eficaz não era o tamanho do navio de guerra, e sim o modo como os coligados combatiam o inimigo como uma matilha de lobos."

A China é frequentemente acusada de pegar as melhores ideias do mundo e torná-las suas, muitas vezes com pouca consideração pela propriedade intelectual. A Haier tem sido mais respeitosa. O método de liderança de Zhang mistura os melhores hábitos de gestão típicos dos japoneses, a globalização e as técnicas de construção de marcas dos EUA, que, assim, formam um modelo único de pensar.

Menos é mais

Não há insulto maior para um líder do que ser acusado de ausência. No entanto, os líderes Humanistas mais corajosos estão preparados para ouvir esse tipo de provocação. Não porque pretendem se ausentar de seu papel de líder, mas porque não exercem uma típica liderança de cima para baixo. A ideia de que menos é mais tem se popularizado, mas a questão permanece: como implementá-la?

Uma empresa de consultoria sueca, a Crisp, oferece o exemplo mais extremo. Ela atraiu atenção há alguns anos por declarar que poderia funcionar perfeitamente sem um líder. É estruturada como uma empresa sem fins lucrativos para mais de 35 consultores de TI independentes, que preferem ter certo suporte do tipo que funcionários "comuns" se beneficiam. Eles se esforçam todos os anos para cobrir custos centrais, mas a Crisp não tem nenhuma meta de crescimento e nenhuma ambição de aumentar o valor financeiro da empresa.

"Se mantivermos a empresa enxuta, com apenas uma pequena reserva de liquidez, então não precisaremos discutir sobre quem possui o quê", é o que diz em seu website.[3] Assim, a participação proprietária, que é oferecida a qualquer pessoa que esteja na empresa há pelo menos dois anos, é em grande parte simbólica. O principal objetivo da Crisp é permitir que os consultores sejam felizes (e um índice de felicidade dos colaboradores é acompanhado atentamente). "Receitas fortes e clientes satisfeitos são um efeito colateral, não um objetivo", acrescentam os representantes.

Soa um pouco como uma versão menor e despojada da Arup, mencionada no capítulo sobre os Diplomatas, que distribui a maioria de seus excedentes aos "membros" a cada ano. A lei sueca exige que a Crisp tenha um quadro de diretores, mas qualquer pessoa da empresa pode participar das reuniões do conselho. A tomada de decisões não é feita através de um único processo bem definido, porque "diferentes tipos de decisões precisam de diferentes processos". Eles complementam: "Seria uma loucura envolver toda a equipe em decisões como qual tipo de canetas para quadro branco devemos comprar. E seria uma loucura NÃO envolver toda a equipe se precisássemos mudar nosso escritório para um novo local." O colaborador que levanta uma questão é o dono do processo de tomada de decisão em relação àquilo. Em 2015, a Crisp publicou abertamente seu "DNA" — efetivamente, um manual de operação — para qualquer um que possa querer reproduzi-lo.

Nick Pearson ainda não deixou seu cargo, mas seria de se suspeitar que isso não está fora de questão. Como diretor executivo pouco chamativo da Parkrun, ele supervisiona uma marca muito moderna que organiza 350 mil corredores de todas as habilidades em corridas de cinco quilômetros todos os sábados de manhã — ou, pelo menos, quando não há eventos de pandemia que exigem distanciamento social.

Não se trata tanto de uma caridade, e sim de um movimento. A Parkrun tem uma missão louvável: ser livre para sempre e apoiar as comunidades menos ativas. Sua popularidade faz com que a hashtag #parkrun apareça no topo dos assuntos mais mencionados nas mídias sociais na maioria das manhãs de sábado. Em vez de adotar alvos esportivos de elite, a marca se orgulha de que o tempo médio de suas corridas está subindo à medida que pessoas mais sedentárias dão uma chance e tentam participar do trajeto.

A Parkrun é também uma instituição maravilhosamente britânica que só existe por causa de legiões de voluntários — cerca de 35 mil pessoas que aparecem todos os fins de semana para orientar os percursos e cronometrar os corredores. Pearson, que assumiu a direção da instituição em 2015, sabe bem qual é o seu lugar. Ele tem muito em comum com um Diplomata. "Você definitivamente não pode liderar uma equipe através de memorandos, diretivas ou por meio de demasiadas regras", disse ele em 2019. "Você os lidera predominantemente pela visão, pela cultura, por celebrar o que eles estão fazendo e por mostrar ao mundo o impacto positivo que eles provocam."[4]

A Parkrun começou como uma iniciativa chamada Bushy Park Time Trial, em Teddington, Middlesex, a frondosa fronteira de Londres. O fundador, Paul Sinton-Hewitt, era um corredor que tinha acabado de perder o emprego e estava sofrendo de uma lesão na perna. Treze pessoas participaram de seu primeiro evento, em outubro de 2004. Um segundo evento regular, em Wimbledon Common, foi acrescentado em 2007. Durante muito tempo, foi o próprio Paul que financiou a organização das corridas, até que conseguiu recrutar um primeiro patrocinador em 2009. Eventualmente, ele colocou a Parkrun em um fundo beneficente.

Desde então, a iniciativa se espalhou por 22 países e acumulou sete milhões de corredores registrados. Todo esforço dedicado levou a um esquema em que, hoje em dia, alguém que participa de uma das corridas em Soweto, na África do Sul, tem garantidamente a mesma experiência que outro sujeito correndo no mesmo evento em São Francisco, nos EUA. Ainda assim, de alguma forma, o cerne da marca permaneceu pequeno, com um faturamento previsto de sete milhões de libras em 2020 e apenas 43 funcionários permanentes.

Grande parte disso se deve a Pearson. Ele já havia sido diretor geral da Sweatshop, varejista esportiva independente que tinha sua própria iniciativa de corrida. Seu desafio na Parkrun era criar um modelo viável a partir de uma ideia brilhante. Com a mentalidade de alguém que já participava das atividades da organização, ele teve como objetivo dispensar qualquer atividade ou distração que fosse alheia ao foco da Parkrun e manter o dinheiro sob rédeas rigorosas. Pearson queria renda suficiente para cobrir os custos, mas não tinha pretensão de enfeitar cada evento com mensagens de uma infinidade de patrocinadores (o que, dada a popularidade da Parkrun, ele poderia facilmente conseguir).

"Acho que o futuro para quase todas as organizações é redefinir o sentido de prioridade e de produtividade", disse o líder. "Acho que há uma falta de foco e, portanto, organizações estão sendo construídas em torno de coisas que não precisam e que não deveriam estar fazendo, porque perderam de vista o que era o foco no começo."

Pearson acrescentou: "Tenho que garantir que estamos fazendo absolutamente o máximo que podemos com o nível mínimo de recursos e investimento. É assim que seremos sustentáveis por mais dez, vinte anos. Não nos manteremos como uma organização sustentável se construirmos um modelo que precisa dobrar de tamanho a cada dois anos e meio, tal como nossa participação está dobrando, porque nossos custos só vão espiralar cada vez mais."

Integrado

A alternativa à liderança de pequena escala, baseada em consenso, como demonstrado pela Parkrun, é o líder Humanista que se incorpora ao máximo em sua organização. Se não conseguirem reduzir as dimensões da empresa e manter a mesma eficácia, eles se certificam de estar em estreito contato com as origens.

Quando ele foi eleito sócio sênior do escritório de advocacia Linklaters, em 2016, Charlie Jacobs insistiu em reservar a metade de seu tempo para permanecer trabalhando diretamente com os clientes. Foi uma mudança no perfil de Diplomata clássico, e foi algo que o ajudou a permanecer conectado com os negócios do dia a dia, mais do que aconteceria se ele optasse por ser puramente um alto representante do escritório.

O momento de sua decisão de se candidatar ao cargo também foi notável. Jacobs, alto, bem-vestido, com óculos no rosto, tentou a sorte aos 49 anos, uma idade relativamente jovem — cerca de cinco anos mais cedo do que normalmente acontece. "Havia muita coisa acontecendo no setor jurídico, e eu pensei que ainda conseguia trabalhar a um ritmo rápido", disse ele em 2019. "Acho que, se você assume esse tipo de posição muito tarde, há o perigo de assumi-la com pantufas nos pés, encarando-a como o trabalho que o levará à aposentadoria."

Nascido na Cidade do Cabo, filho de pai sul-africano e mãe irlandesa, Jacobs seguiu os passos de suas duas irmãs mais velhas e foi estudar no Reino Unido. Seu pai o aconselhara que mesmo a Londres pós-Big Bang de 1986 poderia ser um lugar melhor para iniciar a carreira do que a África do Sul sob o regime incerto do Apartheid. Entrou na Linklaters em um estágio de férias em 1988, tendo sido um caso raro de recrutamento fora do eixo "Oxbridge". Sua perspectiva externa se mostrou útil. Jacobs ganhou fama por sua participação em acordos altamente visibilizados, como a aquisição da SABMiller pela AB InBev em 2015, no valor de cem bilhões de dólares, que redesenhou o mapa da indústria cervejeira, e a fusão da gigante de commodities Glencore com a mineradora Xstrata em 2012.

Como líder, ele continuou trabalhando duro para merecer o cargo, sem se escorar nas glórias do passado. Os escritórios de advocacia são culpados de exigir que seus funcionários permaneçam sempre conectados. Jacobs, um líder Humanista, preferia ver as pessoas frente a frente sempre que possível, não apenas através de mensagens instantâneas ou videochamadas. Sempre que chegava em um dos trinta escritórios da Linklaters ao redor do mundo, ele ia direto para a academia, não para a sala de reuniões, a fim de descobrir o que estava acontecendo. Jacobs não era fã de sair para beber depois do expediente e preferia uma aula de spinning antes do trabalho que lhe permitisse misturar-se com colegas de todos os níveis hierárquicos da firma enquanto suavam. "Assim, eu consigo estar em contato com diferentes pessoas, nós tomamos um shake ou um suco de frutas depois e elas podem ver um lado mais humano do sócio sênior", explicou.

Ele também tentou quebrar a maneira tradicional de como um escritório de advocacia funciona. É um setor que nunca poderá verdadeiramente reformar a própria cultura a menos que possa se divorciar do modelo de horas faturáveis. Cobrar duas mil horas trabalhadas anualmente aos clientes tem sido, há muito tempo, uma regra que os novos recrutas não questionam. Jacobs tentou fazer com que os colegas enxergassem além da competição dos números porque os lucros são compartilhados. Há, ainda, lembretes indesejados de que sua profissão é bem remunerada, mas também dura. Paul Rawlinson, presidente de outra firma de advocacia, a Baker McKenzie, morreu no início de 2019, seis meses depois de tirar uma licença por conta da exaustão.

"Queremos desestimular a noção de métrica individual", disse Jacobs. "Queremos que as pessoas pensem primeiro na firma, segundo na prática e terceiro no indivíduo. Não me importa quais são seus números individuais. Vou sentar com você uma vez por ano e discutir quem são seus clientes, no que você trabalhou no ano anterior e o que as pessoas pensam de você interna e externamente. Em um ambiente de sincronia, isso é tudo o que preciso saber." Jacobs, que sempre fechou os acordos dos quais participou, poderia ter resistido a tal modelo quando estava trazendo muitos milhões de libras para a firma. Eu mencionei isso, e ele concordou: "Teria sido um dos mais cínicos no começo, mas eventualmente daria uma chance." A introdução de acompanhantes sóbrios para supervisionar as festas regadas a bebidas que, no passado, arriscavam ficar fora de controle é mais uma de suas estratégias para o bem-estar do pessoal.

Os Humanistas têm a certeza de que tornar as coisas melhores para a equipe faz com que o negócio seja melhor. Clare Gilmartin, diretora executiva do aplicativo europeu de passagens de trem Trainline desde 2014, sabe o que é receber um pouco mais de flexibilidade para equilibrar trabalho e vida pessoal.

Quando trabalhava no eBay e voltou ao trabalho depois de ter seus dois primeiros filhos, ela precisou de tempo para se reajustar. Assim, passou seis meses trabalhando quatro dias por semana.

"Precisamos encorajar as pessoas a pedir mais flexibilidade; não para sempre, mas para determinadas fases", disse ela durante entrevista em 2016. "Estou certa de que compensa. Se pudermos ajudar mulheres e homens a superar pontos desafiadores em sua carreira, eles serão super leais e prosperarão depois."[5]

Gilmartin está entre os líderes que entendem que os talentos de sua empresa são um recurso, não apenas mais um jeito de gastar dinheiro. Os Humanistas esclarecidos têm dado atenção à questão da saúde mental no local de trabalho. Além disso, uma maior consciência das questões LBGTQIA+ incentiva os colaboradores a serem eles mesmos, para que se sintam livres e capazes de produzir seu melhor trabalho.

Uma direção

Qualquer que seja o tipo de liderança, a direção ainda deve ser definida a partir do topo. Os Humanistas têm talvez a visão mais ampla de qual deve ser essa direção e de como decidi-la.

Peter Jackson, diretor executivo desde 2018 da Flutter Entertainment, grupo de apostas online que figura no FTSE 100, cujas marcas incluem a Paddy Power, a Betfair, o Fanduel Group e a TVG, resumiu sua responsabilidade em três pontos: definir a direção que a empresa deve seguir, comunicar essa direção a todos e garantir que ele emprega as melhores pessoas para a missão, que devem ser bem-cuidadas. A Flutter lida com mais de três bilhões de transações de apostadores por ano e tem planos de crescer. Em outubro de 2019, eles anunciaram uma proposta de fusão com o Stars Group, que traria junto o PokerStars, o Full Tilt e o Sky Bet para seu portfólio. É um setor que tinha pressa em se expandir nos EUA à medida que as apostas online foram sendo gradualmente legalizadas.

"Aprendi com o tempo que indivíduos que são bons no que fazem não querem que lhes digam o que fazer", disse Jackson. "As pessoas chamam isso de microgerenciamento, mas eu prefiro chamar de ditadura, e ninguém quer trabalhar para um ditador. É preciso empoderar esses indivíduos de excelência. Se eles sabem para onde estão indo, vão chegar lá."[6]

Ele também não pretende formular estratégias a partir do topo: "Tenho oito mil colegas em toda a organização. Serei eu a fonte milagrosa de boas ideias no negócio? De jeito nenhum. Há outras 7.999 pessoas que têm muito mais experiência do que eu. É por isso que vejo como meu papel garantir a criação de um ambiente de apoio para eles... para encorajar, recompensar e incentivar."

Jackson, que anteriormente liderou a casa de câmbio Travelex e a processadora de pagamentos Worldpay UK, resistiu a mexer nos planos da empresa. O coletivismo era mais importante para ele do que a perfeição: "Pessoas inteligentes podem acabar mexendo demais nas coisas; pode ser tentador ajustar e mudar a estratégia porque é intelectualmente gratificante, mas na verdade não é útil. O que é muito mais importante é que as pessoas tenham clareza sobre aonde estamos indo. Aliás, mesmo ir um pouco na direção errada, desde que tenhamos toda a organização indo para lá, é muito melhor do que ter as pessoas parcialmente indo em uma direção e então mudá-la seis meses depois."

Conclusão

A busca para melhorar a disciplina na liderança é contínua. O simples fato de haver a necessidade de uma remodelação sugere que algo está inerentemente errado com a forma como as empresas são organizadas e dirigidas.

A suspeita de que o capitalismo e seus capitães estão falhando é levantada toda vez que um novo buraco negro financeiro é descoberto ou um colapso econômico entra em curso. Certamente, os líderes corporativos ainda não resolveram o problema da desigualdade de riqueza, apontada como prova de que todo o sistema financeiro poderia ser melhor.

No entanto, as lideranças não se beneficiam tão obviamente da melhoria contínua, como acontece depois de algum ajuste de uma linha de produção de uma fábrica. As métricas que determinam seu sucesso se multiplicaram incalculavelmente em apenas uma geração, tal qual a mudança da tecnologia analógica para a digital.

Os Humanistas citados neste capítulo estão bem cientes das numerosas metas que devem atingir, desde garantir ganhos sustentáveis e compartilhados, passando pelo bem-estar de seu quadro de colaboradores e chegando ao objetivo de provocar mínimo dano ambiental.

Eles operam com as preocupações dos acionistas em mente, mas também lembrando-se das necessidades do trabalhador de loja, fornecedor ou distribuidor, que os lembra de como as coisas são no mundo real, para além da sala da diretoria. Os Humanistas se esforçam para ser os mais inclusivos e autênticos possível. Seu verdadeiro poder é representar uma força capacitadora para outros.

E, se erram, aprendem rapidamente com seus erros. Os melhores líderes estão abertos à mudança e à renovação.

OS HUMANISTAS EM RESUMO

Pontos fortes: assumem riscos, pensam com minúcia, estão próximos à força de trabalho, preocupam-se com a sociedade, são autênticos e transparentes.

Pontos fracos: são por vezes demasiado experimentais e fragmentados.

Habitat natural: o futuro.

Onde você os encontrará: chegando a um negócio perto de você — se é que já não estão lá.

Epílogo

Os últimos estágios deste livro foram escritos durante o teste mais severo de liderança de que se tem memória. Enquanto eu me dedicava para trazer *Que tipo de líder você é?* à vida durante o lockdown em Surrey, os diretores executivos — muitos deles confinados ao ambiente nada familiar do home office — estavam misturando protocolos de emergência com tudo o que haviam aprendido em suas carreiras até então para tentar salvar suas empresas e seus colegas.

Muitos deles com quem falei duvidavam que a covid-19 mudaria tudo a longo prazo. No verão, quando saíram as atualizações comerciais marcadas em vermelho, contabilizando os prejuízos da pandemia do coronavírus, o desejo de voltar ao que se conhecia era óbvio. Contudo, à medida que as corporações se estabilizaram, quando toda e qualquer sensação de normalidade era considerada uma vitória, ficou claro que poucos chefões deixariam uma boa crise ir para o lixo.

A covid-19 fará pela liderança o que fez com todos os aspectos da sociedade: talvez não introduza novas tendências, mas certamente acelerará a disseminação de comportamentos que já estavam surgindo.

Para os consumidores: mais delivery, mais streaming, mais videochamadas com a avó, e mais momentos reflexivos a respeito da contribuição vital dos trabalhadores do setor público. No ambiente corporativo, o vírus será um enorme acelerador de corte de custos, horizontalização das atividades, digitalização, trabalho remoto e redução de desperdícios para empresas que de qualquer forma já estavam sofrendo no mercado e dando à luz numerosas startups.

Para os líderes empresariais, a pandemia se desdobra em três aspectos. Em primeiro lugar, uma recessão global leva a um período de seca nas vendas e retornos mais baixos do que o normal, durante o qual os investidores terão menos paciência com negócios e líderes fracos. É um lembrete de que o imperativo do lucro, embora não seja o único motor do sucesso empresarial, permanece em seu cerne e é a licença que abre espaço para todo o resto.

Em segundo lugar, a pandemia reafirmou o contrato social entre as empresas e a sociedade. As empresas que precisavam do apoio do Estado o receberam e as empresas que poderiam ajudar os necessitados o fizeram sem questionar. Por um momento fugaz, estivemos todos unidos. As empresas e seus líderes falharão com seus clientes e funcionários se esquecerem que fazem parte de uma comunidade mais ampla.

E, em terceiro lugar, a força de trabalho estará mais dispersa do que nunca. Trabalhar a distância significa cortar milhões em custos de propriedade, mas também significa que os líderes devem se tornar mais hábeis em projetar suas mensagens de longe. Com menos pontos de contato e reuniões no escritório, eles precisam pensar em como usar a tecnologia para construir equipes, viabilizar o sucesso de outras pessoas e supervisionar o controle de qualidade, a produtividade, o ânimo e o bem-estar de toda sua equipe.

Em mais de duas décadas de reuniões e entrevistas com líderes empresariais, eu aprendi que a mudança é uma constante — diferentes rostos, tecnologias e estilos transitam no mundo corporativo. O que nunca mudará é o fato de que os melhores líderes combinam propósito, autenticidade e resultados. São esses que têm a mais ampla visão e a capacidade de inspirar aqueles que os rodeiam, e é isso que leva as pessoas a segui-los para um lugar onde ninguém jamais esteve: o futuro.

Referências Bibliográficas

Introdução

1 Ashton, J. (2016) Ericsson's Hans Vestberg: The clean--cut Swede with a need for mobile speed, *The Telegraph*, 3 de abril. https://www.telegraph.co.uk/business/2016/04/03/ericssons-hans-vestberg-the-clean-cut-swede-with-a-need-for-mobi/ (arquivado em https://perma.cc/AW37-C2KZ)

2 Smith, C. (2016) Getting a job at Goldman Sachs, *efinancialcareers*, 5 de maio. https://news.efinancialcareers.com/uk-en/243963/getting-a-job-at-goldman-sachs (arquivado em https://perma.cc/39YC-224A)

3 Day One Team (2019) What is a 'bar raiser' at Amazon?, *aboutamazon*, 9 de outubro. https://blog.aboutamazon.eu/working-at-amazon/what-is-a-bar-raiser-at--amazon (arquivado em https://perma.cc/69C4-SEFF)

4 Leadership Principles, *Amazon Jobs* https://www.amazon.jobs/en/principles (arquivado em https://perma.cc/X7F8-4XWK)

5 Haas Edersheim, E. (2004) *McKinsey's Marvin Bower: Vision, leadership and the creation of management consulting*, Wiley, Hobooken, New Jersey

6 Ashton, J. (2019) Leading with James Ashton Episode 1 — Deloitte and Teenage Cancer Trust [podcast] *Apple Podcasts*, 29 de abril. https:// podcasts.apple.com/gb/podcast/episode-1-deloitte-and-teenage-cancer-trust/id1460796936?i=1000436797958 (arquivado em https://perma.cc/2B3L-GAFG)

7 Ashton, J. (2020) Leading with James Ashton S3 Episode 3 — Bupa [podcast] *Apple Podcasts*, 4 de maio. https://podcasts.apple.com/gb/podcast/s3-episode-3-bu-pa/id1460796936?i=1000473511225 (arquivado em https://perma.cc/CRM8-ZHFJ)

Capítulo 1

1 Ashton, J. (2015) Peter Brabeck-Letmathe: Nestlé Head sceptical about health benefits of the gluten-free revolution, *Independent*, 10 de agosto. https://www.independent.co.uk/news/uk/home-news/peter-brabeckletmathe--nestle-head-sceptical-about-health-benefits-of-the-gluten-freerevolution-10447571.html (arquivado em https://perma.cc/7ZQJ-5EB3)

2 Ashton, J. (2014) Nestlé chairman Peter Brabeck-Letmathe: 'I plan to leave my food empire in good health', *Evening Standard*, 9 de maio. https://www.standard.co.uk/business/markets/nestl-chairman-peterbrabeck-letmathe-i-plan-to-leave-my-food-empire-in-goodhealth-9343265.html (arquivado em https://perma.cc/7KKY-48L2)

3 Lloyds Banking Group (2010) Appointment of new Chief Executive Officer. https://www.lloydsbankinggroup.com/globalassets/documents/investors/2010nov3_lbg_new_ceo.pdf (arquivado em https://perma.cc/CJ9K-PEZZ)
4 Ashton, J. (2014) The City's top feminist? Lloyds CEO António Horta-Osório on his plans for the bank, *Evening Standard*, 5 de março. https://www.standard.co.uk/lifestyle/london-life/the-city-s-top-feministlloyds--ceo-antonio-horta-os-rio-on-his-plans-for-the--bank-9170813.html (arquivado em https://perma.cc/53MQ-CRVD)
5 Ashton, J. (2011) The indispensables: What price the key men of commerce?, *The Times*, 23 de janeiro. https://www.thetimes.co.uk/article/the-indispensables--what-price-the-key-men-of-commerce-9bn23zpbjq0 (arquivado em https://perma.cc/MQD9-UBF2)
6 Pearson (2000) Pearson PLC to acquire National Computer Systems, Inc, *Pearson,* 31 de julho. https://www.pearson.com/en-gb/news-and-research/ announcements/2000/07/pearson-plc-to-acquire-national-computer-systemsinc.html#:~:text=Cash%20tender%20offer%20of%20%2473,on%20 Friday%2028%20July%2C%202000 (arquivado em https://perma.cc/E7QL-NK6J)
7 Ashton, J. (2012) First Lady of the Footsie prepares to write a new chapter, *Evening Standard*, 5 de outubro. https://www.standard.co.uk/ business/markets/first-lady-of-the-footsie-prepares-to-write-a-newchapter-8199097.html (arquivado em https://perma.cc/5N-WJ-WDX5)
8 Ashton, J. (2014) Alliance Boot's Stefano Pessina: Deals are still my drugs, says the tycoon loath to hang up his

Boots, *Evening Standard*, 14 de fevereiro. https://www.standard.co.uk/business/markets/alliance-bootsstefano-pessina-deals-are-still-my-drug-says-the-tycoon-loath-to-hangup-his-boots-9128017.html (arquivado em https://perma.cc/6FJ7-YRQ2)

9 Ashton, J. (2012) Jeff Immelt: All-American hero powers through the downturn, *Independent*, 31 de julho. https://www.independent.co.uk/news/businesss/analysis-and-features/jeff-immelt-all-american-hero-powersthrough-the-downturn-7988119.html (arquivado em https://perma.cc/ADK7-M2C6)

10 Ashton, J. (2013) London's retail tycoon Sir Philip Green wants the top shop from Berlin to Beijing, *Evening Standard*, 4 de outubro. https://www.standard.co.uk/business/markets/london-s-retail-tycoon-sir-philipgreen-wants-the-top-shop-ferlin-to-beijing-8859149.html (arquivado em https://perma.cc/4XTW-AZCY)

11 King, M. (2004) Speech given by Mervyn King, Governor of the Bank of England. At the Lord Mayor's Banquet for Bankers and Merchants of City of London at the Mansion House, 16 de junho. https://www.bankofengland.co.uk/-/media/boe/files/speech/2004/mervyn-kingmansion-house.pdf (arquivado em https://perma.cc/4XTW-AZCY)

12 Ashton, J. (2014) Mark Carney: the hotdesking Governor of the Bank of England who runs to work, *Evening Standard*, 12 de dezembro. https://https://perma.cc/3J-36-GWUT (arquivado em www.standard.co.uk/business/business-news/mark-carney-thehotdesking-governor-of-the-bank-of-england-who-runs-towork-9920553.html)

13 Carney, M. (2019) Letter from the Governor to the Chair of the Treasusry Committee regarding diversity,

Back of England, 19 de março. https://www.bankofengland.co.uk/-/media/boe/files/letter/2019/governor-letter-to-chair-of-tsc-re-diversity-at-the-bank-of-england.df?la=en&hash=D588207B004374CDF5E70C787A69922C701098FF (arquivado em https://perma.cc/3YB5-BGB8)

14 Ashton, J. (2017) Hipsters, I'm landlord to the gig economy, *The Sunday Times*, 26 de março. https://www.thetimes.co.uk/article/ hipsters-im-landlord-to-the-gig-economy-qpdx7qjxj (arquivado em https://perma.cc/WT86-FXLV)

15 Ibid.

Capítulo 2

Neste capítulo: entrevista original com Dame Moya Greene

1 CreditSuisse (2017) Global equity themes. https://plus.credit-suisse.com/rpc4/ravDocView?docid=_XH-wk2AL-YxKG (arquivado em https://perma.cc/9ZJV-AX92)

2 Ashton, J. (2013) From shoes to luggage, it's another open and shut case for Samsonite's Tim Parker, *Evening Standard*, 3 de maio. https://www.standard.co.uk/business/markets/from-shoes-to-luggage-it-s-another-open-and-shut-case-for-samsonites-tim-parker-8602313.html (arquivado em https://perma.cc/PVG9-SNHE)

3 Ibid.

4 Ashton, J. (2004) BT's rugged champion proves he is the master of the cut and thrust, *Daily Mail*, 17 de junho

5 Ashton, J. (2013) Music man John McFarlane is calling the tune at the House of the Rising Funds Aviva, *Evening Standard*, 1 de novembro. https://www.standard.co.uk/business/markets/music-man-john-mcfarlane-is--calling-the-tune-at-the-house-of-the-rising-funds-aviva-8917234.html (arquivado em https://perma.cc/HRL6-T4ER)

6 Ibid.

7 Financial Review (2020) Inside McFarlane's Westpac rescue plan, 24 de janeiro. https://www.afr.com/chanticleer/inside-mcfarlane-s-westpac-rescue-plan--20200123-p53u3p (arquivado em https://perma.cc/MNH7-MBXT)

8 Westpac (2020) Westpac announces John McFarlane as incoming Chairman, 23 de janeiro. https://www.westpac.com.au/about-westpac/media/media-releases/2020/23-january/ (arquivado em https://perma.cc/PAP-8-G6H3)

9 Ashton, J. (2014) Interview: RSA Group chief executive Stephen Hester — A bankin blow-up and gardening leave: What Mr. Fix-It did next, *Evening Standard*, 4 de julho. https://www.standard.co.uk/business/markets/interview-rsa-group-chief-executive-stephen-hester-a--banking-blow-up-and-gardening-leave-what-mr--fix-9584169.html (arquivado em https://perma.cc/ESE8-6BBU)

10 Ibid.

11 Ashton, J. (2013) Royal Mail's Moya Greene has sorted profits but can she deliver on the stock markets too?, *Evening Standard*, 24 de maio. https://www.standard.co.uk/business/markets/royal-mails-moya-greene-has--sorted-profits-but-can-she-deliver-on-the-stock-market-

-too-8630581.html (arquivado em https://perma.cc/XE2W-LD8E)

12 Ashton, J. (2013) Buckle up, says Harriet Green, the jetset boss of Thomas Cook with no time to loll on the sun lounger, *Evening Standard*, 20 de setembro. https://www.standard.co.uk/business/markets/buckle-up-says--harriet-green-the-jetset-boss-of-thomas-cook-with-no time-to-loll-on-the-sun-lounger-8829118.html (arquivado em https://perma.cc/YHP6-FHY5)

13 Ibid.

14 Business, Energy and Industrial Strategies Committee (2019) Oral Evidence: Thomas Cook, HC 39, House of Commens, 23 de outubro. http://data.parliament.uk/writtenevidence/committeeevidence.svc/evidencedocument/business-energy-and-industrial-strategy-committee/thomas-cook/oral/106595.html (arquivado em https://perma.cc/KL6D-8SNX)

15 Whitworth, D. (2014) Harriet Green: How to be a superboss, *The Times*, 18 de outubro. https://www.thetimes.co.uk/article/harriet-green-how-to-be-a-superboss-67n9bg97jnb (arquivado em https://perma.cc/L24M-79UZ)

Capítulo 3

Neste capítulo: entrevistas originais com Sidney Taurel, Gavin Patterson e Mike Clasper

1 Ashton, J. (2013) A fresh health kick for Fitness First boss Andy Cosslett who's flexing his corporate muscle, *Evening Standard*, 2 de agosto. https://www.standard.co.uk/business/
markets/a-fresh-health-kick-for-fitness-first-boss-andy-

-cosslett-whos-flexing-his-corporate-muscle-8743387.html (arquivado em https://perma.cc/TS4R-CNZP)

2 Ashton, J. (2019) Leading with James Ashton Episode 2 — Mind and Direct Line, *Apple Podcasts*, 6 de maio. https://podcasts.apple.com/gb/podcast/episode-2-mind--and-direct-line/id1460796936?i=1000437320566 (arquivado em https://perma.cc/ZKQ8-BLBG)

3 Ashton, J. (2014) To the rescue of Tesco: Dave Lewis's mission to save UK' biggest supermarket, *Evening Standard*, 1 de setembro. https://www.standard.co.uk/lifestyle/london-life/to-the-rescue-of-tesco-dave-lewiss--mission-to-save-the-uk-s-biggest-supermarket-9703451.html (arquivado em https://perma.cc/UL5V-FERL)

4 Ashton, J. (2019) British Council chairman Stevie Spring: 'I like smart power better than soft power', *Telegraph*, 19 de dezembro. https://www.telegraph.co.uk/business/2019/12/29/british-council-chairman-stevie-spring-like-smart-power-better/ (arquivado em https://perma.cc/HZ88-KF4Q)

5 Ashton, J. (2019) Leading with James Ashton Episode 2 — Mind and Direct Line, *Apple Podcasts*, 6 de maio. https://podcasts.apple.com/gb/podcast/episode-2-mind--and-direct-line/id1460796936?i=1000437320566 (arquivado em https://perma.cc/ZKQ8-BLBG)

6 Ashton, J. (2014) BBC Worldwide chief executive Tim Davie: From crisis to drama, the BBC is broadcasting global ambition, *Evening Standard*, 28 de março. https://www.standard.co.uk/business/business-news/bbc-worldwide-chief-executive-tim-davie-from-crisis-to--drama-the-bbc-is-broadcasting-global-ambition-9220953.html (arquivado em https:// perma.cc/5YPK-F3BL)

7 Ashton, J. (2017) Meet Martina King: The human face of the rise of the machines, *Telegraph*, 20 de agosto. https://www.telegraph.co.uk/business/2017/08/20/meet-martina-king-human-face-rise-machines/ (arquivado em https://perma.cc/PD3T-8CAG)

8 Ashton, J. (2019) Leading with James Ashton Episode 2 — Mind and Direct Line, *Apple Podcasts*, 6 de maio. https://podcasts.apple.com/gb/podcast/episode-2-mind-and-direct-line/id1460796936?i=1000437320566 (arquivado em https://perma.cc/ZKQ8-BLBG)

9 Department of Justice (2009) Eli Lilly and Company agrees to pay $1,415 billion to resolve allegations of off-label promotion of Zyprexa https://www.justice.gov/archive/opa/pr/2009/January/09civ-038.html (arquivado em https://perma.cc/DTB3-MPX7)

Capítulo 4

1 Ashton, J. (2014) Huawei founder brushes off accusations that it acts as an arm of the Chineses state, *Independent*, 2 de maio. https://www. independent.co.uk/news/business/analysis-and-features/huawei-founder-brushes-off-accusations-that-it-it-act-as-an-arm-of-the-chinese-state-9319244.html (arquivado em https://perma.cc/L2H5-G8MM)

2 Ibid.

3 Ashton, J. (2014) Interview: Markit chief Lance Uggla — 'How I crunched the numbers to create a £500m City fortune', *Evening Standard*, 27 de junho. https://www.standard.co.uk/business/markets/ interview-markit-chief-lance-uggla-how-i-crunched-the-numbers-to-

create-a-500m-city-fortune-9567555.html (arquivado em https://perma.cc/R5R4-RGUD)

4 Ashton, J. (2010) All cash and no prey for Desmond, *The Times*, 18 de abril. https://www.thetimes.co.uk/article/all-cash-and-no-prey-fordesmond-vtdxjtk3rgg (arquivado em https://perma.cc/94BM-ULGH)

5 Ashton, J. (2016) Heathrow hotelier has his sights on the sky but feet firmly on the ground, *The Times*, 19 de agosto. https://www.thetimes.co. uk/article/heathrow--hotelier-has-his-sights-on-the-sky-but-feet-firmlyon--the-ground-7kfld9q75 (arquivado em https://perma.cc/8JND-Z4XC)

6 Ashton, J. (2017) TED Talks owner Chris Anderson on the power of public speaking and being the ultimate influencer, *Evening Standard*, 1 de março. https://www.standard.co.uk/lifestyle/london-life/ted-talksowner-chris-anderson-on-the-power-of-public-speaking-and--being-theultimate-influencer-a3478766.html (arquivado em https://perma.cc/6HFF-898F)

7 Ashton, J. (2008) Networker seize the day, *Sunday Times*, 30 de novembro

8 Ashton, J. (2016) Arianna Huffington on why we should all be sleeping our way to the top, *Evening Standard*, 14 de dezembro. https://www. standard.co.uk/lifestyle/london-life/arianna-huffington-on-why--weshould-all-be-sleeping-our-way-to-thetop-a3419831.html (arquivado em https://perma.cc/YTQ9-KFX8)

9 Ashton, J. (2013) It's all systems go for Kris Gopalakrishnan, the IT chief rebooting India's economic dream, *Evening Standard*, 28 de junho. https://www.standard.co.uk/business/markets/it-s-all-systems-go-for--krisgopalakrishnan-the-it-chief-rebooting-india-s-eco-

nomic-dream-8678200. html (arquivado em https://perma.cc/SSA4-T6XQ)

10 Infosys (2017) Annexure A: Resignation email received from the Vishal Sikka, MD and CEO by the board of directors, Comunicado de Imprensa, 18 de agosto. https://www.infosys.com/newsroom/press-releases/documents/2017/annexure-a-company-statement--18aug2017.pdf (arquivado em https://perma.cc/YA34-LS66)

11 First Post Staff (2017) Infosys Vishal Sikka resigns: Text of NR Narayana Murthy's letter to set 'record staright', *First Post*, 19 de agosto. https://www.firstpost.com/business/infosys-vishal-sikka-resigns-text-ofnr-narayana-murthys-letter-to-set-record-straight-3946501.html (arquivado em https://perma.cc/GA2B-C2RV)

12 Infosys (2017) Company Statement, 18 de agosto. https://www.infosys.com/newsroom/press-releases/2017/company-statement-18august2017.html (arquivado em https://perma.cc/39UE-D9YQ)

13 Wasserman, N. (2008) The Founder's dilemma, *Harvard Business Review*, fevereiro. https://hbr.org/2008/02/the-founders-dilemma (arquivado em https://perma.cc/9QGH-CDTX)

14 Ashton, J. (2014) Interview: Peter Cruddas, CMC Markets — Dressed for success, spread-betting tycoon who's walking tall once more, *Evening Standard*, 31 de outubro. https://www.standard.co.uk/business/markets/interview-peter-cruddas-cmc-markets-dressed-for-success-spreadbetting-tycoon-who-s-walking-tall-9830820.html (arquivado em https://perma.cc/8NHT-A4YH)

15 Ashton, J. (2016) The man who is leading Virgin into space, the US — and NHS… and no, we don't mean Sir Richard Branson, *Mail on Sunday*, 30 de julho. https://

www.thisismoney.co.uk/money/markets/ article-3716186/The-man-leading-Virgin-space-NHS-no--don-t-mean-Sir-Richard-Branson.html (arquivado em https://perma.cc/J2Q8-77F9)

Capítulo 5

Neste capítulo: entrevista original com Jean-François Decaux

1 JCDecaux (s.d.) Our founder. https://www.jcdecaux.com/group/our-founder (arquivado em https://perma.cc/ST38-D3K5)
2 Santander (2014) Ana Botín, unanimously appointed to chair the board of Banco Santander, 10 de setembro. https://www.santander.com/content/dam/santander--com/en/documentos/historico-notas-de-prensa/2014/09/NP-2014-09-10-Ana%20Bot%C3%ADn,%20unanimously%20appointed%20to%20chair%20the%20board%20of%20Banco%20Santander%20%20%20%20-en.pdf (arquivado em https://perma.cc/GNB3-XT7X)
3 Guillen, M. F. e Tschoegl, A. (2008) *Building a Global Bank: The transformation of Banco Santander*, Princeton University Press, New Jersey
4 Kandell, J. (2015) Ana Botín marks a new era at Banco Santander, *Institutional Investor*, 30 de outubro. https://www.institutionalinvestor.com/article/b14z9yk99zywbj/ana-bot%C3%ADn-marks-a-new-era-at-banco-santander (arquivado em https://perma.cc/7YEY-NCBQ)
5 Ashton, J. (2013) Small is beautiful, says Stander's Ana Botín, the Spanish banker with a desire for new lending, *Evening Standard*, 19 de abril. https://www.standard.

co.uk/business/markets/small-is-beautiful-says-santanders-ana-botin-the-spanish-banker-with-a-desire-for-new-lending-8579912.html (arquivado em https://perma.cc/DN3N-5FRU)

6 Ashton, J. (2012) Lakshmi Mittal: Olympic flame could have gone on top of my Orbit, *Evening Standard*, 6 de agosto. https://www.standard.co.uk/olympics/olympic-news/lakshmi-mittal-olympic-flame-could-have-gone-on-top-of-my-orbit-8009288.html (arquivado em https://perma.cc/7P4B-5MTG)

7 ArcelorMittal (2018) Aditya Mittal appointed President of ArcelorMittal, 5 de março. https://corporate.arcelormittal.com/media/press-releases/aditya-mittal-appointed-president-of-arcelormittal (arquivado em https://perma.cc/N2B6-4ESB)

8 The Focus (2017) Interview with Jacob Wallenberg, Investor AB, *EgonZehnder*, 1 de janeiro. https://www.egonzehnder.com/insight/jacob-wallenberg (arquivado em https://perma.cc/2LMZ-VFVB)

9 Ibid.

10 Ashton, J. (2009) Rothermere: selling Standard like death of my parents, *The* Sunday *Times*, 15 de fevereiro. https://www.thetimes.co.uk/article/rothermere-selling-standard-like-death-of-my-parents-br232vp0xrj (arquivado em https://perma.cc/HMT6-NEXQ)

11 Harmsworth, V. (s.d.) Perfil no LinkedIn. https://www.linkedin.com/in/vere-harmsworth-6099268b/?originalSubdomain=uk Linkedin (arquivado em https://perma.cc/W9EE-KGP2)

12 Pinault, F. (2014) Kering's CEO on finding the elusive formula for growing acquired brands, *Harvard Business Review*. https://hbr.org/2014/03/kerings-ceo-on-

-finding-the-elusive-formula-for-growing-acquired--brands (arquivado em https://perma.cc/LX9L-XRNJ)

13 Ibid.

14 Ashton, J. (2013) Wheels of fortune: Meet Pansy Ho, the billionaire behind Asia's gambling mecca in Macau, *Independent*, 13 de abril. https://www.independent.co.uk/news/business/analysis-and-features/wheels-of--fortune-meet-pansy-ho-the-billionaire-behind-asias--gambling-mecca-in-macau-8570748.html (arquivado em https://perma.cc/Y9P2-WKTR)

15 Waterson, J. (2020) James Murdoch criticises father's new outlets for climate crisis denial, *Guardian*, 14 de janeiro. https://www.theguardian.com/media/2020/jan/14/james-murdoch-criticises-fathers-news-outlets--for-climate-crisis-denial (arquivado em https://perma.cc/S69Y-KG46)

16 Milner, B. (2006) The unmaking of a dynasty, *Cigar Aficionado*, 9 de julho. https://web.archive.org/web/20060709015412/http:/www.cigaraficionado.com/Cigar/CA_Profiles/People_Profile/0,2540,176,00.html (arquivado em https://perma.cc/8YGS-6TCV)

17 Burke, D. (2002) The Bronfman saga From rags to riches to…, *Fortune Magazine*, 25 de novembro. https://archive.fortune.com/magazines/fortune/fortune_archive/2002/11/25/332573/index.htm (arquivado em https://perma.cc/7UWW-2GAT)

Capítulo 6

1 Ashton, J. (2018) Barry's Bootcamp CEO Joey Gonzalez is the man who can get anyone ripped, *Evening Standard*, 25 de janeiro. https://www.standard.co.uk/

lifestyle/london-life/joey-gonzalez-ceo-of-barrys-boot-camp-interview-and-lifestyle-a3749561.html (arquivado em https://perma.cc/VT8A-7X2M)

2 Barker, D. (2001) Victor Kiam Obituary, *Guardian*, 30 de maio. https://www.theguardian.com/news/2001/may/30/guardianobituaries (arquivado em https://perma.cc/E84T-5AMD)

3 Tan, G. (2020) Barry's Bootcamp gets equity investment from LightBay Capital, *Bloomberg*, 18 de junho. https://www.bloomberg.com/news/articles/2020-06-18/barry-s-bootcamp-gets-equity-investment-from-lightbay-capital (arquivado em https://perma.cc/4HSY-HKZ5)

4 Ashton, J. (2017) Bookshops are back: Waterstones's boss says younger readers have helped open a new chapter for high street stores, *Mail on Sunday*, 10 de junho. https://www.thisismoney.co.uk/money/news/article-4591612/Waterstones-boss-says-young-readers-helped-grow.html (arquivado em https://perma.cc/U84J-FQK9)

5 Business Wire (2019) Elliott completes acquisition of Barnes and Noble, 7 de agosto. https://www.businesswire.com/news/home/20190807005399/en/Elliott-Completes-Acquisition-Barnes-Noble (arquivado em https://perma.cc/EQ9S-545Y)

6 Ashton, J. (2014) The ticketmaster: 23,000 events, 60 million attendees, US$ 6,5 billion sales — meet Michael Rapino, the man behind Live Nation, *Evening Standard*, 10 de março. https://www.standard.co.uk/lifestyle/london-life/the-ticketmaster-23000-events-60-million-attendees-65-billion-sales-meet-michael-rapino-the-man-9181317.html (arquivado em https://perma.cc/TX6R-DDMX)

7 Ashton, J. (2014) Interview: Cilla Snowball — the Woman tasked with helping London's Mad Men sell themselves, *Evening Standard*, 18 de julho. https://www.standard.co.uk/business/markets/interview-cilla-snowball-the-woman-tasked-with-helping-london-s-mad-men-sell-themselves-9614276.html (arquivado em https://perma.cc/F6CB-79VC)
8 Ibid.
9 Ashton, J. (2014) Interview: Mark Cutifani — D-Day looms for rough diamond as he digs Anglo American out of a hole, *Evening Standard*, 21 de novembro. https://www.standard.co.uk/business/markets/interview-mark-cutifani-d-day-looms-for-rough-diamond-as-he-digs-angloamerican-out-of-a-hole-9874771.html (arquivado em https://perma.cc/K5Z5-6KPC)
10 Ashton, J. (2019) Leading with James Ashton S2 Episode 6 — Entrepreneur First and RSPB, *Apple Podcasts*, 18 de novembro. https://podcasts.apple.com/gb/podcast/s2-episode-6-entrepreneur-first-and-rspb/id1460796936?i=1000457108392 (arquivado em https://perma.cc/SQ6H-7G3L)

Capítulo 7

Neste capítulo: entrevista original com Ajay Banga

1 The World Bank: The Global Findex Database 2017. https://globalfindex.worldbank.org/ (arquivado em https://perma.cc/33AY-7D56)
2 Federal Deposit Insurance Corporation (2017) FDIC National Survey of Unbanked and Underbanked Households. https://www.fdic.gov/householdsur-

vey/2017/2017report.pdf (arquivado em https://perma.cc/JXK3-E9QP)

3 YouTube (2019) Ajay Banga — President and CEO, Mastercard. https://www.youtube.com/watch?v=BhXK-qjNEcFg&t=754s (arquivado em https://perma.cc/TE55-GAFV)

4 Unilever (2010) Unilever Sustainable Living Plan. https://www.unilever.com/Images/unilever-sustainable--living-plan_tcm244-409855_pt.pdf (arquivado em https://perma.cc/LE8Q-ZRWV)

5 Ashton, J. (2013) Stop me and buy one, says the Unilever ice cream man mixing new flavours of capitalism, *Evening Standard*, 19 de julho. https://www.standard.co.uk/business/markets/stop-me-and-buy-onesays-the-unilever-ice-cream-man-mixing-new-flavours-of-capitalism-8720071.html (arquivado em https://perma.cc/EN3G-65CS)

6 Unilever (2015) Mobilising Collective Action. https://www.unilever.com/Images/uslp-mobilising-collective-action-summary-of-progress-2015_tcm244-424809_en.pdf (arquivado em https://perma.cc/F8ZA-2YWB)

7 Financial Times (2016) Can Unilever's Paul Polman change the way we do business? 28 de setembro. https://www.ft.com/content/e6696b4a-8505-11e6-8897-2359a58ac7a5 (arquivado em https://perma.cc/9JLK-ZKAF)

8 Unilever (2020) Unilever celebrates 10 years of the Sustainable Living Plan 6 de maio. https://www.unilever.com/news/press-releases/2020/unilever-celebrates--10-years-of-the-sustainable-living-plan.html#:~:text=London%2FRotterdam%20%2D%20Unilever%20today%20celebrated,its%20tenth%20and%20final%20year.&text=Speaking%20at%20a%20glo-

bal%20virtual,game%2Dchanger%20for%20our%20 business (arquivado em https://perma.cc/6XKR-QGDJ)

9 Patagonia (2020) Patagonia CEO Rose Marcario stepping down 10 de junho. http://www.patagoniawor-ks.com/press/2020/6/10/patagonia-ceo-rose-marcario-s-tepping-down (arquivado em https://perma.cc/NDB-2-AFLA)

10 Beer, J. (2018) Patagonia is in business to save our home planet, *Fast Company*, 13 de dezembro. https://www.fastcompany.com/90280950/exclusive-patagonia--is-in-business-to-save-our-home-plane-t?sf204319047=1 (arquivado em https://perma.cc/C7VS-5K8W)

11 Toms (s.d.) About Toms. https://www.toms.com/uk/about-toms.html (arquivado em https://perma.cc/62Y-W-NHNZ)

12 Roumeliotis, G. (2019) Exclusive: TOMS Shoes creditor to take over the company, *Reuters*, 27 de dezembro. https://www.reuters.com/article/us-tomsshoes-m-a-cre-ditorss-exclusive/exclusive-toms-shoes-creditors-to-ta-ke-over-the-company-idUSKBN1YV1PT#:~:text=(Reu-ters)%20%2D%20TOMS%20Shoes%20 LLC's,people%20familiar%20with%20the%20mat-ter.&text=The%20group%20of%20creditors%2C%20 led,Jefferies%20Financial%20Group%20Inc%20(JEF (arquivado em https://perma.cc/TN4U-6D63)

13 Puma (s.d.) Puma's EP&L. https://about.puma.com/en/sustainability/environment/measuring_environmental_footprint (arquivado em https://perma.cc/DZ75-ZZJG)

14 Ashton, J. (2015) Jochen Zeitz: The businessman who uses his millions to change opinions on climate change, *Independent*, 5 de abril. https://www.independent.co.uk/environment/climate-change/jochen-zeitz-the-bu-

sinessman-who-uses-his-millions-to-change-opinions--on-climate-change-10157482.html (arquivado em https://perma.cc/Q446-C8B9)

15 McFall-Johnsen, M. (2020) These facts show how unsustainable the fashion industry is, *Fórum Econômico Mundial*, 31 de janeiro. https://www.weforum.org/agenda/2020/01/fashion-industry-carbon-unsustainable-environment-pollution (arquivado em https://perma.cc/V4ZD-DD2R)

16 Ashton, J. (2015) Jochen Zeitz: The businessman who uses his millions to change opinions on climate change, *Independent*, 5 de abril. https://www.independent.co.uk/environment/climate-change/jochen-zeitz-thebusinessman-who-uses-his-millions-to-change-opinions-on--climate-change-10157482.html (arquivado em https://perma.cc/5JHY-X27W)

17 Puma (s.d.) Puma's EP&L. https://about.puma.com/en/sustainability/environment/measuring_environmental_footprint (arquivado em https://perma.cc/5VN8-Q5FT)

18 Ashton, J. (2016) One day I hope we won't sell cigaretters, says Marlboro boss, *The Sunday Times*, 23 de outubro. https://www.thetimes.co.uk/article/one-day-i--hope-we-wont-sell-cigarettes-says-marlboro-boss-zfclkx5dt (arquivado em https://perma.cc/D3CE-ACW9)

19 Ibid.

20 Philip Morris International (2020) The U.S. FDA authorizes PMI's IQOS as a modified risk tobacco product, 7 de julho. https://www.pmi.com/media-center/news/u.s.-fda-authorizes-pmi-s-iqos-as-a-modified-risk--tobacco-product (arquivado em https://perma.cc/58X-V-FVA9)

21 Ashton, J. (2015) Winnie Byanyima interview: "We don't think charity is the way to resolve global inequa-

lity" says Oxfam International Boss, *Independent*, 25 de janeiro. https://www.independent.co.uk/news/world/politics/winnie-byanyima-interview-we-dont-think--think-charity-is-the-way-to-resolve-global-inequality--says-oxfam-10001576.html (arquivado em https://perma.cc/FQ5F-8DZW)

22 Ashton, J. (2012) Nine children, a £46bn investment firm and one broken washing machine, *Evening Standard*, 24 de fevereiro

23 Diversity Project (2016) Industry unites to solve diversity levels "once and for all", 20 de outubro. https://diversityproject.com/2016-10-20/industry-unites-solve--diversity-levels-once-and-all (arquivado em https://perma.cc/92HV-CGAC)

Capítulo 8

Neste capítulo: entrevista original com Richard Houston

1 YouTube (2017) 'The Thick of It — Malcolm Tucker's list of things he doesn't give a f**k about. https://www.youtube.com/watch?v=22PR8ZNDAO8 (arquivado em https://perma.cc/7P5H-9SBM)

2 Ashton, J. (2015) Dame Helen Ghosh: Ex Senior Home Office figure on using her skills to help the National Trust deal with climate change, *Independent*, 12 de julho. https://www.independent.co.uk/news/uk/home--news/dame-helen-ghosh-ex-senior-home-office-figure--on-using-her-skills-to-help-the-national-trust--deal-10383704.html (arquivado em https://perma.cc/D7N9-KK92)

3 Isaac, A. (2015) Be confiden, be bold: 10 tips from female charity leaders, *Independent*, 7 de março.

https://www.theguardian.com/voluntary-sector-network/2015/mar/07/10-tips-female-charity-leaders-international-womens-day (arquivado em https://perma.cc/P857-NB9P)

4 Ashton, J. (2015) Dame Helen Ghosh: Ex Senior Home Office figure on using her skills to help the National Trust to deal with climate change, *Independent*, 12 de julho. https://www.independent.co.uk/news/uk/home-news/dame-helen-ghosh-ex-senior-home-office-figure-on-using-her-skills-to-help-the-national-trust-deal-10383704.html (arquivado em https://perma.cc/D7N9-KK92)

5 Ashton, J. (2019) Leading with James Ashton Episode 1 — Deloitte and Teenage Cancer Trust, *Apple Podcasts*, 29 de abril. https://podcasts.apple.com/gb/podcast/episode-1-deloitte-and-teenage-cancer-trust/id1460796936?i=1000436797958 (arquivado em https://perma.cc/85UB-BJD9)

6 Ashton, J. (2019) Leading with James Ashton S3 Episode 2 — PwC and Great Ormond Street Hospital, *Apple Podcasts*, 13 April. https://podcasts.apple.com/gb/podcast/s3-episode-2-pwc-and-great-ormond-street-hospital/id1460796936?i=1000471311736 (arquivado em https://perma.cc/DCX4-2B4A)

7 Ashton, J. (2014) Chris Saul interview: Slaughter and May purrs like a Porsche, but that doesn't mean we're run by Buffy and Bertie, *Independent*, 24 de novembro. https://www.independent.co.uk/news/people/profiles/chris-saul-interview-slaughter-and-may-purrs-like-a-porsche-but-that-doesn-t-mean-we-re-run-by-9878727.html (arquivado em https://perma.cc/8UM4-9HCZ)

8 Ashton, J. (2012) Interview: Arup's Philip Dilley is bringing bold ideas from the sketchpad to reality,

Evening Standard, 2 de março. https://www.standard.co.uk/business/markets/interview-arups-arups-philip--dilley-is-bringing-bold-ideas-from-the-sketchpad-to--reality-7499177.html (arquivado em https://perma.cc/9AJ2-8G8D)

9 Arup (s.d.) Ove Arup Key Speech. https://www.arup.com/perspectives/publications/speeches-and-lectures/section/ove-arup-key-speech (arquivado em https://perma.cc/Z28F-TUJC)

10 Ashton, J. (2020) Answering the questions posed by covid will be good for our business, *The Times*, 17 de julho. https://www.thetimes.co.uk/article/answering--the-questions-posed-by-covid-will-be-good-for-our-business-85cwsbg3j (arquivado em https://perma.cc/2X-2F-679U)

11 Ashton, J. (2019) Leading with James Ashton Episode 1 — Deloitte and Teenage Cancer Trust, *Apple Podcasts*, 29 de abril. https://podcasts.apple.com/gb/podcast/episode-1-deloitte-and-teenage-cancer-trust/id1460796936?i=1000436797958 (arquivado em https://perma.cc/85UB-BJD9)

12 Ibid.

13 Ashton, J. (2014) Chris Saul interview: Slaughter and May purrs like a Porsche, but that doesn't mean we're run by Buffy and Bertie, *Independent*, 24 de novembro. https://www.independent.co.uk/news/people/profiles/chris-saul-interview-slaughter-and-may-purrs-like--aporsche-but-that-doesn-t-mean-we-re-run-by-buffy-9878727.html (arquivado em https://perma.cc/8UM-4-9HCZ)

14 Ashton, J. (2019) Leading with James Ashton S3 Episode 2 — PwC and Great Ormond Street Hospital, *Apple Podcasts*, 13 de abril. https://podcasts.apple.com/

gb/podcast/s3-episode-2-pwc-and-great-ormond-street--hospital/id1460796936?i=1000471311736 (arquivado em https://perma.cc/DCX4-2B4A)

15 John Lewis (2017) The Constitution of the John Lewis Partnership. https://www.johnlewispartnership.co.uk/content/dam/cws/pdfs/about-us/our-constitution/john-lewis-partnership-constitution.pdf (arquivado em https://perma.cc/6ZTB-BBXB)

16 Ashton, J. (2018) Mark Price interview: Meet the 'Chubby Grocer' who wants his Engaging Works to be the John Lewis of social media (and insists he won't sell your data), *Mail on Sunday*, 11 de novembro. https://www.thisismoney.co.uk/money/news/article-6375867/MarkPrice-interview-want-john-Lewis-social-media.html (arquivado em https://perma.cc/DK7Z-M58U)

17 Craven, N. (2019) As his stores plunge into red, John Lewis chairman Sir Charlie Mayfield says: Yes, losses hurt but I'm getting retail giant fit for the Amazon age, *Mail on Sunday*, 14 de setembro. https://www.thisismoney.co.uk/money/experts/article-7464279/Sir-Charlie--Mayfield-Yes-losses-hurt-Im-getting-John-Lewis-fit--Amazon-age.html (arquivado em https://perma.cc/K4HZ-T8T6)

18 Ashton, J. (2019) Robin Mortimer is not messing about when he says tide is turning for the Thames, *The Times*, 29 de junho. https://www.thetimes.co.uk/article/this--man-is-not-messing-about-when-he-says-tide-is-turnin-g-for-the-thames-z5373wlq2 (arquivado em https://perma.cc/S7RQ-BBSH)

19 Ashton, J. (2019) Leading with James Ashton Episode 5 — Royal Society and Port of London Authority, *Apple Podcasts*, 27 de maio. https://podcasts.apple.com/gb/podcast/episode-5-royal-society-andport-of-london-au-

thority/id1460796936?i=1000439680583 (arquivado em https://perma.cc/BWH4-A9JU)
20 Ibid.

Capítulo 9

Neste capítulo: entrevistas originais com Isabelle Kocher, Zhang Ruimin e Charlie Jacobs

1 Drucker, P. (s.d.) 'The best way to predict your future is oc reate it' — lessons for today's leaders from the creative writing process. https://www.druckerchallenge.org/uploads/pics/Prem_Kumar_DruckerChallenge_Submission_PK_120446965.pdf (arquivado em https://perma.cc/UK45-MLT9)
2 Mallet, B. e Rose, M. (2020) French energy group Engie ousts CEO Isabelle Kocher, *Reuters*, 6 de fevereiro. https://www.reuters.com/article/engie-kocher-board/refile-update-3-french-energy-group-engie-ousts-ceo-isabelle-kocher-idUSL8N2A67AM (arquivado em https://perma.cc/UK45-MLT9)
3 Crisp DNA (s.d.) The inner workings of a rather different consulting company. https://dna.crisp.se/docs/ (arquivado em https://perma.cc/7TMT-QRPT)
4 Ashton, J. (2019) Leading with James Ashton Episode 9 - Wellcome Trust and Parkrun, *Apple Podcasts*, 2 de julho. https://podcasts.apple.com/gb/podcast/episode--9-wellcome-trust-and-parkrun/id1460796936?i=1000443414458 (arquivado em https://perma.cc/9TXK-75DD)
5 Ashton, J. (2016) Striking the ideal work-life balance that keeps Trainline's boss on track, *The Times*, 25 de novembro, https://www.thetimes.co.uk/article/striking-

-the-ideal-work-life-balance-that-keeps-trainlines-boss--on-track-rqr20xgj3 (arquivado em https://perma.cc/QYR7-VYXQ)

6 Ashton, J. (2019) Leading with James Ashton Episode 7 — Flutter Entertainment and Fairtrade, *Apple Podcasts*, 10 de junho. https://podcasts.apple.com/gb/podcast/episode-7-flutter-entertainment-and-fairtrade/id1460796936?i=1000441048389 (arquivado em https://perma.cc/CPZ7-QTWX)